Amelia M. Glaser

·

Jews and Ukrainians in Russia's Literary Borderlands

From the Shtetl Fair to the Petersburg Bookshop

Northwestern University Press

2012

Амелия М. Глейзер

·

Литературная черта оседлости

От Гоголя до Бабеля

Academic Studies Press

Библиороссика

Бостон / Санкт-Петербург

2021

УДК 82.02
ББК 83.3 (2Рос=Евр) 1
     Г53

Перевод с английского и рецензирование Ильи Нахмансона

Серийное оформление и оформление обложки Ивана Граве

Глейзер А. М.
Г53   Литературная черта оседлости: От Гоголя до Бабеля / Амелия М. Глейзер ; [пер. с англ. И. Нахмансона]. — Санкт-Петербург: Academic Studies Press / Библиороссика, 2021. — 336 с. : ил. — (Серия «Современная западная русистика» = «Contemporary Western Rusistika»).

ISBN 978-1-6446954-8-7 (Academic Studies Press)
ISBN 978-5-6045354-1-7 (Библиороссика)

В отличие от большинства исследований восточноевропейской литературы, ограниченных одним языком, одной культурой или одной национальностью, в книге Амелии М. Глейзер «Литературная черта оседлости» прежде всего рассматриваются процессы культурного обмена между авторами, жившими на территории современной Украины и писавшими на русском, украинском и идише. Автор анализирует произведения от «Сорочинской ярмарки» (1829) Н. В. Гоголя до рассказов И. Э. Бабеля о насильственной коллективизации украинских сел примерно век спустя. Амелия Глейзер убедительно показывает, что творчество Гоголя оказало значительное влияние как на русских, так и на украинских и еврейских писателей, таких как Г. Ф. Квитка-Основьяненко и Шолом-Алейхем.

УДК 82.02
ББК 83.3 (2Рос=Евр) 1

© Amelia M. Glaser, text, 2012
© Northwestern University Press, 2012
© Нахмансон И., перевод, 2020
© Academic Studies Press, 2020
© Оформление и макет
   ООО «Библиороссика», 2021

ISBN 978-1-6446954-8-7
ISBN 978-5-6045354-1-7

Слова благодарности

В этой работе, как и во всех ей подобных, звучат отголоски множества бесед, идей, возникших после чтения бесчисленного количества книг, а также попыток ответить на сложные вопросы. Моника Гринлиф, Григорий Фрейдин, Габриэлла Сафран и Стивен Ципперштейн были для меня идеальными консультантами в ходе написания моей докторской диссертации, и все четверо щедро делились со мной своим временем и знаниями, когда мое исследование переросло в данную книгу. Я также бесконечно благодарна и другим своим коллегам, читавшим отрывки из этой книги или всю ее, пока она писалась: Закари Бейкеру, Стивену Кэсседи, Владимиру Диброве, Дональду Фэнгеру, Любе Голберт, Энн Эйкин Мосс, Кеннету Моссу, Линн Пэтик, Наталии Рудаковой, Марилене Рущика, Джошуа Сафрану, Саше Сендеровичу, Уильяму Миллсу Тодду III, Киле Вазане Томпкинс, Мирославу Шкандрию, Марси Шор и двум анонимным рецензентам. В ходе работы над этим проектом мне помогали многие коллеги, студенты, преподаватели и друзья. Я хочу особо поблагодарить Светлану Бойм, Марка Каплана, Анастасию Денисенко, Валерия Дымшица, Геннадия Эстрайха, Юдиту Гляуберзонайте, Бернарда Гауэрса, Джорджа Грабовича, Кэтрин Хеллерштейн, Дова-Бера Керлера, Викторию Хитерер, Юлию Ладыгину, Маргариту Левантовскую, Роджера Леви, Серену Майери, Гарриет Мурав, Абрахама Новерштерна, Игоря Папушу, Дэвида Роскиса, Эфраима Зихера, Тимоти Снайдера, Аллу Соколову, Ярину Цимбал, Клаудию Верховен, Рут Вайссе и Александра Зейлигера. Мои коллеги и студенты из Калифорнийского университета в Сан-Диего вдохновляли меня и задавали правильные вопросы. Эти ученые не несут ответственности за неизбежные ошибки, допущенные при написании данной книги, но их интеллектуальная щедрость позволила мне завершить эту работу.

Значительная часть этой книги была написана благодаря нескольким стипендиальным программам. Я выражаю признательность Министерству образования США за грант Фулбрайта-Хейса, который позволил мне посетить Украину и Россию, и особенно Марте Богачевской-Хомяк за ее помощь и советы во время моей поездки и работы в Украине. Моя преддокторская стипендия в Центре гуманитарных исследований Стэнфордского университета была предоставлена семьей Джебалл; Украинский научный институт Гарвардского университета и Центр перспективных исследований в области иудаики Пенсильванского университета предоставили мне замечательное временное жилье на время моего постдокторского исследования. Американское философское общество и семья Хеллман спонсировали мои летние исследовательские экспедиции в Восточную Европу. Центр Дэвиса при Гарвардском университете оказал мне большую поддержку во время творческого отпуска.

Я благодарна всем библиотекарям и архивистам, помогавшим мне сориентироваться в море русской, украинской и еврейской литературы, особенно Закари Бейкеру из Стэнфорда, Оксане Михайловой из ЦГАМЛИ, Виктору Кельнеру из Российской национальной библиотеки, Ирине Сергеевой из Национальной библиотеки Украины им. Вернадского, Элиоту Кантору из Калифорнийского университета в Сан-Диего и сотрудникам библиотеки Уайденера при Гарвардском университете и Исследовательского института идиша (YIVO) в Нью-Йорке. Также я выражаю благодарность Государственному Русскому музею в Санкт-Петербурге, Центральному государственному кинофотофоноархиву в Киеве и Киево-Печерской лавре за оказанную мне помощь и разрешение использовать принадлежащие им изображения в этой книге. Некоторые факты, которые очень помогли при написании данной работы, я узнала не из книг. Я провела неделю в Киеве в гостях у Ольги Рапай, рассказывавшей мне о своем отце Переце Маркише. Я также имела счастье беседовать со вдовой Маркиша Эстер Маркиш и их сыном Давидом Маркишем в Израиле.

Я благодарна слаженной команде издательства Northwestern University Press, особенно Майку Левину за его веру в этот проект и Энн Гендлер за то, что помогла завершить работу над книгой. Келли Сэндефер из Beehive Mapping помогла мне создать карту, где отмечены все украинские города и села, о которых идет речь в этой книге. Отрывки из глав пятой и шестой были опубликованы в журнале «Jews in Russia and Eastern Europe» (2004. Vol. 53. № 2). Отрывок из главы 5 был опубликован в сборнике: A Captive of the Dawn: The Life and Work of Peretz Markish / Ed. by J. Sherman, G. Estraikh, J. Finkin and D. Shneer. Cambridge: Legenda, 2011 [Estraikh, Finkin, Sherman, Shneer 2011]. И наконец, благодарю редакторов русского варианта в Academic Studies Press: Игоря Немировского; Ирину Знаешеву; Дарью Немцову; замечательного переводчика Илью Нахмансона. Также благодарю научного ассистента Карину Вахитову.

Эта работа стала результатом моего интереса к влиянию русского языка на еврейскую и украинскую литературу, и все эти годы я ощущала любовь и поддержку своей семьи. Моя мать Кэрол Глейзер ездила со мной в Бердичев и Житомир; мой отец Джон Глейзер прочел всё от корки до корки; моя сестра Бронуин Глейзер неизменно заражала меня своим оптимизмом. К счастью, в числе своих ближайших друзей я могу назвать своих бабушек и дедушку — Барбару Глейзер, Элтона Буна и неутомимую Барбару Бун, которая вычитала этот текст, а затем прочла всего Гоголя. Наконец, я хочу поблагодарить Эрана Мукамела, который вдохновил меня на написание первой версии этой книги еще в докторантуре и все эти годы является моим читателем, собеседником и партнером. Его помощь в написании этой книги неоценима.

Предисловие
к русскому изданию

Эта книга, вышедшая в 2012 году, представляет собой попытку исследования черты оседлости как территории многочисленных пересекающихся культурных традиций, которую я предприняла, опираясь на свой опыт слависта и историка еврейской литературы. Как будет показано далее, это место проживания различных народов, которое сейчас называется Украиной, дало толчок становлению минимум трех литературных традиций — русской, украинской и еврейской. Данная книга, помимо всего прочего, является исследованием внутренних связей, существующих между, казалось бы, антагонистичными культурами. Украинская ярмарка, где люди различных национальностей покупали, продавали, торговались и иногда дрались между собой, стала местом рождения историй, рассказанных на разных языках.

Интерес к сосуществующим литературным традициям черты оседлости возник у меня, когда я изучала сравнительное литературоведение в университете. Я с самого детства любила русскую классическую литературу, а в студенческие годы меня все больше стали интересовать еврейские литература и культура. В отличие от большинства американских исследователей творчества Менделе Мойхер-Сфорима и Аксенфельда, которые совершенно справедливо отмечают влияние, оказанное на этих авторов ивритской и религиозной литературой, я видела в их книгах перекличку с Гоголем и Достоевским. Гоголевская «Сорочинская ярмарка» и «Ярмарка в Голтве» Горького помогли мне — в Кали-

форнии — лучше понять шолом-алейхемскую Касриловку. Русская
литература дала мне тайный ключ для понимания литературы на
идише. Чтобы лучше разобраться в русской и еврейской литературе, я временно переехала в область их пересечения — Украину.
Там я познакомилась с красотой и богатством украинской литературы и вскоре поняла, что украинские писатели были во многом
схожи с писателями на идише — обе эти традиции развивались,
находясь в постоянном диалоге с русской литературной традицией. Это исследование, начавшееся почти два десятилетия назад,
представляет мой взгляд на литературу, как на отражение транс-
локальных и трансъязыковых пересечений.

Через год после выхода этой книги в свет протестующие заняли Майдан Незалежности в Киеве, требуя сближения с Евросо-
юзом и политического дистанцирования от России. С тех пор
многие жители Украины — территории, о которой идет речь
в этой книге, — под воздействием обстоятельств пересмотрели
свои взгляды на формирование украинской национальной идентичности. Русские, евреи, поляки, татары и представители других
народов все чаще стали называть себя украинцами, вкладывая
в это слово не столько национальный, сколько гражданский
смысл. С 2012 года вопрос о включении Гоголя, Бабеля и Шолом-Алейхема в украинскую литературную традицию встал еще
более остро.

Сложная история русско-украинских культурных отношений
стала со времени первой публикации этой книги предметом
международного интереса. С учетом нынешней непростой об-
становки на русско-украинской границе особое значение приобрели даже слова и грамматика, относящиеся к описанию этой
территории. Говоря о положении дел в современном независимом
государстве, мы с редакторами русского перевода данной книги
используем сочетание «в Украине», что отображает наше уваже-
ние к суверенитету этой страны и является языковой нормой для
русскоязычного населения Украины. Схожее явление имеет место
и в английском языке: название этой территории ранее обычно
употреблялось с определенным артиклем (the Ukraine), а теперь,
когда история украинской государственности оказалась в центре

внимания мировой общественности, Украина обычно обозначается без артикля (Ukraine). Говоря об исторической области в составе Российской империи, мы использовали несовременное, но исторически уместное выражение «на Украине». Хотя эта грамматическая форма выходит сейчас из употребления, именно так говорили по-русски писатели, о которых идет речь в этой книге. Я благодарна переводчику и издателю за то, что моя книга о литературе черты оседлости выходит на русском языке, который и помог сформировать эту самую многонациональную литературу.

Амелия М. Глейзер

Сан-Диего, Калифорния
14 января 2021 года

Предисловие: коммерческий пейзаж

На территории современной Украины многие годы жили рядом украинцы, евреи и русские. В этой книге рассказывается о том, как истории этих трех народов, нередко излагаемые независимо друг от друга, на самом деле оказываются переплетены между собой узами подражания и враждебности, дружбы и превосходства, насилия и примирения, а особенно сильно — торговли и конкуренции. Рынки и ярмарки этого региона, которые я в дальнейшем буду обозначать термином «коммерческий пейзаж», сыграли ключевую роль в развитии литературных традиций всех упомянутых народов на протяжении последнего столетия существования Российской империи и в первые годы советской эпохи. В отличие от церквей, синагог и дворцов, рынки и ярмарки были в равной мере важны для всех этнических групп, населявших Украину. Ярмарки с их горючей смесью народов, языков и товаров были в Российской империи тем плавильным котлом, где сталкивались провинция и столица, мужчины и женщины, евреи и христиане, революция и традиция. Несмотря на все различия между русской, украинской и еврейской культурами, украинская ярмарка была для всех трех народов той сценой, на которой разворачивалась их культурная и политическая эволюция начиная с эпохи Просвещения до Октябрьской революции.

В данном исследовании речь пойдет в основном о той части Украины, которая являлась территорией черты оседлости. В большинстве рассматриваемых здесь литературных источников описываются следующие украинские регионы: Полтавская, Киевская, Черниговская области, Подолье, Волынь, а также Харьков, который, хотя и находился к востоку от черты оседлости, был важнейшим центром украинской литературы. На этих землях жили украинцы, евреи, русские, поляки, немцы, цыгане, турки и представители других народов. Литература крупнейших этнических групп Восточной Украины — украинцев, евреев и русских, которые в политическом отношении занимали привилегированное положение, — как русская, так и написанная на «жаргоне» (украинском или идише), показывает, что эти традиции были тесно связаны между собой, иногда конфликтуя, но неизменно обогащая друг друга художественными и культурными образами. Чтобы лучше продемонстрировать это «перекрестное опыление», существовавшее между тремя соседствующими литературными традициями, я решила не включать в данное исследование тех авторов, которые по идеологическим соображениям выступали против доминирования русской культуры: например, членов Кирилло-Мефодиевского братства и ведущих сионистов. В этой книге речь идет о тех украинских и еврейских по происхождению писателях, которые воспринимали свою национальную культуру и литературу как составную часть широкой традиции, существовавшей на территории Украины. По сути, моя работа преследует две главные цели. Во-первых, я хочу показать, что анализ литературной генеалогии должен основываться не только на языке, но и на географии. Во-вторых, я продемонстрирую, что украинцы и евреи внесли значительный вклад в формирование российской культурной традиции. Хотя уклад жизни украинцев и евреев в корне различался, оба этих народа находились на периферии российской имперской культуры, и данное исследование показывает, как они взаимодействовали с культурным и политическим империализмом Российского государства. Так мы можем на конкретных примерах рассмотреть сложное устройство жизни на окраинах империи.

Термином «коммерческий пейзаж» я обозначаю, говоря в общих чертах, литературное описание рынка или ярмарки. Этот топос (иногда включающий в себя и не столь упорядоченные торговые отношения) служит общей площадкой, на которой писатели, представляющие различные сосуществующие традиции, описывают, высмеивают и критикуют столкновения разных культур. Как и реальные рынки и ярмарки, коммерческий пейзаж — это место, где происходят сделки, диалоги и кражи. В рамках своего исследования я говорю не об экономической деятельности в сельской местности как таковой, а о том, в каком виде она предстает в коллективном литературном сознании. В книгах украинских и еврейских писателей, о которых идет речь в этой работе, коммерческий пейзаж зачастую принимает форму метафоры, за которой стоит более крупная географическая единица — Украина, территория черты оседлости или Российская империя в целом. После распада Советского Союза история национальных литератур часто рассматривается сквозь призму борьбы за самоопределение той или иной этнической группы. Однако в своей книге я предлагаю при изучении литературной генеалогии не только обращаться к национальному нарративу, но и учитывать географическое соседство и повседневные контакты между представителями разных народов. Сосуществование евреев и украинцев в условиях Российской империи дает нам отличную возможность изучить такие контакты на конкретном примере.

Пришло время обратить внимание читателей на то, как устроена данная книга. Первая глава посвящена историческому обзору, во второй и третьей рассказывается о писателях украинского происхождения (Гоголе и Квитке-Основьяненко), а последние три главы повествуют о еврейских писателях — Шолом-Алейхеме, Маркише и Бабеле. Такая структура книги вовсе не означает, что украинцы перестали писать о коммерческом пейзаже во второй половине XIX века, — напротив, в находившейся по другую сторону границы Западной Галиции, входившей в состав империи Габсбургов, вышло немало книг, способствовавших росту украинского национального движения. Также не следует делать выводов о том, что это литературное влияние имело односторонний характер или что еврейские писатели, описывавшие упадок коммерческого пейзажа, несут ответственность за распространение антикапиталистических идей в России. Становление современной еврейской литературы и запрет на публикацию в царской России книг на украинском языке пришлись на один и тот же период, поэтому так вышло, что, хотя именно украинские писатели, такие как Гоголь и Квитка, создали и разработали традицию коммерческого пейзажа в литературе первой половины XIX века, тем не менее перемены и конфликты, важные для коммерческого пейзажа конца позапрошлого столетия, были описаны уже преимущественно еврейскими авторами. Погромы начала 1880-х годов заставили многих евреев задуматься о своей роли в российском государстве. Более того, вслед за волнениями 1880-х годов царем были приняты «Майские правила», резко ограничившие права евреев и лишившие многих из них средств к существованию. Отношения между украинцами и царской Россией в контексте русской литературы начала XIX века — это история творческих конфликтов и разногласий, однако с 1880-х годов и вплоть до Октябрьской революции литературный дискурс на той же самой территории Украины определялся совершенно иными и куда более травмирующими отношениями между евреями и российским правительством.

Коммерческий пейзаж представляет собой удобную модель для анализа литературного диалога, происходившего между различными языковыми и культурными традициями на протяжении ста лет после расширения Российской империи и до начала коллективизации. Как мы увидим в первой главе, представляющей собой исторический обзор эпохи, описываемой в данной книге, черта оседлости, занимавшая преимущественно аннексированную Екатериной II в конце XVIII века территорию Польши, поставила перед царским правительством новые демографические и культурные задачи. В рамках государственной идеологии Россия представлялась своего рода империей-крепостью, защищавшей свои ресурсы от внешних врагов. Однако украинский коммерческий пейзаж с его размытыми границами и разношерстным населением был прямой противоположностью крепости. Таким образом, рынки и ярмарки были тем местом, которое позволяло украинским и еврейским писателям разрушать имперскую однородность. Вслед за историческим экскурсом идут главы, где исследуются конкретные культурные и идеологические аспекты этого межэтнического сосуществования.

Н. В. Гоголь как автор канонических текстов, в которых описывается украинский коммерческий пейзаж, положил начало традиции, продолженной писателями из последующих глав. В главе второй, «Коммерческий пейзаж Н. В. Гоголя (1829–1852)», говорится об описаниях рынка у Гоголя, начиная с «Сорочинской ярмарки» и далее в исторической повести «Тарас Бульба», в «Петербургских повестях» и «Мертвых душах». В раннем творчестве Гоголя рыночная площадь — это место, где звучит живой язык; это символическое пространство, позволяющее ему перекинуть мостик между столицей и его родной Украиной и ввести в повествование литературные архетипы. Коммерческий пейзаж Гоголя — это одновременно и сцена, на которой появляются эти гротескные архетипические персонажи, и уникальный украинский микрокосм, и хронотоп, где можно разными способами притворяться кем-то другим и совершать сделки — своего рода пример «мира вне опыта» в кантовском понимании. В ранних произведениях Гоголя рынок — это место, где заключаются пугающие межкультурные и иногда метафизические сделки; эту модель затем использовали многие авторы, писавшие на территории Украины на разных языках. Ближе к концу жизни Гоголя занимало не столько описание украинских реалий для русского читателя, сколько характеры и поведение людей в России в целом. На этом этапе творчества, когда были созданы «Мертвые души» и вторая редакция «Тараса Бульбы», Гоголь уже не ограничивался узкими рамками украинского коммерческого пейзажа. Так, если говорить о сделках, заключаемых в поздних текстах Гоголя, то они происходят уже не в закрытом пространстве украинской ярмарки, а по всей России и выпукло изображают все недостатки российской жизни и быта.

Глава третья, «Балкон Апеллеса: Квитка-Основьяненко и критики (1833–1843)», повествует о становлении современной украинской литературы. Хотя Г. Ф. Квитка-Основьяненко (или просто Квитка) принадлежал к поколению родителей Гоголя, писали они приблизительно в одно и то же время. Глава о нем в этой книге идет после главы о Гоголе, потому что «Сорочинская ярмарка» Гоголя вышла первой и, возможно, вдохновила Квитку на написание его знаменитой повести «Салдацький патрет». Квитка, который не только вдохновлялся творчеством Гоголя, но и сам влиял на него, начинал писать на русском языке, но позднее стал родоначальником уникальной украинской прозы. Он использовал коммерческий пейзаж для того, чтобы живо изобразить отношения между представителями различных национальностей и слоев общества. В «Солдатском портрете» (1833), первой крупной вещи Квитки, написанной на украинском языке, выведен художник, который хочет проверить искусность созданного им портрета, отнеся его на ярмарку. Написанная на русском языке повесть 1840 года «Ярмарка», в которой смешались бурлеск и сентиментальная проза, изображает ярмарку как место разного рода встреч и ситуаций, в ходе которых высокомерие представителей высшего класса высмеивается простыми украинцами. Коммерческий пейзаж Квитки отображает отношения между художником и его аудиторией — эта тема в 1830-е и 1840-е годы была особенно болезненной для украинского писателя, постоянно подвергавшегося нападкам со стороны петербургских критиков, которые ругали его за провинциальность языка и сюжетов.

Глава четвертая, «Рынок как место рождения современной еврейской литературы (1842–1916)», начинается с обсуждения роли коммерческого пейзажа в становлении литературы Гаскалы (еврейского просвещения) и заканчивается разговором о Шолом-Алейхеме (Шоломе Рабиновиче), чье творчество выросло как из еврейской, так и из русской (особенно гоголевской) литературной традиции XIX века. Знаменитый *маскил* Израиль Аксенфельд, творивший как на идише, так и на русском, в 1840-х годах написал книгу «Кокошник» («Dos shterntikhl»), которая считается первым романом на идише. В этой любовной истории Аксенфельд описывает, как меркантильные интересы губительно сказываются на быте еврейской общины, религиозной деятельности и романтических отношениях между героями. Шолем-Янкев Абрамович, которого Шолом-Алейхем называл «дедушкой еврейской литературы», начал публиковать свои книги на идише в 1863 году. Его псевдоним Менделе Мойхер-Сфорим (Менделе-Книгоноша) символизировал связь между его целью (ознакомление читателей с новой еврейской литературой) и предметом его творчества (описание быта российских евреев). Погромы начала 1880-х годов и последовавшие за ними притеснения со стороны правительства вызвали кризис в еврейской литературе и потребовали нового взгляда на коммерческий пейзаж. Произведения Шолом-Алейхема, полные печального еврейского юмора, оказались ближе читателю, чем тексты писателей Гаскалы с их политической повесткой или стереотипные ярмарочные евреи Гоголя.

Глава пятая, «Распятый рынок: Гражданская война Переца Маркиша (1917–1921)», описывает уничтожение рынка штетла в годы революции и Гражданской войны на территории, которая с 1919 года называлась Украинской Советской Социалистической Республикой. После Октябрьской революции торговля стала восприниматься как проявление старого, отжившего порядка. Первая мировая война (1914–1918) и Гражданская война на Украине (1918–1920) обернулись катастрофой для Западной Украины, Галиции и Польши. В этот период на евреев обрушилась невиданная до сих пор волна насилия, зачастую происходившего на рыночных площадях. Тогда же зародились и разные модернистские направления, в том числе футуризм, самым шокирующим образом изображающий сцены, связанные с религией и насилием. Перец Маркиш, ставший впоследствии классиком советской еврейской литературы, использовал в своих первых стихах рынок в качестве метафоры смерти. Начиная с самого раннего футуристического этапа своего творчества и вплоть до длинной экспрессионистской поэмы «Куча» («Di kupe»), действие которой происходит в годы Гражданской войны на Украине, Маркиш использует поэтический язык, в котором мертвые тела сравниваются с товарами на прилавке.

Завершается эта книга рассказом о писателе, перенесшем гоголевскую культурную двойственность в советскую литературу. Если в «двойной душе» Гоголя соединились русскость и украинскость, то «двойная душа» Исаака Бабеля состояла из русского и еврейского начал, и, как и Гоголь, Бабель использует эту двойственность для межэтнического диалога. Глава шестая, «Исаак

Бабель и конец базара (1914–1929)», исследует творчество Бабеля в контексте революции и последовавшего за ней исчезновения черты оседлости и коммерческого пейзажа XIX века. Веком ранее Гоголь вступил на петербургскую литературную сцену со своими гротескными историями об украинском быте; Бабель же переносит в русскую прозу свой еврейский опыт, постулируя, как и Гоголь до него, ценность географической и этнографической периферии для русской литературы как таковой. В бабелевском цикле «Конармия» (1923–1937) появляется самобытный рассказчик, принадлежащий к новой советской литературе. В рассказах этого цикла исчезновение коммерческого пейзажа оказывается связано с исчезновением отживших культурных категорий. Скоро должен был наступить новый строй, которому предстояло сменить традиционные еврейские местечки Украины и свойственный им коммерческий пейзаж. В 1930 году Бабель снова поехал на Украину, чтобы стать свидетелем этого процесса. Он собирал материалы для романа о коллективизации на Украине, который так и не закончил.

Коммерческий пейзаж — это символическое пространство, позволяющее нам рассматривать в рамках общей парадигмы три различные литературные традиции, зачастую находящиеся в непосредственном диалоге или споре друг с другом, хотя их читатели могут относиться к не пересекающимся между собой кругам. Настоящее исследование — это часть большого проекта, целью которого является показать, как взаимно обогащающие друг друга литературы украинской периферии — территории, и сейчас остающейся культурно разнородной, — повлияли на русский литературный канон, традиционно воспринимаемый как петербургско-московский. Также в этой книге делается попытка дать ответ на ряд более широких вопросов, в частности — не стоит ли сместить акцент с изучения *национальных* литератур на изучение литератур *сосуществующих*. Что может дать анализ таких литературных связей в плане понимания кросскультурных отношений — как в исторической перспективе, так и применительно к культурогенезу XXI века?

Изгнание торговцев из храма. Фреска, Троицкая церовь
Киево-Печорской лавры, XVIII век

Глава 1

От Просвещения до революции. Сто лет культурной трансформации

Вход в Троицкую церковь Киево-Печерской лавры украшает любопытная фреска, изображающая изгнание Иисусом торговцев из храма. Фреска была создана иконописцами монастыря в 1730–40-х годах, и она расположена таким образом, что создается впечатление, будто Иисус выгоняет толпу торговцев и менял непосредственно из дверей этой церкви. Иисус находится лицом к зрителю, как и принято в православной иконографии святости, а большинство менял и продавцов голубей, пытающихся собрать свои рассыпавшиеся товары, изображены в профиль — так на иконах обычно показывают зло[1]. В отличие от картин на тот же сюжет, созданных Рембрандтом и Эль Греко, торговцы и менялы с киевской фрески изображены похожими на еврейских купцов из Восточной Европы XVIII века: по меньшей мере двое из них носят ермолки, и у всех есть бороды и шляпы, типичные для украинских евреев того времени. Таким образом, эта фреска

---

[1] Фрески Троицкой церкви, в том числе «Изгнание торговцев из храма», были созданы в 1730–40-х годах художниками иконописной мастерской Киево-Печерской лавры, вероятно, под руководством мастеров Ивана Кодельского и Алимпия Галика [Веймарн 1971–1984, 4: 200–202]. См. также [Уманцев 1970]. О цветных репродукциях этой фрески см. альманах Киево-Печерской лавры [Кондратюк, Кролевец, Колпакова 2005: 150–152].

отображает не только теологический спор между Иисусом и менялами, но и конфликт между местными славянами-христианами и иудеями, а также между официальной христианской культурой и миром рынка в Киеве XVIII века. Поскольку в XIX веке вопросы культурного сосуществования на территории Украины играли в Российской империи все более значимую роль, коренным образом менялось и то, как изображались рыночные торговцы и товары в искусстве и литературе этого региона.

Данная книга посвящена исследованию этих литературных изменений на протяжении ста лет глубокой демографической, политической и культурной трансформации — в период, начавшийся с написанных по-русски рассказов украинца Гоголя и закончившийся текстами еврея Бабеля, тоже созданными на русском языке. Первую из своих украинских повестей — «Сорочинскую ярмарку» — Гоголь написал в 1829 году, а бабелевские рассказы о коллективизации на Украине были созданы в 1930-м. Гоголь, Бабель и многие авторы, творившие в этот период, использовали коммерческий пейзаж для описания культурного обмена, постоянно происходившего на территории Украины. То, что именно коммерческий пейзаж оказался таким популярным литературным образом, связано с тремя историческими процессами. Первый — это присоединение указанных земель в XVIII веке Екатериной II, которое привело к появлению в Российской империи новых этнических групп. Второй — это политика государства в отношении новообретенных этнических меньшинств, направленная на то, чтобы подчинить и цивилизовать их. Третий — и самый важный для нашего исследования — это влияние всех вышеперечисленных демографических и политических факторов на творчество художников и писателей, рост их интереса к конфликтам и взаимоотношениям между различными народами, проживавшими на территории Российской империи.

Столетний период, о котором идет речь в этой книге, совпадает со временем существования черты еврейской оседлости. Территория этой черты была в последний раз увеличена в 1835 году; ограничения в праве свободного передвижения и избрания места жительства для евреев были сняты только в 1917 году.

Внутри всей территории черты оседлости, простиравшейся до Вильно и Витебска на севере, Варшавы на западе и Крымского полуострова на юге, особенно интересными для изучения взаимного литературного и культурного влияния являются находившиеся под властью Российской империи украинские территории, называемые также Малороссией[2]. Коммерческие пейзажи, изображенные в русских, украинских и еврейских текстах, о которых идет речь в моем исследовании, создавались на материале реальных рынков и ярмарок, существовавших в этом регионе, однако написаны были эти тексты для широкого круга читателей — российских и не только.

До разделов Польши (1772–1795), в результате которых польско-литовские территории были поделены между Россией, Пруссий и Австрией, евреи играли значительную роль в экономической системе этого региона, во главе которого стояли польские магнаты. Взамен польская знать даровала евреям свободу и защиту. В царской России готовой инфраструктуры, куда можно было бы схожим образом встроить сотни тысяч польских евреев, не существовало[3]. Соответственно, царское правительство пыталось перестроить экономическую систему этого региона, ослабив деловые связи между евреями, польскими помещиками и крестьянами [Rosman 1990: 212]. Русские, являвшиеся титульной нацией империи, воспринимали евреев как чужаков, не доверяя им из-за их религии и исторических связей с польской знатью, а также из-за того, что они плохо соответствовали русским представлениям о том, что такое нация и народ.

---

[2] В слове «Великороссия», которое часто противопоставляется «Малороссии», корень -велик- относится не столько к «величию», сколько к размеру территории. За это лингвистическое наблюдение я благодарна Джорджу Грабовичу.

[3] Исраэль Барталь выделяет два ключевых фактора, усложнивших евреям адаптацию к жизни в Российской империи: это система еврейского самоуправления и роль арендаторов, которую они играли в польской феодальной системе. «Русские цари — от Екатерины II, при которой произошли разделы Польши, до Николая I, правившего до середины XIX века, — пытались законодательными мерами вывести евреев из правового поля шляхетской демократии и встроить их в систему русского абсолютизма» [Bartal 2006: 59].

Непростые же отношения между Украиной и Россией развивались по схеме «вместе — порознь — вместе — порознь» (определение Ореста Субтельного) начиная с распада Киевской Руси в XIII веке и вплоть до объединений территории в 1654, 1795, 1935 и 1944 годах, а затем, что особенно важно, до объявления Украиной независимости в 1991 году [Subtelny 1994: 1]. Серия казачьих восстаний в XVIII веке вынудила Екатерину II ликвидировать центр украинского казачества Запорожскую Сечь и аннулировать права казаков. В XIX веке российское правительство все больше и больше ограничивало национальные права украинцев, опасаясь того, что пробудившееся этническое самосознание приведет к восстанию и отделению Украины. В то же время русские часто превозносили украинцев за то, что в их среде якобы сохранился подлинный народный дух.

По мере поглощения империей еврейского и украинского населения и подавления польского восстания 1830–1831 годов политика России, а вместе с ней и русская культура становилась все более консервативной. «К 1830 году, когда [Россия] укрепила свою гегемонию, правительство уже не могло себе позволить пойти на риск», — пишет Джон ЛеДонн[4]. Решение Николая I защищать интересы правящего класса, а не развивать экономику империи за счет индустриализации и стабильной торговой политики означало, что экономическая активность в южных и западных регионах страны будет ограничиваться сверху, а не поощряться. Однако в отличие от империи-крепости, которая стремится закрыться от внешних контактов, коммерческий пейзаж в литературных текстах легко впускает в себя чужаков и поэтому часто служит средством отображения (и критики) изоляционистской политики властей.

Этнические и политические конфликты 1830–40-х годов привели впоследствии к реформам Александра II, главной из которых стала отмена крепостного права в 1861 году. Очередное Польское

---

[4]   В период с 1828 по 1831 год Россия заключила мирные договоры с Персией (1828) и Османской империей (1829). Подробнее о территориальной политике России см. у ЛеДонна [LeDonne 2004: 202].

восстание 1863–1864 годов вызвало еще большую дестабилизацию культурной и экономической иерархии западных территорий Российской империи. Это, в свою очередь, привело к новым культурным притеснениям украинцев, которые, по мнению российских властей, могли объединиться и отделиться от России. В 1863 году в России был введен запрет на печатание книг на украинском языке — за исключением тех, которые принадлежали «к области изящной литературы»; в 1876 году было запрещено печатать и художественные тексты[5]. Хотя многие украинские писатели печатались за границей, в Австро-Венгрии, эти ограничения заглушили украинский голос в российском литературном пространстве. Тем не менее русскоязычные украинские авторы, такие как В. Г. Короленко, хотя и писали на официальном языке империи, поднимали в своем творчестве вопросы взаимоотношений между представителями различных народов, и Украина в их текстах предстает территорией языкового и этнического разнообразия.

Если украинцев (или малороссов, как их зачастую называли) царское правительство пыталось объединить с русскими на почве православия, то к евреям оно относилось как к потенциально опасным чужакам-иноверцам. Пытаясь разрушить обособленность евреев, Николай I предложил проект «насильственного просвещения». В каких-то пунктах эта программа совпадала с идеями поборников еврейского просвещения (так называемых *маскилим*), но в других прямо им противоречила. Хотя правительство часто запрещало еврейским просветителям публиковать свои книги на идише, министр народного просвещения граф С. С. Уваров консультировался с ними по вопросам образовательной политики и школьного обучения[6]. Новые законы

---

[5] Эта дискриминация украинцев вызвала горячие споры в среде русской интеллигенции, одновременно удивительным образом стимулировав рост украинского национального движения в Галиции, входившей в состав Австро-Венгрии.

[6] М. А. Крутиков пишет: «Реформа Уварова создала уникальную ситуацию, при которой многие *маскилим* получили прямую поддержку от Российского государства, хотя правительство не полностью одобряло идеи Гаскалы» [Krutikov 2001: 69].

в 1844 году уничтожили *кагал* — орган еврейского самоуправления — и ограничили распространение религиозной литературы за счет временного закрытия многих еврейских издательств[7]. Йоханан Петровский-Штерн в своей работе о еврейских рекрутах в царской армии пишет, что Николай I «планировал рекрутировать евреев в империю, сделав их полезными, лояльными и ассимилированными с прочим населением гражданами» [Petrovsky-Stern 2008: 59]. Набор в солдаты еврейских мальчиков наряду с другими подданными царя, начавшийся в 1827 году, и создание государственных школ для евреев были теми мерами, с помощью которых правительство пыталось завоевать преданность еврейского населения. Либеральные реформы Александра II 1860–70-х годов со временем позволили все большему числу евреев селиться вне черты оседлости [Litvak 2006: 7]. Однако важно отметить, что государственная политика в отношении еврейского просвещения имела совершенно иной характер, нежели культурные притеснения украинцев, происходившие после отмены крепостного права. Если украинцы воспринимались как культурно и религиозно близкий русским народ, то евреев по-прежнему считали чужаками и старались не столько ассимилировать их, сколько упорядочить структуру многонациональной империи.

В 1880-х годах беспокойство русских и украинцев по поводу проникновения евреев в русское общество и культуру переросло в яростный и полный насилия антисемитизм, что немедленно

---

[7] Как пишет Ольга Литвак, «взаимоотношения между николаевскими чиновниками и отцами русско-еврейского просвещения всегда были больной темой для еврейских историков с учетом таких неприглядных реалий, как сдача детей в рекруты и расцветшая пышным цветом коррупция» [Litvak 2006: 6–12]. Там же см. о просветительских мерах русского правительства. Кеннет Мосс показал, что ограничения на печатание книг были кратковременными и географически разрозненными, а потому мало затронули еврейских читателей. См. статью: Moss K. B. Printing and Publishing: Printing and Publishing After 1800 // YIVO Encyclopedia of Jews in Eastern Europe. https://yivoencyclo-pedia.org/article.aspx/Printing_and_Publishing/Printing_and_Publishing_af-ter_1800 (дата обращения: 24.11.2019).

нашло отражение в творчестве еврейских писателей[8]. В 1881 году
участники революционной организации «Народная воля», недовольные тем, что царь отказывался давать России конституцию,
убили Александра II, и это неожиданно привело к немедленному
отказу от либеральной политики. Наступила реакция, выразившаяся в волне еврейских погромов, которые прокатились по всей
территории черты оседлости[9]. Два десятилетия спустя жители
России потребовали равных прав для всех в ходе волнений, вошедших в историю как русская революция 1905 года[10]. Однако
эта борьба за гражданские права также сопровождалась волной
погромов на Украине. Евреи в России все еще воспринимались
как чужаки, и угроза физической расправы стала для них еще
более реальной. Хотя после Октябрьской революции 1917 года
большевики объявили, что в Советском Союзе все национальные
меньшинства, включая украинцев и евреев, обладают равными
правами, национальная политика советского государства принимала разные формы, становясь иногда, по словам Ю. Л. Слезкина, «тяжело-торжественным парадом старозаветных романтических национализмов» [Slezkine 1994: 446][11].

Первая мировая война (1914–1918), Гражданская война на
Украине (1918–1920) и Польская кампания (1920) залили кровью
и разорили украинские земли. С приходом к власти Сталина
в середине 1920-х годов началась эпоха индустриализации.
В 1929 году, ровно через сто лет после того, как Гоголь написал
«Сорочинскую ярмарку», Сталин объявил о переходе к сплошной

---

[8] Об отношении царского правительства последнего периода существования
империи к еврейской интеграции в русскую культуру см. статью Ханса
Роггера «Российские министры и еврейский вопрос, 1881–1917» [Rogger
1986: 56–112].

[9] Обсуждение погромов 1881 и 1882 годов и тех последствий, которые они
имели для политики в отношении евреев, см. у Йонатана Френкеля [Frankel:
49–132].

[10] Эта революция привела к перераспределению земли в пользу крестьян.
Подробнее о Столыпинской аграрной реформе см. Ольгу Крисп [Crisp 1989:
33–64].

[11] Слезкин пишет здесь о Первом съезде советских писателей 1934 года.

коллективизации, при которой контроль над сельским хозяйством полностью переходил в руки государства, а миллионы крестьян оказались привязанными к земле и должны были выращивать продукты для нужд индустриального сектора. Этот процесс привел к голодомору на Украине (1932–1933)[12]. Хотя рынки и ярмарки (пусть и в совершенно ином виде) существовали и в советское время, свободная торговля, которая давала возможность различным этническим группам вступать в коммуникацию и завязывать отношения, перестала существовать в десятилетие, последовавшее за Октябрьской революцией. Коммерческий пейзаж — по крайней мере, временно — перестал быть площадкой, где критиковалось современное общество, и стал окном в прошлое.

Где двое, там рынок: мост между народами

Говоря об украинском коммерческом пейзаже как об общем литературном топосе, я подразумеваю под этим рынки и ярмарки самого разного типа, при условии что на этих площадках происходят типичные для украинской периферии торговые или социальные коммуникации, описанные в произведениях украинских, еврейских и русских писателей. Эти коммуникации включают в себя коммерческие отношения между сосуществующими на данной территории этническими группами, а также контакты между русскими чиновниками и жителями провинции, происходящие либо во время визита русских на Украину, либо в самой России, где коммерческий пейзаж может напоминать атмосферу окраины империи.

Как говорится в русской поговорке: «Где двое, там рынок, трое — базар, семеро — ярмарка» [Калугин 2000: 123]. Хотя эти

---

12 Коллективизация привела к многочисленным мятежам и насилию. Голодомор на Украине 1932–1933 годов заслуживает отдельного исследования. Для ознакомления с историей коллективизации и той печальной роли, которую она сыграла в судьбе украинского крестьянства, см. книгу Роберта Конквеста [Conquest 1986].

Базар в Полтаве, начало XX века. Коллекция М. С. Забоченя. ЦДКФФА, Киев, Украина. О-192714

слова взаимозаменяемы, как и следует из поговорки, стоит для ясности дать им определение. Наиболее общеупотребительное слово — *рынок* на русском и украинском или *марк* на идише — обычно обозначает открытое пространство, которое разделено на ряды лавок или временных мест для торговцев, продающих товары с лотка или прямо с земли. На рынке продаются основные продукты питания — местные овощи, мясо, молочные продукты, выпечка, мука и свежая рыба. Слово *базар* имеет персидское происхождение и было привнесено в славянские языки татаро-монголами; оно существует в русском, идише и украинском и обычно используется применительно к украинским рынкам для обозначения места, где происходит торг[13]. В соответствующем контексте или в форме прилагательного *базарный* это слово также может означать хаос, шум или крик[14]. Русское слово *ярмар-*

---

[13] Это заимствование произошло еще до того, как татаро-монголы были изгнаны из Руси в 1480 году. Подробнее об этимологии слова «базар» см. у Власто [Vlasto 1986].

[14] Все это напоминает систему, существовавшую в Древнем Риме. См. [Frayn 1993: 3–6].

Ярмарка в г. Путивле Курской губернии. До 1917 года. ЦДКФФА, Киев, Украина. Ф. 70. Оп. 4. Д. 298

ка и украинское *ярмарок* происходят от немецкого Jahrmarkt, которое дословно переводится как «ежегодный рынок» (фонетически схожее слово *yarid* в идише имеет древнееврейское происхождение). Ярмарка (иногда ярмонка) — это еженедельный, ежемесячный или ежегодный привоз товаров, как правило скота, зерна, промышленных изделий, таких как мебель или посуда, а также мануфактуры и галантереи. Поскольку рынок служит нуждам местного населения, купцы на ярмарку часто съезжаются издалека[15]. В рамках настоящего исследования функциональные различия между рынками, базарами и ярмарками вторичны по сравнению с их общей характеристикой — все это места, где происходила межэтническая коммерческая коммуникация.

В начале XIX века коммерческий пейзаж в Российской империи претерпевал серьезные изменения. Традиционные ярмарки уступали место постоянным рынкам, где производители продавали товары потребителям напрямую. Согласно Майклу Станиславски, это привело «к почти полному исчезновению бродячих

---

[15] В некоторых документах XIX века второе «р» в слове *ярмарка* заменяется «н», и получается *ярмонка*.

торговцев старого типа, евреев и христиан. В этот период процветали только украинские ярмарки, но и там тоже оптовые торговцы играли все менее значимую роль, уступив свои позиции фабрикантам, продававшим товары собственного производства» [Stanislawski 1983: 174–175]. Рынки и ярмарки оставались важнейшим источником средств существования для множества евреев и украинцев, живших на Украине. Однако для украинцев, живших за счет сельского хозяйства, коммерческий пейзаж представлял собой псевдогородское пространство, которое они посещали для продажи продуктов и покупки товаров для дома. Евреи же, напротив, зачастую были ремесленниками, лоточниками, разнорабочими, винокурами и фабричными рабочими и могли заниматься своей деятельностью, только проживая вблизи коммерческого центра[16].

Чаще всего постоянный рынок располагался в еврейском *штетле* (рус. *местечко*, укр. *містечко*, польск. *miasteczko*). В царской России не каждое поселение могло считаться штетлом: это зависело от размера городка, его этнического состава, наличия церкви и рынка, а также присутствия в нем евреев[17]. Однако штетлы часто объявлялись деревнями и наоборот; все зависело от политической конъюнктуры и имущественных интересов. Так, в XVI веке статус местечка получило село Луково на Волыни: «В 1557 г. Станислав Мацеевский получил грамоту Сигизмунда Августа с разрешением переименовать село в местечко Мацеев» [Меламед, Куповецкий 2006: 56].

В XIX веке штетлами было принято называть небольшие городки, в которых имелись рынки и ярмарки. В селах же жили по большей части украинцы, а евреев было мало. Как правило,

---

16 Хороший обзор экономических условий жизни евреев в Восточной Европе конца XIX века см. у Ледерхендлера [Lederhendler 2009: 1–29]. О крепостном праве и роли государственных крестьян в российской экономике см. у Крисп [Crisp 1976: 55–95].

17 Как пишет историк Стивен Ципперштейн, «в России XIX века главное отличие *местечка* от сельского поселения заключалось в наличии евреев» [Zipperstein 1993: 18]. Такого же мнения придерживается и Джон Клир [Klier 2000: 27].

в селе не было рынка, однако там имелась церковь. Хотя обычно села были меньше штетлов, украинские села нередко бывали довольно большими, и в них проживало несколько тысяч человек.

В восточноукраинских штетлах, размеры которых сильно варьировались, евреи составляли свыше половины населения[18]. Дома богатых евреев и синагога часто строились на рыночной площади. Однако различные группы постоянно сражались между собой за право застолбить удачное место. В историческом путеводителе по украинским местечкам Лукина, Соколовой и Хаймовича описывается, как это происходило. В местечке Тростянец Подольской губернии

> …дома евреев вместе с их лавками и магазинами располагались преимущественно в центре местечка вокруг рыночной площади и на ближайших к ней улицах. После того как становой пристав построил в районе вокзала два больших дома с магазинами, он, чтобы избавиться от конкурентов, запретил евреям селиться поблизости [Лукин, Соколова, Хаймович: 269–270].

Торговые ряды еврейских купцов создавали серьезную конкуренцию прочим коммерсантам. Несколько лавок еврейских торговцев, расположенных поблизости друг от друга, могли предложить покупателям товары на любой вкус.

> В гостиных рядах имеются каменные лавки, в коих здешние евреи держат мелкие товары: шелковые ленточки, китайки, холст московский и простой, платки пестрые разных цветов, сахар, соль, рыбу, перец, мед, табак, табакерки, деготь, смолу, трубки, чубук, шпильки и веревки, кои получаются из ближайших местечек [Лукин, Соколова, Хаймович: 267–270].

---

[18] Йоханан Петровский-Штерн приводит следующую статистику для конца XIX века: «Евреи в целом составляли 4 % от общего населения Российской империи, 10 % от населения юго-западных губерний, 14 % от населения правобережной Украины, 32 % от населения украинских городов и 53 % от населения украинских штетлов. В то же время около 80 % из 17 млн украинцев проживали преимущественно в сельской местности» [Petrovsky-Stern 2009: 18].

В Восточной Европе базарный день, когда в местечко съезжались крестьяне со всей округи, становился для жителей штетла окном в другой мир. В 1913 году Ехезкель Котик в своих воспоминаниях о детстве в белорусском штетле Каменец писал:

> Кроме как по воскресеньям, продавали мало, так как, кроме как в воскресенье, крестьянин в городе почти не появлялся. Так и сидели у магазинов, не имея, что делать. Но в воскресенье была большая торговля. Приходила масса крестьян, и у дверей магазинов начиналась такая толкучка, такая давка, точно как мухи на подоконнике вокруг рассыпанного сахарного песка [Kotik 2002: 111][19].

Если обитателям штетла рынок напоминал о сельских пейзажах пограничья, то жителям окрестных деревень он предлагал не только торговую площадку, но и такие городские развлечения, как рестораны и кабаки. Сельские священники взирали на эти временные городские пейзажи с неудовольствием, особенно в воскресенье, когда туда устремлялась их паства. В 1887 году один священник жаловался, что украинскому крестьянину приходится вместо утренней службы ездить в город, где он «лакомится... пряностями яства и в особенности питей»[20]. Церковные власти, обеспокоенные тем, что коммерческий пейзаж негативно влияет на украинское крестьянство, охотно винили евреев во всех бедах, связанных с рынками и ярмарками: евреи, придерживавшиеся своей веры и занимавшиеся торговлей в воскресенье, представали в качестве очевидных врагов православия[21].

Историки, изучавшие русско-еврейские отношения, часто отмечали взаимосвязь между антисемитизмом и торговлей. Йоханан Петровский-Штерн приводит в качестве примера запись, сделан-

---

[19] Цит. по: Котик Е. Мои воспоминания. Мосты культуры / Гешарим, Издательство Европейского университета в Санкт-Петербурге, 2009.

[20] Записка генерал-губернатору Киевской, Подольской, Волынской, Черниговской и Полтавской губерний от 29 июля 1883 г. ЦГИАК. Ф. 442. Оп. 540. Д. 155. Л. 5.

[21] Подробнее о конфликтах, связанных с посещением церковных служб в базарные дни, см. мою статью [Glaser 2007].

ную Николаем I в 1810 или 1811 году: «Жидов много в губерниях, возвращенных от Польши; живут они торговлей и промышленностью»[22]. Как замечает Майкл Станиславски: «Еще с первого раздела Польши каждый русский чиновник, задававшийся этим вопросом, отмечал и порицал роль евреев в торговле» [Stanislawski 1983: 174]. Русские писатели и этнографы, посещавшие западные губернии империи в XIX веке, тоже обращали внимание на еврейских торговцев. Станиславски цитирует статью из Журнала министерства внутренних дел за 1844 год, в которой говорится, что «купцом, можно сказать, всякой еврей родится. Будь только что-нибудь в руках, он готов все продавать, всем барышничать»[23]. Славянофил И. С. Аксаков в своей книге об украинских ярмарках, написанной в 1858 году, говоря о еврейских торговцах, акцентирует внимание на их внешности, речи и популярной точке зрения (которую он нигде не оспаривает), что евреи мошенничают, заключая сделки с представителями других народов:

> На тех же ярмарках, где евреи пользуются свободным правом купли и продажи, они придают торговле какое-то особенное, лихорадочное оживление, бегают, суетятся, снуют, сопровождая каждое слово быстрыми телодвижениями; везде раздается их шибкий гортанный говор, везде, на каждом шагу, останавливают они посетителя с предложением товаров [Аксаков 1858: 36][24].

---

[22] Петровский-Штерн пишет: «Хотя в России XIX века слово "промышленность" обозначало производственную деятельность, Николай I имел здесь в виду посредников, зарабатывающих спекуляциями» [Petrovsky-Stern 2008: 33–34]. См. также: Еженедельные отчеты великого князя Николая Павловича о своих занятиях. ГАРФ. Ф. 726. Оп. 1. Т. 8. Л. 38.

[23] В этой статье выражается обеспокоенность тем, что у евреев торговлей на равных занимаются мужчины и женщины. «В этом отношении женщины нисколько не уступают мужчинам: они сами покупают и продают, сидят на рынках и таскаются по улицам и домам с разными товарами и припасами» (Журнал министерства внутренних дел за 1844 год). Цит. по: [Stanislawski 1983: 171–172].

[24] Впоследствии Аксаков активно поддерживал Русскую православную церковь и открыто выражал антисемитские взгляды. Уильям Л. Блэкуэлл отмечает, что наблюдения и статистические данные, приводимые Аксаковым, относятся к 1850-м годам [Blackwell 1968, 1: 75].

Согласно Аксакову, на еврейско-украинском рынке оглушающий шум и расположение еврейских лавок заманивают покупателя в ловушку[25]:

> Вы гоните еврея вон, но он продолжает перечислять свои товары, не слушая вас, начинает раскладывать все припасы своей коробки и большею частью успевает-таки соблазнить вас, и вы, браня и его и себя, все же покупаете. В особенности много евреев бывает на Ильинской ярмарке, где они занимают целый «Еврейский ряд», в котором до 30 лавок с галантерейным товаром [Аксаков 1858: 327–328][26].

Аксаков, путешествовавший в юго-западные губернии России из Санкт-Петербурга, воспринимал коммерческий пейзаж как дикое пространство, населенное евреями[27]. Отвращение, которое Аксаков выказывал к еврейским торговцам, было сродни тому чувству, которое русское население столицы испытывало к евреям и в самом Санкт-Петербурге; несмотря на строжайшие ограничения, к середине XIX века в районе Сенной площади проживало довольно много евреев. Вот что писалось об этом в фельетоне полицейской газеты в октябре 1848 года: «Чтобы иметь понятие о материальной стороне тогдашнего общества жидов, стоило только заглянуть на Сенную площадь: это теплое местечко заманивало их к себе по удобству квартир и дешевизне продовольствия»[28]. Выражение «теплое местечко» подразумевает

---

[25] См. также описание украинских рынков, особенно киевских, у Н. В. Закревского [Закревский 1868, 1: 145].

[26] Ильинская ярмарка проводилась летом в Полтавской губернии.

[27] Вот что пишет об этом Станиславски: «То, что такому человеку, как Аксаков, — дворянину, ностальгирующему по старым временам, — казалось экзотичным и странным, на самом деле было началом гигантского кризиса, поразившего российских евреев: в этот момент возник и стал быстро расти еврейский *люмпен-пролетариат* — согнанные в местечки и отчаянно борющиеся за каждую копейку люди, которые не смогли устроиться в торговле и не имели более права заниматься своей традиционной деятельностью в сельской местности» [Stanislawski 1983: 176].

[28] Сенновские евреи // Ведомости Санкт-Петербургской городской полиции от 7 октября 1848 года.

финансовую надежность, то есть речь идет о том, что евреи с их семейным укладом и бытом прочно обосновались в столице Российской империи. Также *местечко* является русским синонимом слова *штетл*. Этот каламбур намекает на то, что еврейское присутствие в окрестностях столичной рыночной площади привносит в петербургскую жизнь нежелательный элемент украинской провинции. В этом фельетоне также описывается, как бурно и даже разнузданно веселятся и поют евреи во время своих праздников. При этом автор осуждает не еврейскую нацию как таковую. Напротив, он пишет, что те из них, на кого образованные жители столицы оказали благотворное влияние, отказались от обычаев своих отцов и обратились в христианство, но, к сожалению, число их невелико[29]. Иными словами, речь идет о том, что традиционные празднования, принятые в иудаизме, нарушают закон и общественный порядок.

Иудаизм с его непостижимыми правилами и законами и особым календарем воспринимался как вредное для столичной жизни явление, нарушающее привычные социальные нормы и гендерные роли. Русско-еврейский поэт О. Э. Мандельштам в своих воспоминаниях, относящихся к концу XIX века, описывает этот конфликт между петербургской культурой, в которой он был воспитан, и местечковой культурой своих еврейских предков следующим образом: «Весь стройный мираж Петербурга был только сон, блистательный покров, накинутый над бездной, а кругом простирался хаос иудейства, не родина, не дом, не очаг, а именно хаос» [Мандельштам 1991, 2: 55][30]. Чуждость еврейских религиозных ритуалов и кажущееся беззаконие коммерческого пейзажа грозили стереть тонкий налет цивилизации, который столичные власти стремились сохранять в Петербурге. Такой

---

[29] Сенновские евреи // Ведомости Санкт-Петербургской городской полиции от 7 октября 1848 года.

[30] «Блистательной покров, накинутый над бездной» является отсылкой к Тютчеву (1808–1873). Вот что пишет об этом Эфраим Зихер: «Пушкинский "Пир во время чумы" предложил модель эстетического восприятия нового мрачного периода русской истории, а Каутский и Тютчев накинули над бездной покров» [Sicher 1995: 115].

коммерческий пейзаж был характерен, разумеется, не только для территорий черты оседлости, но и для всех крупных городов и губерний России. В общественном сознании XIX и начала XX века русские базары и ярмарки были связаны с многоэтничным пограничьем Российской империи. Ярмарка была любимым местом художников-жанристов — в частности А. А. Попова.

Языки рынка и национальная гордость

В. Г. Белинский писал: «Есть у нас литература грязная, копеечная, которая скрывается в непроходимых извилинах толкучих рынков» [Белинский 1948, 2: 571]. Однако любопытно, что именно Гоголь с его рассказами о далеких украинских ярмарках вселил в Белинского надежду на лучшее будущее русской литературы. Своим успехом Гоголь отчасти был обязан тому, что в начале XIX века все были увлечены учением о «народности» и «духе народа» (Volksgeist), принадлежавшим Иоганну Готфриду Гердеру (1744–1803). Понятие «народ» в толковании Гердера было связано не с государством или территорией, а с этнически однородной группой, объединенной общей религией, культурными и кулинарными традициями, одеждой и, что особенно важно, «общим языком, на котором говорят народные массы и который образованный класс воспринимает как свой родной язык, даже если в своей среде он обычно говорит на менее естественном и подверженном иностранному влиянию языке высшего общества, света и модных салонов» [Luckyj 1996: 9]. Для того чтобы понять, каким образом язык влиял на читательское восприятие многоэтничного коммерческого пейзажа, нам необходимо изучить, каково было отношение к фольклору в литературных традициях, являющихся предметом данного исследования.

Все авторы, о которых идет речь в этой книге, обладали двойной идентичностью: украинское или еврейское происхождение сочеталось в них с доминирующими русским языком и культурой. Некоторые из них, например Бабель, обладали даже тройной идентичностью: в их творчестве в той или иной степени прояв-

А. А. Попов. Народная сцена на ярмарке в Старой Ладоге.
Публикуется с любезного разрешения Государственного Русского
музея. Санкт-Петербург

лялись и русские, и еврейские, и украинские элементы. В зависимости от обстоятельств они могли писать либо на своем родном языке (украинском или идише), либо на русском — языке империи. Выбор языка влиял на этнографическую и фольклорную составляющую произведения. В любом случае коммерческий пейзаж давал автору возможность с помощью карикатурных штрихов или манеры речи изобразить представителей самых разных национальностей. Тексты, написанные на русском, хотя и были иногда адресованы сравнительно узким группам читателей русско-еврейских или русско-украинских журналов, теоретически всегда могли стать достоянием широкой читательской аудитории. Произведения же, написанные на украинском или идише, были ориентированы на массового образованного — хотя и не полностью ассимилированного — национального читателя, и зачастую в них делался акцент на роль, занимаемую данным национальным меньшинством в многоэтничной русской империи. Произведения на иврите, появившиеся в XIX веке в период Гаскалы, были адресованы евреям, знакомым с классическими древнееврейскими текстами. На идише, служившем разговорным языком, можно было живо и доступно рассказывать о повседневной жизни в черте оседлости. Более содержательная литература на идише, возникшая во второй половине XIX века, привлекала уже других читателей. Украинские и еврейские писатели отвечали на попытки русских авторов изобразить чужой акцент тем, что воспроизводили реальную речь: по-русски или на иврите можно было *имитировать* язык украинской ярмарки, но *подлинными* ее языками были украинский и идиш.

Хотя Гоголь родился на Украине, мечтал преподавать в университете украинскую историю и часто использовал в своих книгах украинские слова и синтаксис, у него нет ни одного произведения на украинском языке[31]. Из-за своей двойной идентичности — «двоедушия», как он сам это называл, — Гоголь оказался зажат между классической русской литературой и украинской фольклорной традицией, и сцены на ярмарке позволяли ему реализовывать эту культурную двойственность, не отказываясь от нее[32]. Конфликты на ярмарке, о которых пишет Гоголь, были достаточно универсальны, чтобы быть понятными русскому читателю независимо от того, бывал он на Украине или нет. В то же самое время фольклорные и географические детали, встречающиеся в этих рассказах, придавали им столь востребованный читающей публикой *Volksgeist* (народный дух) и утверждали репутацию Го-

---

[31] То, что Гоголь не писал по-украински, не помешало ему, по мнению большинства исследователей, стать частью украинского литературного канона. Артур Коулман в 1936 году начал свой краткий обзор украинской литературы, охватывающий период от Киевской Руси до XX века, с «Вечеров на хуторе близ Диканьки»; Мирослав Шкандрий в своем детальном анализе украинских мотивов в творчестве Гоголя пишет о том, что первым на двойную (украинско-русскую) идентичность Гоголя указал И. Е. Мандельштам [Coleman 1936: 7; Shkandrij 2001: 115; Мандельштам 1992].

[32] Джудит Корнблатт, автор исследования о казаках в русской литературе, озаглавила словом «Двоедушие» раздел своей книги, посвященный Бабелю. Это прямая отсылка к словам Гоголя [Kornblatt 1992: 109]. Подробнее о концепции «двоедушия» в украинской литературе см. у Луцкого [Luckyj 1983: 57].

голя как писателя из провинции. Григорий Квитка-Основьяненко писал подобные «двоедушные» тексты и по-русски, и по-украински. И Шолем-Янкев Абрамович (Менделе Мойхер-Сфорим), и Шолом Рабинович (Шолом-Алейхем) выбрали языком своих книг идиш[33]. При этом Шолом-Алейхем и, как ни странно, советский еврейский писатель Перец Маркиш говорили со своими детьми по-русски[34]. Еврейские черты, свойственные лирическому герою Бабеля, очень напоминают то, как вплетал в свое повествование украинские мотивы Гоголь. Бабель знал украинскую историю и реалии, владел идишем, время от времени переводил идишские тексты и часто включал в свои написанные на русском языке произведения героев, говорящих с украинским или еврейским акцентом.

Украинские народные песни и стихи «малороссийских» поэтов были очень популярны в начале XIX века. В 1827 году М. А. Максимович выпустил антологию украинских народных песен[35].

---

[33] По словам С. С. Дубновой-Эрлих, именно под влиянием Шолом-Алейхема ее отец С. М. Дубнов написал статью для русско-еврейского журнала «Восход», в которой «доказывал, что обиходный язык еврейских масс имеет неоспоримое право стать орудием литературы, ибо трехъязычие навязано евреям историей». Как пишет Дан Мирон в своей книге о подъеме художественной литературы на идише: «В XIX веке... почти все идишские авторы писали также и на иврите. Однако обратная ситуация имела место редко: большинство писателей, творивших на иврите, не "снисходили" до того, чтобы писать на идише, хотя это был их родной язык (и зачастую единственный, на котором они разговаривали)» [Dubnov-Erlich 1991: 87; Miron 1995: 9].

[34] Кеннет Мосс предположил, что к росту идишского самосознания могла привести потерпевшая неудачу революция 1905 года. «После 1905 года молодые представители еврейской интеллигенции, такие как Шмуэл Нигер, Нохем Штиф и многие другие, сознательно сделали идиш языком не только своего творчества, но и личной жизни». Далее Мосс замечает: «Такие фигуры, как Шолом-Алейхем или Перец, не считали нужным искусственно внедрять идиш в свою личную жизнь. Стоит задать вопрос, не был ли вызван этот тотальный переход на идиш осознанным революционным решением — трансформацией собственной личности согласно идеологическим установкам» [Moss 2008a: 195–196].

[35] В. В. Гиппиус пишет об успехе, который имели антология Максимовича и другие украинские публикации в русской литературной среде, в своей биографии Гоголя [Гиппиус 1994: 27; Максимович 1962].

Периодические издания, посвященные украинской культуре, такие как «Украинский вестник», «Украинский журнал» и «Украинский альманах», активно читались в Петербурге. В эпической поэме Пушкина «Полтава» (1828) рассказывается о потерпевшей неудачу попытке украинского гетмана Мазепы добиться независимости от России. К. Ф. Рылеев (1795–1826) написал ряд стихов о казаках, в том числе поэму «Войнаровский» (1825)[36]. Как писал Гиппиус, Украина интересовала русского читателя, потому что была «своя и не своя, соседняя, родственная и все же легко представляемая в свете полуреальной романтики, как "славянская Авзония"» [Гиппиус 1994: 27]. Интерес к прошлому Украины существовал не только у русских и украинских писателей, но и в Европе, и все эти литературные процессы были взаимосвязаны. Поэма Байрона «Мазепа» (написана в 1818 году, опубликована в 1819 году) была создана под влиянием вольтеровской «Истории Карла XII» и, в свою очередь, вдохновила русских писателей на то, чтобы воспринимать украинскую историю как материал для настоящего романтического эпоса. Впрочем, этот интерес русского общества к украинской народной культуре вовсе не предполагал глубокого знакомства с ней. Как писал Г. П. Федотов, «мы преступно мало интересовались прошлым Украины за три-четыре столетия, которые создали ее народность и ее культуру, отличную от Великороссии» [Федотов 1981: 213].

Свой первый цикл рассказов «Вечера на хуторе близ Диканьки» Гоголь создал по совету украинского писателя и этнографа О. М. Сомова (1793–1836) [Leighton 1987: 44]. В трактате 1824 года «О романтической поэзии» Сомов пишет об Украине, протестуя против расхожего мнения, будто русская литература слишком молода для того, чтобы быть способной выразить идею народности: «Не говоря уже о собственно русских, здесь являются малороссияне, с сладостными их песнями и славными воспоминаниями; там воинственные сыны тихого Дона и отважные

---

[36] Подробно об образе Мазепы в литературе XIX века см. у Бабински [Babinsky 1974].

переселенцы Сечи Запорожской: все они, соединяясь верою и пламенною любовью к отчизне, носят черты отличия в нравах и наружности» [Leighton 1987: 31; Сомов 1991: 8]. Сомову принадлежит сборник «Сказки о кладах», в который он включил истории и предания, собранные им в ходе любительских этнографических исследований; Джон Мерсеро — младший назвал эту книгу «солянкой из украинских баек, легенд и поверий»[37]. Самыми популярными произведениями Сомова были сказочные повести «Киевские ведьмы» и «Недобрый глаз». Работая над своими ранними рассказами, Гоголь использовал в качестве фольклорного источника эти сомовские истории наряду с написанными на украинском языке пьесами своего отца и письмами от матери.

Поместив героев своих рассказов в Полтавскую губернию, Гоголь «заявил права» на эту территорию[38]. Действуя в традициях романтической литературы, Гоголь с помощью этнографических средств помещал знакомых героев в достоверный пейзаж. Однако его больше интересовала художественная сторона повествования, а не фольклорная. Гоголь пошел дальше, чем его собратья-этнографы, разработав то, что последователи формальной школы назовут *сказом*, — имитацию речи неграмотного рассказчика из народа, обращающегося к грамотному читателю. Как писал В. В. Виноградов, «параллельно с этой работой над вульгарно-сказовой и разговорно-речевой стихиями, над комическими превращениями формул "высокого" стиля, Гоголь прибегал к различным вариациям романтического стиля, их преобразуя и усложняя сторонними элементами» [Виноградов 1976: 215]. Этот стиль впоследствии трансформировался в так называемый «гоголевский натурализм», встречающийся в произведе-

---

[37] В. В. Гиппиус пишет, что на украинский фольклор опирались в своем творчестве и другие писатели и композиторы, например Полевой и Маркевич [Mersereau 1979: 210; Гиппиус 1994; Полевой 1997; Маркевич 1831]. См. также дискуссию об украинских народных песнях у Дэвида Сондерса [Saunders 1985: 160–165].

[38] См. [Гиппиус 1994: 29].

ниях самых разных авторов, живших в этом регионе, в том числе Бабеля.

Украинцы, воспринимавшиеся как братский народ, вызывали больше доверия у царского правительства и сочувствия в обществе, чем евреи, которые, как и католики-поляки и мусульмане-турки, являлись не только национальным, но и религиозным меньшинством. Имперская концепция «русскости», основанная на православии и самодержавии, предполагала существование многонациональной России под властью одного Бога и одного властителя[39]. Однако разговор о близости между русскими и украинцами иногда служил для русских литературных критиков оправданием притеснения украинской литературы. Так, Белинский писал: «...должно ли и можно ли писать по-малороссийски? Обыкновенно пишут для публики, а под "публикою" разумеется класс общества, для которого чтение есть род постоянного занятия, есть некоторого рода необходимость» [Белинский 1875, 5: 308][40]. Здесь Белинский говорит как о том, что украинская культура является частью культуры русской, так и о том, что носители украинского языка не относятся к читающей публике, причисляя их, как сказала бы Гаятри Спивак, к угнетенному классу, чьи интересы должны представлять русские общественные институты[41]. Хотя Белинский и другие критики активно выступали против книг на украинском, некоторые украинские писатели не только боролись с таким презрительным отношением со стороны русской литературной общественности, продолжая создавать произведения на своем родном языке, но и искали

---

[39] Как пишет Джеффри Брукс, по мере того как в XIX веке в России росла роль светской культуры, «литературным маркером русскости наряду с религией и верностью царю становилась гордость за величие и размеры русской империи» [Brooks 2003: 241].

[40] Об этих словах Белинского писал, в частности, Юрий Луцкий. Мирослав Шкандрий анализировал отношение Белинского к Украине с позиций постколониализма [Luckyj 1971: 53; Shkandrij 2001: 116–125].

[41] Используя термин «угнетенный», я ссылаюсь на Гаятри Чакраворти Спивак и ее анализ высказывания Маркса о том, что крестьяне «не могут представлять себя, их должны представлять другие» [Spivak 1988: 276–277].

новых читателей вне той имперской читающей публики, о которой говорил Белинский. Так, Квитка-Основьяненко в буквальном смысле ходил на сельский рынок и читал свои украинские рассказы торговцам вслух[42].

Если украинским писателям приходилось сталкиваться с этнографическим упрощением их фольклорной традиции в русской литературе и притеснением по языковому и культурному принципу, то еврейские писатели противостояли русскому антисемитизму тем, что представляли русско-еврейские отношения под другим углом. Антисемитизм — это культурная и национальная дискриминация евреев, которая в широком смысле может пониматься как ненависть к евреям, основанная на различных претензиях к ним: расовых, культурных, классовых или деловых[43]. Яков Кац рассматривает христианскую юдофобию и расовый антисемитизм в исторической перспективе [Katz 1973]. Концепция Каца очень помогает при анализе места евреев в русской и украинской литературе, потому что еврейские персонажи в ней зачастую представляют собой смесь библейских и расовых стереотипов. До разделов Польши предубеждение против евреев в России по большей части являлось юдофобией: вне зависимости от того, были ли они знакомы с евреями в реальной жизни или нет, православные воспринимали евреев как врагов христианской веры. Государственную и бытовую дискриминацию евреев, последовавшую за разделами Польши, уже можно считать антисемитизмом. Однако, если большинство украинских писателей в XIX веке вступали в контакты с евреями (хотя степень этого знакомства зависела от того, жили ли они в городе, местечке или деревне), нужно иметь в виду, что русский писатель, живший вне

---

[42] Подробнее об этом говорится в третьей главе данной книги. См. письмо к Плетневу от 4 октября 1839 года [Вербицька 1957: 77; Брокгауз и Ефрон 1895: 881].

[43] Французский ученый Бернар Лазар так сформулировал это в 1894 году: «Сегодня антисемиты испытывают желание объяснить свою ненависть, то есть они хотят облагородить ее: антииудаизм превратился в антисемитизм» [Lazare 1903: 209].

черты оседлости, имел мало возможностей столкнуться с евреем[44]. Во второй половине XIX века и иногда в следующем столетии некоторые славянские писатели продолжали использовать в своем творчестве классические юдофобские стереотипы, доминировавшие в европейской культуре еще со Средневековья. Таким образом, хотя некоторые украинские и русские писатели изображали евреев, исходя из своего личного опыта, славянский коммерческий пейзаж XIX века был также полон образов евреев, порожденных новозаветным антагонизмом, согласно которому всякий еврей был если не менялой или Иудой, то комическим персонажем, как правило, связанным с деньгами.

Еврейская литература зачастую боролась именно с этими стереотипами. В отличие от книг на украинском языке, публикации на идише и иврите в Российской империи были разрешены с 1840-х годов и до Октябрьской революции, хотя и подвергались строгой цензуре[45]. Языки, на которых говорили евреи в царской России, имели разные области применения. Евреи в то время владели минимум тремя языками: ивритом, идишем и каким-то одним, а иногда и несколькими местными или международными языками. Бенджамин Харшав называет это «трехъязычием» европейских евреев. Эти языки не были полностью взаимозаменяемы, как, скажем, французский, итальянский и немецкий, на любой из которых вы можете переводить один и тот же текст, если знаете их. Скорее, у каждого языка была своя особая роль: иврит использовался для молитвы, идиш — в быту, а местный

---

[44] Русские и украинские писатели XIX века реже атаковали иудаизм с позиций религии, чем их польские соседи. Как показала Елена Кац на примере Гоголя, даже его знакомство с юдофобскими идеями различных религиозных деятелей не подвигло его на критику иудаизма и талмудизма, которая в то время была популярна в Польше, но еще не проникла в Россию [Katz 2008: 49–52].

[45] В советский период литература на иврите жестоко подавлялась. Кеннет Мосс пишет, что во время Первой мировой войны были запрещены публикации и на идише, и на иврите: «Во время войны русское правительство и военное командование, подозревая еврейское население в склонности к измене, запретили любую письменную коммуникацию на идише и иврите (включая частную переписку) внутри постоянно увеличивающейся зоны боевых действий» [Moss 2009: 26].

язык — для дел, не связанных с еврейскими реалиями; все вместе они образовывали большой многоязычный словарь, который использовался в трех различных дискурсах. Однако нееврейские языки не были равны между собой. Русский, польский и немецкий являлись государственными языками и имели особый статус по сравнению с языками других восточноевропейских народов, которые зачастую были лишены политических прав. Хотя в XIX веке многие евреи, жившие в селах и местечках (особенно женщины, нередко работавшие на рынках рядом с украинскими торговцами), чаще говорили на украинском, а не на русском, еврей из большого города в Восточной Украине с большей вероятностью владел не украинским, а русским языком. В украинской литературе XIX века эти языковые нюансы иногда утрировались: еврейские персонажи, как и гости из России или царские чиновники, часто говорят на русском языке, что маркирует их чужеродность и нарушает плавное течение украинской речи.

За счет упомянутого выше трехъязычия еврейские писатели могли варьировать языки, обращаясь к той или иной аудитории. Литература на идише в XIX веке расцвела не только благодаря своим художественным достоинствам, но и потому, что служила средством распространения идей еврейского просвещения и модернизации в еврейской читательской среде. Именно еврейский журнал «Фолксблат», издаваемый Александром Цедербаумом, вдохновил в 1883 году Шолом-Алейхема, чьи рассказы и повести на русском и иврите не пользовались спросом у издателей, начать писать тексты на родном языке. Возможно, некоторыми еврейскими писателями переход на идиш воспринимался как шаг назад, зато они получили доступ к аудитории, которая была бы для них потеряна, продолжай они писать на иврите[46].

---

[46] Роберт Альтер в своем исследовании, посвященном литературе на иврите, пишет о том, что наряду с ассимиляцией идиш являлся альтернативой иврите: «Разумеется, перед евреями были открыты и другие пути в будущее помимо иврита: они могли как отказаться от языкового, культурного и прочего наследия еврейской традиции, так и выбрать идиш в качестве важнейшего элемента самоидентификации» [Alter 1988: 94]. Также о попытках создания литературы на иврите в России см. у Паттерсона [Patterson 1998].

Хотя литература на иврите в идеологическом плане была во многом более развита, чем литература на идише, идиш, будучи языком торговли, был идеален для описания коммерческого пейзажа. Именно коммерческий пейзаж, ставший центральной темой зарождающейся литературы на идише, позволил писателям обратиться к новому кругу читателей: для того чтобы в жизни евреев действительно произошли перемены, лучшие образцы современной еврейской художественной литературы необходимо было адресовать мужчинам и женщинам, в быту, учебе и торговле использовавшим идиш[47].

Иврит был в то время языком еврейской интеллигенции: для ее представителей переход на идиш был сродни гоголевскому обращению к форме сказа. Они считали, что опускаются до уровня непросвещенного, хотя и умеющего читать большинства, говорящего на идише. Однако если русские писатели, следовавшие культурным трендам начала XIX века, были увлечены экзотическим (и, как они полагали, лишенным письменности) украинским фольклором, то еврейские писатели второй половины столетия испытывали более сложные чувства к еврейской традиции как таковой. Симпатия, которую они питали к традиционному укладу и фольклору, сочеталась у них с неприятием религиозной гегемонии, препятствовавшей общественному и научному прогрессу[48]. В творчестве отцов-основателей идишской литературы этнографические мотивы всегда пронизаны иронией и самокритикой. Художественные тексты на идише, написанные в XIX веке, могут быть фольклорными по форме, но в них почти всегда показывается ущербность еврейской традиции. Иначе говоря, современные еврейские писатели, чье творчество стало результатом Гаскалы, использовали в своей прозе

---

[47] Ранние тексты на идише представляли собой переводы библейских текстов, особенно псалмов, а также молитв. В XVII веке стали публиковаться и народные сказания. В 1602 году в Базеле была напечатана антология еврейского фольклора под названием «Майсе-бух», которая, как считается, и положила начало этому жанру [Mayse bukh 1602].

[48] См. выдающееся исследование Дана Мирона о фольклоре в идишской литературе [Miron 2000: 49–80].

фольклорные мотивы, но делали это скорее для критики еврейской традиции, а не для ее романтизации. К началу XX века в литературе на идише появились модернистские течения, центром которых стали украинские территории в черте оседлости. Модернист Давид Бергельсон, входивший в «Киевскую группу еврейских литераторов», утверждал, что Украина (а не Польша) «была колыбелью подлинного таланта» [Estraikh 2005: 49].

Даже на культурно разнородной территории литературные мотивы и стили являются ходовым товаром, который пользуется спросом у различных сообществ. Разноязычный хор голосов, составляющий предмет этого исследования, напоминает сам базар со всеми его диалектами и наречиями. Не только язык рыночной площади проник в великосветские литературные салоны, но и само украинское пограничье, благодаря авторам нерусского происхождения, изменило лицо русской литературы. Поскольку большинство украинских и еврейских писателей много читали по-русски, это влияние было взаимным. Каждый автор, писавший по-украински или на идише, так или иначе продолжал линию, начатую «двоедушным» Гоголем, которому удалось изобразить пугающую культурную и нравственную бедность, скрытую за веселой и радостной атмосферой ярмарки. Знаменитый гоголевский «смех сквозь слезы» из «Мертвых душ» присутствует и в стихотворении «К Гоголю» Тараса Шевченко, отца украинского национального возрождения: «Ти смієшся, а я плачу». О том же написал в собственной эпитафии и Шолом-Алейхем: «Но когда весь мир смеялся, он втайне тихо плакал».

Весь мир — ярмарка: рынок как микрокосм империи

В данном исследовании коммерческий пейзаж предстает в качестве микрокосма многоэтничной империи, анализируя который мы попытаемся осмыслить взаимоотношения между различными языками и культурами, сосуществовавшими на общей территории. Определяя коммерческий пейзаж как микрокосм сложного межнационального сообщества, я опираюсь на работы своих ученых предшественников, исследовавших литературные описания рынков и ярмарок, с тем чтобы проследить речевые изменения для того или иного языка; особенно много мне дало знакомство с трудами исследователей Возрождения — эпохи, когда язык театра был почти неотличим от языка рыночной площади.

Историк Жан-Кристоф Агню пишет, что Возрождение с его увлеченностью театром положило начало движению в сторону реализма и романтизма — движению «театральному по своей сути, так как подлинный реализм заключался не в том, что актеры пытались изобразить на сцене, а в том, что они невольно сообщали во время представления»[49]. Излюбленным объектом описания авторов, стремящихся к реализму в своих произведениях, была ярмарка. Бен Джонсон (1573?–1637) начинает свою «Варфоломеевскую ярмарку» с пролога, в котором обещает показать зрителям множество героев, языков и товаров:

Your Maiesty is welcome to a Fayre;
Such place, such men, such language, and such ware,
You must expect: with these, the zealous noyse
Of your land's Faction, scandaliz'd at toyes,
As Babies, Hobby-horses, Puppet-playes,
And such like rage, whereof the petulant wayes
Yourself have knowne, and have been vext with long.

(Ваше величество, добро пожаловать на ярмарку,
Где такое изобилие людей, языков и товаров,
Какого и следовало ожидать, а с ними и возмущенный шум
От всего этого места, полного игрушек,
Младенцев, коней-качалок, кукольных представлений
И тому подобной чепухи; всю эту кутерьму
Вы и сами знаете, и она давно вам надоела) [Jonson 1925, 3: 11].

---

[49] Агню отмечает разницу между тем, как изображался на сцене рынок в Средневековье и в эпоху Возрождения: «Если в средневековом театре рынок — это публичное пространство, то в театре Возрождения — это территория личного пространства героев» [Agnew 1986: 60].

Современник Шекспира, Джонсон был тонким наблюдателем, подмечавшим различные стороны общественной жизни и умевшим с помощью речевых средств передавать такие характеристики своих персонажей, как классовое происхождение, род деятельности и положение в обществе. Как писал в биографии Джонсона Дэвид Риггз:

> В его пьесах грамматическая небрежность в речи героя является верным признаком его нравственной и интеллектуальной ущербности; это же правило действует и в отношении общества в целом: «Там, где расшатаны нравы и общественный порядок, распущен и язык. В нем отображается общественное возмущение» [Riggs 1989: 13].

Питер Сталлибрасс и Аллон Уайт отмечают, что во времена Джонсона «популярная пьеса» обязательно учитывала чаяния публики и специфику зрительного зала, «ведь текст, согласно классическим представлениям, оказывался "замаран" как самим содержанием пьесы, так и "грязью", присущей непосредственно театру и подмосткам» [Stallybrass, White 1986: 71]. М. М. Бахтин, в целом неодобрительно относившийся к театру, объяснял площадную речь в комедии Возрождения тем, что ярмарочные торговцы обычно сами и были актерами: «Бытовые и художественные жанры площади очень часто так тесно переплетаются между собой, что между ними иногда бывает трудно провести четкую границу. Те же продавцы и рекламисты снадобий были ярмарочными актерами» [Бахтин 1990: 170].

Если говорить о литературе, то коммерческий пейзаж выступал в качестве своего рода общественного форума, находящегося вне влияния церкви. Так, у Шекспира рынок противостоит авторитету церкви и является местом, где можно открыто выражать свое мнение [Parker 1996: 56–82]. Как пишет Сет Лерер, «шекспировский театр — это рыночное явление, и эти пьесы часто повествуют о том, что мужчины и женщины сами являются товарами на рынке власти или идей» [Lerer 2007: 374]. По мнению Лерера, особенно четко эта мысль прослеживается в римских пьесах Шекспира, так как в эпоху Ренессанса елизаветинский театр позиционировал себя наследником римского форума, но встречается она и в других трагедиях, например в «Гамлете». И в театре, и на площади искусство смешивается с политикой и экономикой, механизмом которой является убеждение: «Внимайте мне — и отдайте мне свои кошельки и сердца. Правитель становится торговцем, толкающим тележку со своим товаром по рядам форума» [Lerer 2007: 379].

Шекспировский рынок — это место культурного и языкового притворства; эта особенность коммерческого пейзажа позднее использовалась в сказе Гоголя и у его последователей. В «Генрихе VI» (часть первая) Жанна д'Арк так наставляет своих солдат:

> Теперь следите за своею речью;
> В словах крестьянам грубым подражайте,
> Что продают свое зерно на рынке [Шекспир 1957–1960, 1: 137].

Солдаты, скрывающие свое знатное происхождение, не только демонстрируют речевое многообразие английского языка, но и, как это часто бывает у Шекспира, играют своего рода пьесу внутри пьесы. Когда в первой части «Генриха IV» принц Генрих с Фальстафом демонстрируют свое красноречие в таверне «Кабанья голова», Генрих хвалится тем, что может «пьянствовать с любым медником, беседуя с ним на его языке» [Шекспир 1957–1960, 4: 41]. Патрисия Паркер пишет: «Язык первой части "Генриха IV" (как и "Виндзорских насмешниц", и всех исторических хроник в целом) полон рыночных слов и выражений, таких как "debt" («долг») (акт 1, сцена 2) и "redeeming time" («искуплю былое» (там же)), которые соседствуют с библейской лексикой, характерной для разговора об искуплении» [Parker 1996: 160]. Русские писатели начала XIX века, также увлекавшиеся историческими сюжетами, активно пользовались такими шекспировскими приемами, как переодевания и игра слов. Как показала Моника Гринлиф в своей работе о Пушкине, особенно сильное влияние на последователей Шекспира в период романтизма оказали обе пьесы о Генрихе IV[50].

---

[50] Гринлиф пишет, что Пушкин использовал этот прием в «Борисе Годунове»: «В русском тексте возникают диалектные формы, а затем и комично звучащие иностранные (польские, французские, немецкие) слова разношерстных союзников Димитрия, которые не понимают друг друга» [Greenleaf 1994: 189].

Быстрое распространение книгопечатания в России в 1830-е годы является еще одним фактором, позволяющим провести параллель между эпохой Пушкина и Гоголя и Ренессансом, когда сравнительно недавно появившийся печатный станок открыл для разговорного народного языка, прежде бытовавшего только в устной речи и на площадях, новую — литературную — форму существования[51]. Элизабет Эйзенштейн доказала, что книгопечатание в постгутенберговскую эпоху отображало речь и воображаемые образы некоего идеального общего пространства, даже если «печатание поэм, пьес и песен изменило то, как эти "строчки" декламировались, пелись и сочинялись» [Eisenstein 1980: 129]. Хотя Гэри Маркер и предостерегает нас от того, чтобы рассматривать историю русского книгопечатания сквозь призму технологического детерминизма, именно комбинация театра и торга, характерная для рынков и ярмарок, сделала их естественными площадками для отображения разговорной речи в печати [Marker 1985: 8]. Однако, как мы увидим в следующих трех главах, распространение в новой литературе просторечных и диалектных форм в гораздо большей степени было связано не с технологией, а с культурным подражанием — пародийным, комплементарным или корректирующим. В русской и украинской литературах XIX века ярмарка стала тем местом, где можно было изучить различные культуры Российской империи. Писатели, о которых идет речь в этом исследовании, в особенности Гоголь, Квитка-Основьяненко и Менделе Мойхер-Сфорим, часто выступали сразу в двух ипостасях: космополитичных авторов, пишущих и рассказывающих свои истории читателям, и фольклорных

---

[51] Как пишет Уильям Миллс Тодд: «Русские писатели начала XIX века, в отличие от своих французских и английских собратьев, имели дело с литературным языком, который сформировался совсем недавно, круг их читателей был крайне невелик, да и самой русской литературной традиции было едва сто лет от роду» [Todd 1986: 2]. Тодд ссылается здесь на В. В. Кожинова, писавшего о связи между Пушкиным и литературой Возрождения [Кожинов 1977: 167]. О гоголевском восхищении идеями неоплатонизма эпохи Возрождения (в особенности работами Микеланджело и Фра Анджелико) писал Михал Оклот [Oklot 2009: 56–65].

рассказчиков из этих повествований, через которых они выражали свою этническую идентичность.

В творчестве Гоголя и Квитки коммерческий пейзаж, по крайней мере на поверхности, предстает местом, где царит атмосфера праздника. Однако, как мы увидим в четвертой главе, после 1880-х годов и до конца века рынки становятся сценой для жестоких межэтнических конфликтов. Последние две главы этой книги рассказывают о разрушении коммерческого пейзажа. Рассматривая трансформацию коммерческого пейзажа во время и сразу после Октябрьской революции (главы пятая и шестая), я опиралась на труды Бахтина, в которых он писал о праздновании, разрушении и возрождении в традиции западного карнавала. Идея подобного возрождения присутствует в творчестве многих писателей революционной эпохи. Карнавал, являвшийся изначально средневековым церковным праздником, и в католической, и в православной традиции отмечается перед Великим постом и включает в себя такие элементы празднования, как пир, танцы и театральные представления, персонажами которых часто выступают черти и прочая нечисть[52]. В своих работах о Рабле (1490–1553?) Бахтин пишет о том, что площадь была особым миром внутри официального мира Церкви и правительства: «На площади звучала и особая речь — фамильярная речь, почти особый язык, невозможный в других местах и резко отличный от языка церкви, дворца, судов, учреждений» [Бахтин 1990: 171]. Сравнивая Гоголя и Рабле в одной из своих ранних работ, Бахтин предполагает, что Гоголь, описывая народно-праздничную жизнь, следует тем же принципам: «...нам важны здесь такие черты творчества этого последнего, которые — независимо от Рабле — определяются непосредственной связью Гоголя с народно-праздничными формами на его родной почве» [Бахтин 1975: 484]. Идея Бахтина о том, что ярмарки продолжают традицию карнавалов,

---

[52] Необычной формой таких представлений были, например, и созданные в XVI веке фастнахтшпили (Fastnachtsspiele) Ганса Фольца — пьесы, в которых разыгрывались религиозные диспуты между евреями и христианами; побеждали, разумеется, всегда последние. Подробнее о традиции фастнахтшпилей см. у Джеймса Р. Эрба и Ги Борнье [Erb 1999; Borgnet 1999].

помогает объяснить трансформацию коммерческого пейзажа, особенно его общественный упадок и перерождение, последовавшие за большевистской революцией и созданием Советского Союза[53].

Однако концепция рыночной площади, предложенная Бахтиным в его работе о творчестве Рабле, которая цитируется в эпиграфах к большинству работ о карнавальной культуре, написанных в XX веке, не может учесть всех рисков и превратностей судьбы, характерных для коммерческого пейзажа. Писатели, о которых идет речь в этой книге, описывают ничем не защищенное пространство базара, на которое могут проникнуть опасные товары и посетители. В ранних рассказах Гоголя праздничная атмосфера ярмарки нарушается визитами чертей, которые парализуют нормальную торговлю и напоминают всем присутствующим о потустороннем мире. Потрясения, происходящие на гоголевских ярмарках, не делают людей лучше, а демонстрируют их мелочность и мещанство[54]. Еврейские же писатели после погромов 1880-х годов были больше озабочены не духовным или

---

[53] Бахтин находился под влиянием идей Анри Бергсона, когда писал свою работу о Гоголе и Рабле, поэтому в ней причудливым образом сочетаются собственные ранние идеи Бахтина о карнавале и соображения Бергсона о природе смеха, материи и течении времени. Гэри Сол Морсон и Кэрил Эмерсон отмечают, что увлеченность Бахтина Бергсоном и Кантом была крайне недолгой. «Ранние работы Бахтина, хотя и важны для понимания того, как развивалась его мысль, по большей части были написаны под влиянием чужих идей (Бергсона и неокантианцев), которые он быстро перерос, и содержат формулировки, от которых он отказался» [Morson, Emerson 1990: 7]. Однако если говорить о материальных объектах, участвующих в народных празднованиях, то в этом контексте ранние статьи Бахтина о Гоголе, многие из которых были написаны под влиянием идей Бергсона и Канта и получили развитие в его диссертации 1940 года, по-прежнему представляют научный интерес.

[54] Катарина Хансен-Леве в своей работе о Гоголе указывает на важную разницу между различными карнавальными традициями: «Для того чтобы правильно понять природу гоголевского смеха, необходимо учитывать сущностную разницу между западноевропейской и русско-православной "культурой смеха". Если в первом случае смех призван изгнать страх, то во втором смех скрывает за собой страх» [Hansen-Löve 1994: 70].

даже культурным упадком общества, а физической угрозой существованию восточноевропейского еврейства, так как готовность ярмарочной толпы обратиться к насилию ощущалась все сильнее.

Однако если в упрощенной дихотомии Бахтина «площадь — церковь» коммерческий пейзаж предстает лишь тенью официального мира Церкви (или ее мирского партнера — всемогущего государства), то моя идея заключается в том, что коммерческий пейзаж является полноправным центром общения. Украинские рынки и ярмарки существовали на окраинах Российской империи, однако они сами по себе служили моделями этой самой империи с ее окраинами и размытыми границами, с ее классовыми, религиозными и этническими конфликтами. Украинский коммерческий пейзаж обладает собственной ценностью в глазах русского, украинского и еврейского читателя, вынуждая его определить свое место внутри огромной разнородной империи. Как мы увидим в следующей главе, Гоголь, принеся украинскую ярмарку в петербургские книжные магазины, поместил эти окраины империи в центр высокой русской культуры. Именно об этом пишет Н. А. Некрасов в своей поэме «Кому на Руси жить хорошо», сожалея о том, что русский крестьянин предпочитает Гоголю и Белинскому лубочные картинки с их незатейливыми сюжетами:

> Когда мужик не Блюхера
> И не милорда глупого —
> Белинского и Гоголя
> С базара понесет? [Некрасов 1948–1953, 3: 186].

Глава 2

Коммерческий пейзаж
Н. В. Гоголя (1829–1852)

Мені нудно в хаті жить.
Ой, вези ж мене із дому,
Де багацько грому, грому
Де гопцюють все дівки,
Де гуляють парубки![1]

Так начинается повесть Н. В. Гоголя «Сорочинская ярмарка» —
с эпиграфа из «старинной легенды» неизвестного происхождения,
в котором рассказчик с тоской мечтает о городских развлечени-
ях. После этой анонимной цитаты следует описание торговцев
и их товаров, направляющихся на огромную ярмарку:

С утра еще тянулись нескончаемою вереницею чумаки с солью
и рыбою. Горы горшков, закутанных в сено, медленно двигались,
кажется, скучая своим заключением и темнотою; местами
только какая-нибудь расписанная ярко миска или макитра
хвастливо выказывалась из высоко взгроможденного на возу
плетня и привлекала умиленные взгляды поклонников роскоши
[Гоголь 1937–1952, 1: 112].

Именно так — с парада декораций, персонажей и костюмов —
начинается не только эта повесть, но и вообще история Гоголя
как русского писателя. Сходство между тем, как описывается
прибытие гостей на ярмарку, и тем, как перед читателем откры-

---

[1] Мини нудно в хати жить / Ой вези ж меня из дому, / Де багацько грому,
грому, / Де гопцюют все дивки, / Де гуляют парубки! (Из старинной легенды
[Гоголь 1937–1952, 1: 111]).

вается мир гоголевской прозы, совершенно не случайно. Рассказы, входящие в цикл «Вечера на хуторе близ Диканьки», который стал первым существенным вкладом Гоголя в русскую литературу, переносят читателя на провинциальную ярмарку с ее солью, волами и искусно расписанными горшками — образцами народного прикладного искусства. «Сорочинская ярмарка» — это карта гоголевского коммерческого пейзажа. Ряды лавок, возы, товары — все это создает пространство, в котором будет происходить действие повести.

Хотя на момент публикации «Сорочинской ярмарки» Гоголю исполнилось всего двадцать два года, в ней уже обозначены те связи между пространством, временем и объектами материального мира, которые составят основу его зрелых произведений[2]. С помощью коммерческого пейзажа Гоголь наделяет своих читателей коллективной пространственной памятью. Сама ярмарка при этом является эфемерной, и иллюзорность этого псевдогородского пространства символизирует бренность жизни как таковой. Начиная с «Вечеров...», в которых сильно чувствуется влияние фольклорных мотивов, и далее в «Петербургских повестях» и героическом эпосе «Тарас Бульба» коммерческий пейзаж Гоголя все время изменяется: наивный и фольклорный поначалу, он постепенно становится пространством обмана и коварства, а в величайшем произведении писателя — «Мертвых душах» — метафорически показано, что товаром и предметом сделок является сама душа человека. Гоголевская ярмарка также стала общим фундаментом и литературным первоисточником для соседствующих русских, украинских и еврейских литературных традиций, возникших на территории черты оседлости.

---

[2] Роберт Магуайр высказывает схожие соображения применительно к гоголевской повести «Страшная месть», утверждая, что именно в ней сформировались отличительные черты стиля Гоголя. Магуайр пишет, что события в этой повести происходят в «ограниченном пространстве», куда проникает некто посторонний, и в результате это пространство раскрывается и становится куда большим, чем тот город, в котором изначально разворачивается действие. В «Сорочинской ярмарке» есть много схожих элементов, но это в целом комическое, а не трагическое произведение [Maguire 1994: 3–21].

В ранних произведениях Гоголя коммерческому пейзажу свойственны три главных мотива: театральный, этнографический и «потусторонний». Эти мотивы лежат в основе поэтики Гоголя. Рыночная площадь — это прежде всего сцена; возможно, символизирующая собой ту самую петербургскую сцену, на которой Гоголь мечтал поставить украинские пьесы своего отца[3]. Как мы видели в первой главе этой книги, рынок — это идеальное театральное пространство для площадного театра эпохи Возрождения с его масками — надетыми и сорванными. Многие из своих простонародных сюжетов Гоголь позаимствовал именно из комедий Возрождения, адаптировав их к реалиям XIX века. Более того, подобно персонажам из украинского рождественского театра *(вертепа)*, гоголевские герои предстают перед читателем в узнаваемых архетипических амплуа. Характерный украинский фон ранних рассказов Гоголя интерпретировался исследователями и как способ сблизиться с массовым русским читателем, и как прием, позволявший ему провести черту между собой и русской аудиторией. Приверженцы универсалистской теории утверждают, что писатели-романтики, в среде которых стало модным обращаться к фольклорной традиции, часто рассуждали о существовании самобытного и единого славянского духа, носителями которого являются как русские, так и украинцы[4]. Сторонники

---

[3] Гоголь так и не поставил пьес В. А. Гоголя-Яновского в Петербурге, хотя и мечтал об этом, однако использовал цитаты из них в своих эпиграфах, тем самым продолжив украинскую линию своего отца в собственных ранних повестях. См. письмо Гоголя к матери от 30 апреля 1829 года, в котором он просит ее прислать комедии отца [Гоголь 1937–1952, 10: 142].

[4] Стивен Меллер-Салли утверждает, что эта точка зрения сформировалась еще при жизни Гоголя, чьи современники пребывали в расстройстве из-за того, что им так и не удалось сформулировать русскую национальную идею. «Украинский язык и фольклор казались тем самым деревом с глубокими корнями, к которому можно было привить современную русскую идентичность, и творчество украинских авторов, которые всеми силами пытались сохранить живую связь со своей национальной традицией, ценилось намного выше, чем слабые и подражательные попытки русских писателей в этой области» [Moeller-Sally 2001: 21]. В. В. Набоков считал большинство украинских произведений Гоголя, таких как «Вечера...» или «Тарас Бульба»,

«национальной» концепции полагают, что этнографизм Гоголя был своего рода формой скрытого сопротивления и что он таким образом с помощью культурных и политических шибболетов демонстрировал разницу между Украиной и Россией[5]. На мой взгляд, Гоголь по мере возможности адресовал свое творчество как русской, так и украинской читательской аудитории, и стереотипное противопоставление сельских украинцев и живущих в городах русских для него — это простая (а иногда и ложная) метафора пасторальной чистоты и городской скверны[6]. Если космополитичные персонажи, появляющиеся в украинских рассказах Гоголя, демонстрируют, что капитализм и идеи Просвещения проникли уже и в сельские районы Украины, то элементы украинской ярмарки, присутствующие в его петербургских повестях, выставляют напоказ хаос городской жизни и простоватость столичных жителей. Гоголь был человеком двух культур — украинской и русской, и именно этот внутренний конфликт, который сам он называл словом «двоедушие», и позволил другим писателям, принадлежащим к различным национальностям и придерживающимся совершенно разных взглядов, переосмыслить созданный им коммерческий пейзаж и использовать его

ошибками молодости. «Он чуть было не стал автором украинских фольклорных повестей и красочных романтических историй. Надо благодарить судьбу (и жажду писателя обрести мировую славу) за то, что он не обратился к украинским диалектизмам, ибо тогда бы он пропал» [Набоков 1996: 53]. О национальной идее у Гоголя и Шевченко подробно пишет Юрий Луцкий [Luckyj 1971].

[5] Эдита Бояновская, анализируя якобы присущий Гоголю панславизм, указывает на текстуальные свидетельства, говорящие о двойственной украинско-русской идентичности писателя [Bojanowska 2007]. Одним из первых исследователей, высказавших такую точку зрения, был И. Е. Мандельштам [Мандельштам 1992]. См. также книгу Юрия Луцкого об украинских корнях Гоголя [Luckyj 1998].

[6] Роман Коропецкий и Роберт Романчук убедительно показывают, что Гоголь действительно не забывал о своих украинских читателях, и ссылаются на его письмо к Погодину от 20 июля 1832 года. «В этом письме Гоголь жалуется, что малороссийские помещики, как бы ни старались, не могут раздобыть экземпляров "Вечеров"» [Koropeckyj, Romanchuk; Гоголь 1937–1952, 10: 237–238].

в своих целях[7]. Кроме того, функционируя одновременно и в качестве театра марионеток, и в качестве места заключения коммерческих сделок, гоголевская ярмарка является пространством, полным потайных лазеек. Рынок — многонациональный и приводимый в движение деньгами и капиталом — проницаем для идей и товаров, привносимых из внешнего мира. И, подобно театральной публике, читатели Гоголя всегда помнят о существовании двух миров: созданного для них писателем вымышленного мира, в котором они, на время поверив в реальность происходящего, тоже являются участниками действия, и мира вне гоголевской «сцены». Так как «Сорочинская ярмарка» является своего рода театральным пространством, Гоголь может по желанию открывать в этом художественном повествовании потайные люки, через которые кукловод, Бог, публика или воля случая могут вмешиваться в ход событий. Эпизодически возникающие прозрачность и проницаемость данного пространства позволяют Гоголю иногда делиться с читателем своим собственным представлением о вечности[8].

Все началось в Сорочинцах

Гоголь сделал местом действия своей первой обретшей популярность повести родное село[9]. Николай Васильевич Гоголь-Яновский родился в 1809 году в Сорочинцах в семье среднего достатка, где говорили по-русски, учился в Нежине и, как и многие другие малороссийские писатели того времени, уехал строить

---

[7] Гоголь писал в письме к А. О. Смирновой от 24 декабря 1844 года: «Сам не знаю, какая у меня душа, хохлацкая или русская». В приступе самоуничижения он использует здесь пренебрежительное русское слово, обозначающее украинцев [Гоголь 1937–1952, 12: 418–419].

[8] Джон Коппер указывает на сильное сходство между представлениями Гоголя о потустороннем и кантовским «миром вне опыта» [Kopper 2002].

[9] Гоголь родился в селе Великие Сорочинцы (укр. *Великі Сорочинці*) в 50 километрах от родового имения Гоголей-Яновских [Stilman, Stilman 1990: 24].

литературную карьеру в Петербург. Когда его первый поэтический опыт — крайне неудачная романтическая идиллия «Ганц Кюхельгартен» — обернулся провалом, Гоголь отказался от псевдонима В. Алов, обратился к своим украинским корням и занялся написанием фантастических повестей, местом действия которых была Украина[10]. Еще дед писателя ради получения дворянства сменил свою фамилию Яновский на Гоголь-Яновский. После Польского восстания 1830 года фамилия Яновский, явно свидетельствовавшая о польском происхождении, могла доставить серьезные неприятности малороссийскому автору[11]. Вдали от семьи и прежних знакомств Гоголь сочинил для себя родословную, в основе которой лежали запутанные связи и украинский фольклор[12]. Решение начать «Вечера...» с ярмарки в Сорочинцах было важной частью этого мифотворческого процесса. Это произведение, в котором необычно сочетались элементы маскарада, ярмарки и театра, было с восторгом принято читателями.

В «Сорочинской ярмарке» есть два четких уровня нарративного пространства: основная история — обычный любовный сюжет, героями которого являются пройдоха и красавица, и встроенная в эту историю новелла о черте и его красной свитке. Как и во многих других повестях «Вечеров...», это сказочное метадиегетическое повествование проникает в основной нарратив и влияет на его исход. Коммерческий пейзаж «Сорочинской ярмарки», включающий в себя корчму, возы с товарами, пасторальный ландшафт и атмосферу постоянного торга в целом, определяет развитие обеих этих историй и их исход.

---

[10] Подробнее о взаимоотношениях Гоголя и его критиков см. у Меллера-Салли [Moeller-Sally 2001: 15–33].

[11] Согласно Ричарду Греггу, фамилия Гоголь была выбрана из-за того, что предком Яновских якобы был гетман Правобережной Украины Остап Гоголь. Грегг ссылается здесь на Вересаева и Стилмана [Gregg 2004: 65; Вересаев 1933а; Вересаев 1933б].

[12] Грегг пишет: «Когда впоследствии в Петербурге объявился некий его украинский кузен, называвший себя Гоголем-Яновским и претендовавший на родство с писателем, Гоголь отверг эти притязания, заявив, что только он имеет право называться Гоголем» [Gregg 2004: 65; Вересаев 1933б: 90].

Основное повествование — это любовная история. Параска, восемнадцатилетняя чернобровая украинская красавица, впервые едет на ярмарку. Грицько, красавец в белой свитке, обращается к ней с ласковыми словами, а затем бранит ее мачеху Хиврю и кидает в нее комок грязи (как выясняется впоследствии, та вполне заслуживала подобного обращения из-за своей тайной связи с поповичем). Этот раблезианский жест прекрасно иллюстрирует мысль Бахтина о том, что

> ...забрасывание калом, обливание мочой, осыпание градом скатологических ругательств старого и умирающего (и одновременно рожающего) мира — это веселое погребение его, совершенно аналогичное (но в плане смеха) забрасыванию могилы ласковыми комьями земли или посеву — забрасыванию семян в борозду (в лоно земли) [Бахтин 1990: 194].

Грицько кидается грязью с той же целью, что и делает комплимент Параске: он хочет сокрушить старый мир и бросить свое семя в лоно нового мира. Затем юная героиня бродит по ярмарке, ее манят к себе ряды с притягательными для женского сердца лентами и вышивками. И здесь, в этом хаосе образов, звуков и запахов, рядом с раками и козами, Грицько хватает Параску «за шитый рукав сорочки», и они влюбляются друг в друга [Гоголь 1937–1952, 1: 116]. Этот рукав девичьей сорочки перекликается с рассказанной далее историей о черте и пропавшем рукаве его свитки; более того, само слово «сорочка» — традиционная украинская рубашка — созвучно названию села Сорочинцы. По мере развития повествования сюжетные линии, относящиеся к женщинам и к черту, сходятся все ближе[13].

Грицько быстро уговаривает глуповатого отца девушки Черевика одобрить их брак. Сделка заключается «в известной ярморочной ресторации — под яткою у жидовки, усеянною многочисленной флотилией сулей, бутылей, фляжек всех родов и возрастов» [Гоголь 1937–1952, 1: 118]. Дав поначалу свое благословение,

---

[13] Как пишет Карлински, Гоголь обожал вышитые сорочки и даже надевал их, когда писал [Karlinsky 1976: 206].

Черевик затем меняет решение из-за возражений жены, разгневанной тем, что он обещал руку дочери юноше, бросившему в нее грязью. Свадьба отменяется, и Грицько должен с помощью ярмарочной легенды и своих многочисленных друзей завоевать расположение будущего тестя и вернуть свою невесту.

В присутствии Черевика рассказывается вроде бы не имеющая отношения к основному повествованию история о том, как некая заключенная на базаре сделка пошла не так. Изгнанный из ада черт пристрастился к выпивке, залез в долги и вынужден был заложить свою красную свитку «жиду, шинковавшему тогда на Сорочинской ярмарке» [Гоголь 1937–1952, 1: 125]. Черт обещает вернуться за свиткой через год, но шинкарь, не дожидаясь срока, продает свитку приезжему пану, так как «сукно такое, что и в Миргороде не достанешь!» [Гоголь 1937–1952, 1: 126]. Вернувшись, черт обнаруживает, что его свитка, много раз переходившая из рук в руки, была изрублена в куски и разбросана по всей ярмарке [Гоголь 1937–1952, 1: 127]. С тех пор черт каждый год с свиною личиною возвращается на ярмарку и подбирает куски своей свитки. Эта вездесущая красная ткань, которая обретает собственное инфернальное существование, впоследствии неоднократно будет появляться в гоголевских текстах; ее финальным воплощением станет брусничного цвета фрак Чичикова, бродящего, подобно черту со свиным рылом, по городам и весям и собирающего неприкаянные души Российской империи.

Временные обладатели красной свитки выстраиваются друг за другом в логическую цепочку: каждый следующий несет меньшую угрозу славянской душе, чем предыдущий. Первым хозяином свитки является сам черт; затем она переходит к еврею — этническому и религиозному чужаку, который запускает процесс перемещения этой проклятой вещи по ярмарке, продав ее дворянину (пану), чья принадлежность к этому сословию в контексте всех диканьковских историй означает опасную близость к чуждым обычаям (скорее всего, речь идет о поляке). «Пана обокрал на дороге какой-то цыган и продал свитку перекупке; та привезла ее снова на Сорочинскую ярмарку» [Гоголь 1937–1952, 1: 126–127]. И только последний владелец свитки, крестьянин, продающий масло (очевидно, не импортное, а домашнего производства), понимает, с чем именно он имеет дело: «Эх, недобрые руки подкинули свитку!» [Гоголь 1937–1952, 1: 127]. Украинскому крестьянину хватает смелости разрубить проклятую вещь, однако куски чертовой свитки остаются в Сорочинцах.

Еврей, продавший заложенную свитку, наказывается появлением самого некошерного животного на свете: как только он начинает «по жидовски молиться богу... глядь — во всех окнах повыставлялись свиные рыла»[14] [Гоголь 1937–1952, 1: 126]. Таким образом виновный получает заслуженное возмездие. Черевик и другие слушатели поднимают глаза и видят, что в окне хаты появилась свиная рожа, «как будто спрашивая: "А что вы тут делаете, добрые люди?"» [Гоголь 1937–1952, 1: 127]. Им остается только поверить в то, что черт из легенды проник на настоящую Сорочинскую ярмарку.

На самом деле появление инфернальной свиньи организовал цыган, помогающий Грицько. Вскоре после того, как Черевик слышит эту историю, его начинает преследовать некто, кого он принимает за того самого черта. Перепуганный отец Параски теряет сознание и лишается всего своего товара. Обвиненный в краже собственной кобылы и пшеницы, Черевик лежит связанный, словно скотина на торгу. Грицько героически спасает его

---

[14] Из-за существующих в иудаизме запретов, связанных с пищей, в украинских фольклорных сюжетах евреи оказываются связаны со свиньями: раз евреи отказываются есть свиное мясо, значит, они находятся с ними в каком-то родстве (по той логике, что нельзя есть себе подобных). Фиалкова и Еленевская возводят это поверье к Новому Завету: «Согласно широко распространенной славянской легенде, евреи не едят свиней, потому что Иисус превратил одну еврейскую женщину в свинью» [Fialkova, Yelenevskaya 2007: 92]. Фиалкова и Еленевская ссылаются на Герег Каради, которая пишет об аналогичной венгерской легенде [Görög-Karady 1992: 122–123]. М. Г. Давидова упоминает такой сюжет вертепного театра, как «Мужик отдает Дьяку свинью в качестве платы за обучение своего сына» [Давидова 2002: 20]. Гавриэль Шапиро описывает схожую вертепную сцену, в которой крестьянин Клим награждает дьяка свиньей за исполнение псалмов, указывая, что «пение псалмов за вознаграждение было обычной практикой на Украине XVII и XVIII веков» [Shapiro 1993: 54].

и находит не только кобылу и пшеницу Черевика, но и покупателей
на них. Выручив крестьянина из большой беды, он заручается его
благодарностью и получает в награду руку Параски. Хитрость
и мудрость — вот два качества торговца, которые превыше всего
ценятся по большей части неграмотным рыночным людом. Хотя
деловой интерес Грицько сводится лишь к собственной женитьбе,
обладая обоими этими качествами, он успешно оборачивает ситуацию на рынке в свою пользу. Читателю известно, что Грицько
не отдал Черевику ничего сверх того, что и так тому принадлежало. Да и вообще в ходе всех этих обменов и сделок не было созда-
но какого-либо продукта, обладающего непреходящей ценностью — кроме самой истории.

«Отцы» Гоголя

В «Вечерах...» Гоголь обильно цитирует своих украинских литературных предшественников. Большинство эпиграфов взято
им у И. П. Котляревского, отца современной украинской литературы, и драматурга-любителя В. А. Гоголя-Яновского, отца
самого писателя. Цитаты из «Энеиды» Котляревского, пародиру-
ющей поэму Вергилия, иллюстрируют перекликающиеся с ней
сюжетные линии в «Сорочинской ярмарке»[15]. Необычный образ
из «Энеиды» следует сразу за историей о черте со свиной личиной
и его свитке:

> ...Піджав хвіст, мов собака,
> Мов Каїн затрусивсь увесь;
> Із носа потекла табака[16]

---

[15] Шаблиовский пишет, что, хотя поэму Котляревского привычно относят
к жанру травести, «ее стиль и язык не вписываются в рамки традиционного
бурлеска, а маркируют появление *нового* направления в украинской литературе — *реализма*» [Shabliovskyi 2001: 61].

[16] ...Пиджав хвист, мов собака, / Мов Каин затрусывсь увесь; / Из носа потекла
табака [Котляревський 1989: 111; Гоголь 1937–1952, 1: 127].

(И, хвост поджавши, как щенок,
Эней затрясся, словно Каин.
Из носа вытек табачок [Котляревский 1986: 69].)

Эти строчки показывают, что творчество Гоголя восходит к украинской литературной традиции[17]. Более того, имя Каина маркирует сюжетный поворот: рассказ о молодых влюбленных превращается в историю с чертовщиной.

Эту комедийную традицию Гоголь унаследовал по линиям обоих родителей. Его родственник по матери Василий Танский писал фарсы, черпая вдохновение в постановках вертепного театра [Kott, Esslin 1984: 14; Гиппиус 1994: 15]. Гоголь-Яновский, литератор-любитель, тоже сочинял интермедии, героями которых были персонажи вертепа. «Простак, или Хитрость женщины, перехитренной солдатом» («Простак, або Хитрощі жінки, перехитрені солдатом») — это комедия, в которой ловкая женщина обманывает своего мужа. В ней пять персонажей: Роман (старый казак), Параска (его молодая жена), Соцкий (кум Параски), Дьяк (любовник Параски) и Солдат [Гоголь-Яновський 1918][18]. Комедия начинается с того, что Параска отправляет Романа с поросенком на охоту, а сама в это время весело проводит время с Дьяком[19]. Так что, возможно, молодую невесту в «Сорочинской ярмарке» не случайно тоже зовут Параской. В самом деле, она вот-вот выйдет замуж и, вполне вероятно, скоро ей надоест фатоватый Грицько. Только время отделяет гоголевскую Параску, классическую инженю, от ее мачехи Хиври (которая сама оказывается в центре комической любовной сцены с поповичем). Грицько

---

[17] То, что Гоголь ссылается на Котляревского, заставляет предположить, что он намеренно демонстрирует обращение к творчеству своего предшественника. Карпук считает, что описания украинских блюд, например кваши и путри, Гоголь тоже позаимствовал у Котляревского, хотя исследователи творчества Гоголя часто упускают из внимания этот факт [Karpuk 1997: 214].

[18] Кулиш писал о двух пьесах Гоголя-Яновского: «Простаке» и «Собаке и овце» (утерянной) [Кулиш 2003, 1: 13].

[19] Подробнее о Гоголе-Яновском см. у Н. И. Коробки [Коробка 1902: 255].

прямо говорит об этом, когда называет мачеху «столетней ведьмой», подразумевая тем самым, что главным ее грехом является именно возраст. В финале «Сорочинской ярмарки» юная невеста Параска оказывается близка к тому, чтобы превратиться в расчетливую (и свободную от каких-либо иллюзий) Параску из «Простака» Гоголя-Яновского[20].

Цитируя Гоголя-Яновского и Котляревского как оригинальных авторов, писавших на украинском языке, Гоголь тем самым заявляет о своей принадлежности к украинской литературной традиции. Однако эти цитаты также позволяют провести различие между литературой на родном для него украинском языке и его собственным творчеством, которое он адресовал более широкой аудитории, ориентируясь при этом на русские и европейские литературные источники[21]. Как пишет Ю. М. Лотман, литературная эпоха характеризуется не только тем, что писатели пишут в данный момент времени, но и тем, что они читают. «Так, для Пушкина в 1824–1825 гг. наиболее актуальным писателем был Шекспир, Булгаков переживал Гоголя и Сервантеса как современных ему писателей, актуальность Достоевского ощущается в конце XX века не меньше, чем в конце XIX» [Лотман 1999: 169][22]. Юность Гоголя — это расцвет романтизма в России. В 1820-е годы регулярно печатаются не только произведения Жуковского, но и переводы из Гофмана и Вальтера Скотта. В одной из редакций «Мертвых душ» гоголевский рассказчик пишет, что на его

---

[20] Подробнее о персонажах «Простака» см. у Зерова [Зеров 1977: 24].

[21] Скуратовский пишет, что Гоголь взял литературную основу Котляревского и дополнил ее [Скуратівський: 12].

[22] Здесь важно учитывать то, что между кругом чтения писателей и обычных читателей существовала огромная разница. Гэри Маркер, проведя статистический анализ изданных в России книг и их тиражей, показал, что в конце XVIII века русские вообще читали мало, а те, кто читал, ограничивались в основном религиозной литературой и учебниками; незначительная часть читательской аудитории уделяла время «легкому чтению» — любовным, приключенческим или моралистическим романам, и совсем малый процент читателей интересовался книгами, которые мы сейчас называем классической или просветительской литературой [Marker 1985: 184].

стене висят портреты Шекспира, Пушкина, Сервантеса, Ариосто и Филдинга[23]. Хотя трудно с точностью указать, кого именно из европейских писателей Гоголь действительно читал, важно отметить, что в своем шедевре он говорит о портретах своих непосредственных предшественников — романтиков и западных авторов эпохи Возрождения. Как и у многих его русских современников, ярмарка у Гоголя — это место, где можно притвориться кем-то другим и где классические сюжеты излагаются площадным языком. Это сочетание, как говорилось в главе первой, часто ассоциируется с театром и литературой Ренессанса.

Гоголь использовал сюжеты и персонажей из книг своих русских и украинских современников, иногда целиком заимствуя сюжетную линию того или иного произведения, и обращался к творчеству писателей и журналистов, интересовавшихся фольклором, в частности М. П. Погодина и О. М. Сомова [Гиппиус 1994: 27–28]. Многие исследователи полагают, что источником «Ревизора» стала пьеса «Приезжий из столицы, или Суматоха в уездном городе» старшего современника Гоголя Г. Ф. Квитки-Основьяненко, которому посвящена третья глава этой книги[24]. Ранние произведения Гоголя, особенно принадлежащие к циклу «Миргород», имеют большое сходство с произведениями В. Т. Нарежного. Так, в повести Нарежного 1825 года «Два Ивана, или Страсть к тяжбам» описана ссора между двумя персонажами по имени Иван, что сильно напоминает гораздо более известное произве-

---

[23] «Если и поднимет [автор] глаза, то разве только на висящие перед ним портреты Шекспира, Ариосто, Фильдинга, Сервантеса, Пушкина, отразивших природу таковою, как она была, а не каковою угодно было некоторым, чтобы была» [Манн 1984: 70]. Гиппиус пишет о столь же важном перечне портретов, висевших в библиотеке Ганца Кюхельгартена: Петрарка, Тик, Аристофан [Гиппиус 1994: 111].

[24] Ричард Пис пишет, что, «хотя эта пьеса и была опубликована только через четыре года после выхода в свет "Ревизора", представляется очевидным, что Гоголь был с ней знаком, так как написана она была в 1827 году и ходила в списках; поэтому Квитка в той же степени повлиял на гоголевскую драму, что и другой его земляк Нарежный на "Миргород"» [Peace 2009: 151].

дение Гоголя «Повесть о том, как поссорился Иван Иванович с Иваном Никифоровичем»[25].

Похоже, что Гоголь позаимствовал у Нарежного не только главных героев — Иванов, но и описания ярмарки, которые тоже потом использовал в собственном коммерческом пейзаже[26]. В одной из глав своей повести Нарежный рисует картину Миргородской ярмарки, упоминая раздающиеся вдалеке звуки, издаваемые скотом: «Далеко от места ее расположения слышны были звуки гудков, волынок и цимбалов; присоединя к сему ржание коней, мычание быков, блеяние овец и лай собак, можно иметь понятие о том веселии, которое ожидало там всякого» [Нарежный 1836: 23].

В «Сорочинской ярмарке» Гоголь перечисляет практически те же самые акустические эффекты (шум, брань, мычание, блеяние, рев), что и Нарежный в своих «Двух Иванах» [Гоголь 1937–1952, 1: 115]. Тогдашняя критика упрекала автора «Двух Иванов» в том числе в «отсутствии вкуса, проявленном изображением грязных сторон жизни; отсутствии утонченности, продемонстрированном частым использованием грубого языка; отсутствии чувства меры, выраженном тягой к гротескной карикатуре» [LeBlanc 1986: 88–89]. Именно это кажущееся отсутствие вкуса и утонченности и создало тот стиль описания ярмарки, который Гоголь затем использовал в своих целях.

Коммерческий пейзаж как театр

В предисловии к «Вечерам...» гоголевский рассказчик, пасечник Рудый Панько, приглашает читателей в гости в Диканьку:

> У нас, мои любезные читатели, не во гнев будь сказано (вы, может быть, и рассердитесь, что пасечник говорит вам запросто, как будто какому-нибудь свату своему или куму), — у нас, на хуторах,

---

[25] Как пишет Рональд ЛеБланк, в XIX веке «творчество Нарежного было по достоинству заново оценено такими критиками и писателями, как Добролюбов и Гончаров, которые увидели в нем не только предшественника Гоголя и так называемой натуральной школы, но и талантливого писателя, обладавшего собственным голосом» [LeBlanc 1986: 88–89].

[26] См. главу об этой повести Нарежного у Лиане Темл [Teml 1979: 196–210].

водится издавна: как только окончатся работы в поле, мужик залезет отдыхать на всю зиму на печь и наш брат припрячет своих пчел в темный погреб, когда ни журавлей на небе, ни груш на дереве не увидите более, — тогда, только вечер, уже наверно где-нибудь в конце улицы брезжит огонек, смех и песни слышатся издалека, бренчит балалайка, а подчас и скрипка, говор, шум… Это у нас *вечерницы*! [Гоголь 1937–1952, 1: 103–104].

Музыка и истории у костра, упоминаемые рассказчиком, традиционное место для представлений (ярмарка), о котором идет речь в первой повести «Вечеров…», — все это напоминает нам об устных истоках литературного дискурса[27]. Как и Бен Джонсон с его вроде бы оксиморончиным предисловием к «Варфоломеевской ярмарке» («Ваше величество, добро пожаловать на ярмарку»), гоголевский Рудый Панько с нарочитым подобострастием приглашает своих слушателей забыть об этнических (русские / украинцы) и классовых (аристократы / крестьяне) различиях. Гоголевский рассказчик обращается к своей аудитории как к «дорогим читателям» и затем извиняется за фамильярность обращения и простоту своей речи. Такое насмешливое раболепие явно намекает на то, что литературный текст является плохой заменой устному оригиналу. Возможно, Гоголь в «Вечерах…» и рассказывает народные истории, но делает это с оглядкой на литературную традицию, театрализует их, превращая устную речь в печатное слово. В заголовке повести слово «Сорочинская» — название села, где Гоголь родился и был крещен, — маркирует связь автора с его родиной, а слово «ярмарка» — его связь с местом рождения европейской литературы.

Традиция, в которой были объединены искусство и рыночная площадь, существовала на Украине задолго до Гоголя — это рождественский кукольный театр (вертеп). Исследователи творчества писателя давно обратили внимание на то, что многие из гоголевских типов прямиком пришли из украинских вертепных пьес, из

---

[27] Я согласна с Рональдом ЛеБланком, который пишет, что «слова Белинского о том, что "Гоголю не было образца, не было предшественников", являются сильным преувеличением» [LeBlanc 1998: 109].

русского карнавального театра (балагана) и из западной комедии дель арте[28]. Вертепный театр напоминал балаганы и комедию дель арте, но у него были свои пьесы, как с религиозными, так и со светскими персонажами; представления традиционно давались на праздниках и ярмарках, особенно популярны они были во время Рождества. Несмотря на его простоту, у вертепа есть общие черты с шекспировским театром. И тот и другой возникли в XVI веке[29]. Оба этих жанра тесно связаны с рыночной площадью — и тематикой пьес, и языком повествования[30]. Оба часто используют парабасу — обращение актеров к зрителям, стирающее грань между сценой и залом. Как писал Поль де Ман, с помощью этого приема автор признает «ироничную необходимость не превратиться в объект собственных насмешек и выясняет, что отделить себя реального от фигуры выдуманного рассказчика уже невозможно»[31]. Джон Рассел Браун в своей книге о Шекспире пишет, что «этот прием так часто встречался в елизаветинском театре и был настолько повсеместен, что авторы, переписчики и издатели редко утруждали себя тем, чтобы прописывать в тексте пьесы сценические ремарки» [Brown 2002: 19]. Для персонажа комедии дель арте, балагана или вертепа совершенно обычное дело обращаться

---

[28] Слово «балаган», буквально значащее «временная постройка для ярмарочной торговли», в разговорном русском языке приобрело значение «скандал» или «клоунада» [Clayton 1993: 54].

[29] В. Н. Перетц писал: «О времени появления вертепа в Южной России мы не имеем никаких известий; но в XVI веке он уже существовал, и к этому времени относится первое о нем известие». Перетц ссылается здесь на Изопольского [Перетц 1895: 55–56; Izopolski 1843, 3: 60–68]. Майкл Ф. Хэмм добавляет к этому: «Из письменных источников известно о вертепных представлениях во Львове в 1666 году, однако этнограф Олекса Воропай полагает, что эта традиция зародилась в Киеве во времена гетмана Петра Сагайдачного еще в начале XVII века» [Hamm 1993: 146].

[30] Подробнее о возникновении театра Возрождения и рыночной площади см. у Агню [Agnew 1986].

[31] Поль де Ман связывает термин «парабаса» или «обладающий самосознанием нарратор» с иронией, как ее понимал Шлегель. Он указывает на то, что сам Шлегель в 1797 году писал, что «ирония — это перманентная парабаса» [de Man 1983: 218; Schlegel 1962: 85].

к аудитории, не выходя из образа: тем самым сцена театра расширяется и включает в себя окружающее пространство, — если говорить об украинских реалиях, то этим пространством, как правило, была рыночная площадь.

Отличает Гоголя от его предшественников эпохи Возрождения то, что он не только мастерски изображал привычные маски, но и срывал их с крупных чиновников, богатых землевладельцев и прочих представителей благородного сословия. Здесь сказывается влияние на Гоголя традиций вертепа и комедии дель арте. Рынок с его вечным хаосом и движением является естественной средой для карнавала и маскарада, где все надетые на людей личины выглядят столь гротескно, что их нельзя принимать всерьез. Брюсов в своей статье «Испепеленный» писал даже, что Гоголь использовал лишь один литературный прием — гиперболу: «вся сила его творчества в одном-единственном приеме: в крайнем сгущении красок» [Брюсов 1987, 2: 131]. Действительно, чем красочней Гоголь описывает, например, шинель, тем отчетливей проступает скрытая под ней пустота[32]. Утверждение Брюсова само по себе является сгущением красок, так как Гоголь был мастером тонкого юмора, а далеко не только гиперболы[33]. Так, только в обличье ревизора арлекиноподобный Хлестаков раскрывает коррумпированность и глупость провинциальных чиновников (и публики в зале)[34]. Рыночной толпе, чья вульгар-

---

[32] Виктор Эрлих писал о том, что в украинских повестях Гоголю удавалось сорвать маску обыденности и показать скрытую за ней меланхолию. «Подобное срывание маски и выставление напоказ скрытой за ней истинной сущности Гоголь использовал и в петербургских повестях, и в "Записках сумасшедшего", и в "Шинели"» [Erlich 1969: 74].

[33] Подробно о Гоголе и его владении гиперболой см. у Белого [Белый 1969: 252–279].

[34] Вот что пишут о схожести Хлестакова с Арлекином, персонажем комедии дель арте конца XVIII века, Котт и Эсслин: «Этот бедолага, который всего-то хочет набить свой пустой желудок, который говорит первое, что взбредет ему в голову, — по большей части о еде, который напропалую врет, который, как мифологический Протей, может примерить на себя любую роль ("у Хлестакова ничего не должно быть означено резко"), своим обликом и пластикой очень напоминает Арлекина» [Kott, Esslin 1984: 16].

ность и необразованность очевидна с самого начала, открывается порочность не слишком от них отличающегося высшего сословия, скрытая в тайных уголках дворцов или кабинетах чиновников.

Вертепные ящики состояли из двух ярусов: на нижнем разыгрывалась светская часть представления, комическая или серьезная, а на верхнем — религиозная часть. Схожее разделение между комическими и серьезными сюжетами можно найти и в гоголевских «Вечерах...». Мадху Малик заметил, что «Сорочинская ярмарка» и «Пропавшая грамота», которые можно сопоставить с театральными комедиями, помещены рядом с более серьезными повестями «Вечер накануне Ивана Купала» и «Майская ночь»[35]. По мнению Малика, у Гоголя четко прослеживается вертепная дихотомия между сакральным и мирским, если воспринимать сакральность не в традиционном христианском толковании этого понятия, а в рамках концепции Виктора Тернера, согласно которой сакральность — это «культурное пространство, находящееся "вне времени" — того времени, в котором происходят секулярные процессы и события» [Malik 1990: 340; Turner 1982: 24]. Персонажи, наиболее часто появляющиеся на нижнем ярусе, нередко бывают связаны с чертовщиной, но существуют они в реальном времени. Они куда лучше вписываются в атмосферу ярмарки и ближе к публике, чем персонажи с верхнего яруса.

В вертепном театре комические куклы живут внизу. Самой популярной из них был Петрушка (иногда называемый Ванькой Рататуем) — трикстер, который появляется в серии сценок и то колотит своего противника, то сам оказывается поколочен. Петрушка, которого часто сравнивают с европейскими Пульчинеллой или Панчем, говорил писклявым голосом (кукловод использовал для этого специальный пищик), обладал большим носом и горбом и был одет в «красную крестьянскую рубаху и колпак» [Beumers 2005: 161]. Проказы Петрушки относились

---

[35] Малик пишет, что, «несмотря на счастливую концовку, в "Майской ночи" есть элементы трагедии» [Malik 1990: 337].

к сфере площадного юмора, и в них часто обыгрывались этнические стереотипы. Вот типичное представление с участием Петрушки: Петрушка торгуется с цыганом из-за лошади, падает с этой лошади, ругается с доктором, который приходит его лечить, убивает клоуна-немца, который соперничал с ним за внимание публики, пытается продать его тело на рынке («Картофелю! картофелю! Поросят! поросят!») и дерется с татарином, продающим халаты [Молчанов 1896: 163].

Гоголь редко называл своих героев именами их прототипов из вертепного театра, и одним из немногих исключений из этого правила был как раз Петрушка, лакей Чичикова в «Мертвых душах», чьи одежда и внешность выдают в нем родство с ярмарочной куклой: «...не много нужно прибавить к тому, что уже читатель знает, то есть что Петрушка ходил в несколько широком коричневом сюртуке с барского плеча и имел, по обычаю людей своего звания, крупный нос и губы» [Гоголь 1937–1952, 6: 19–20]. Гоголевский простоватый Петрушка потешается и над собой, и над публикой; когда он что-то читает, то это скорее не собственно чтение, а представление, демонстрирующее его полное равнодушие к литературе как таковой, несмотря на то что, когда Гоголь писал свою книгу, правительство предпринимало серьезные меры по повышению грамотности населения. Крестьянские реформы (1837–1841), начатые Киселевым при Николае I, мотивировали крестьян обучаться грамоте[36]. Однако прошло еще не одно десятилетие, прежде чем крестьяне, постигшие грамоту, овладели ею настолько хорошо, чтобы на досуге читать художественную литературу.

Подобно Акакию Акакиевичу из «Шинели», вызывающему презрительную усмешку у читателя из-за того, что наслаждается красотой выводимых им букв, а не смыслом написанного, лакей Петрушка смешон потому, что читает, не вникая в текст. Как пишет

---

[36] Как пишет Джеффри Брукс: «Крестьянские общины были вовлечены в новое пространство юридических и экономических отношений, где умение работать с документами давало грамотным людям большое преимущество» [Brooks 2003: 4–5].

Гоголь: «Ему нравилось не то, о чем читал он, но больше самое чтение, или, лучше сказать, процесс самого чтения, что вот-де из букв вечно выходит какое-нибудь слово, которое иной раз чорт знает что и значит» [Гоголь 1937–1952, 6: 20]. Упоминаемый здесь Гоголем чорт намекает нам на то, что подобное невнимательное чтение является своего рода богохульством[37]. Иногда этот персонаж пускается в откровенную буффонаду. После визита Чичикова к Собакевичу «Петрушка принялся снимать с него сапоги и чуть не стащил вместе с ними на пол и самого барина» [Гоголь 1937–1952, 6: 152]. Гиппиус указывает на то, что в ранних редакциях «Мертвых душ» на долю Петрушки выпадало еще больше унижений. «Исключен из третьей главы разговор Селифана с Петрушкой с авторскими издевательствами над "рожей" Петрушки» [Гиппиус 1994: 166]. Мы можем сделать вывод о том, что в ранних черновиках Гоголь использовал готовые гиперболы, взятые из вертепа, но в последующих редакциях изображал этого персонажа более тонкими штрихами[38].

В XX веке архетипы вертепа и балагана снова пережили трансформацию: на этот раз они стали восприниматься как жертвы заточения и собственных желаний. В балете «Петрушка», созданном Дягилевым и Стравинским, популярная кукла очаровывает

---

[37] Энн Лаунсбери, рассуждая о том, что гоголевский Петрушка является злой пародией на читателя / зрителя, утверждает, что Гоголь, карикатурно изобразивший в его образе своего пока еще неискушенного читателя, неоднократно использовал этот прием в своем творчестве. «Петрушка в процессе чтения напоминает Ивана Федоровича Шпоньку из "Вечеров", который любил не столько читать, сколько водить глазами по многократно читаному тексту» [Lounsbery 2007: 131; Гоголь 1937–1952, 1: 288].

[38] Хотя здесь связь между именами гоголевских героев и персонажей вертепного театра менее явная, стоит обратить внимание на то, что Бобчинский и Добчинский в «Ревизоре» оба носят имя «Петр Иванович», напоминающее одновременно и о Петрушке, и о Ваньке Рататуе, и отличаются характерной жестикуляцией: «...оба говорят скороговоркою и чрезвычайно много помогают жестами и руками». Бобчинский в конце второго действия ударяется о дверь и разбивает себе нос: эта сцена, возможно, вызывала у русской публики ассоциацию с Петрушкой и его красным носом [Гоголь 1937–1952, 4: 37–38].

публику на масленичных гуляниях[39]. Случайно получив слишком много свободы, Петрушка осознает, что живет в ящике для кукол. Хотя гоголевские герои редко вызывают такую симпатию, как модернистский Петрушка Дягилева, они гораздо лучше осознают свое трагическое положение персонажей театрального действа или книги[40]. Хотя отсылки к вертепу многократно встречаются и в поздних текстах Гоголя, именно в «Вечерах...», и в особенности в «Сорочинской ярмарке», состав персонажей практически воспроизводит набор кукол из рождественского театра[41]. Перед встречей с Грицько героиня повести поражается многообразию людской толпы на ярмарке: «...ее смешило до крайности, как цыган и мужик били один другого по рукам, вскрикивая сами от боли; как пьяный жид давал бабе киселя; как поссорившиеся

---

[39] «Петрушка», представленный в программе «Русских сезонов», был плодом совместного творчества Дягилева, Стравинского, А. Н. Бенуа и М. М. Фокина. Премьера состоялась в 1911 году в Париже, и заглавную партию исполнял Нижинский. Как пишет Эндрю Вахтель: «Вполне вероятно, что инфернальность, присущая Фокуснику, как и некоторые другие детали этого балета, были заимствованы у Гоголя. Русская публика с самого начала подметила в "Петрушке" что-то гоголевское». По словам Вахтеля, в рецензиях на балет того времени упоминались и «Невский проспект», и «Портрет», и «Шинель». Как указывают исследователи творчества Гоголя и вертепного театра, куда более близкая связь у «Петрушки» обнаруживается с «Вечерами...», особенно с теми повестями, где сакральное пространство соприкасается с мирским, например в «Страшной мести» [Wachtel 1998: 32].

[40] В своей книге, посвященной театру марионеток и модернизму, Гарольд Сигел пишет: «Не только сами гротескно изображенные Гоголем персонажи напоминают кукол и марионеток, но и весь их мир похож на кукольный театр, управляемый невидимыми силами» [Segel 1995: 25]. Подробнее о влиянии вертепного театра на творчество Гоголя см. у Гавриэля Шапиро [Shapiro 1985: 133–138].

[41] Как пишет Гиппиус. «Смешной черт, злая баба, хвастливый поляк и храбрый запорожец, пройдоха-цыган, мужик-простак и дьяк с высокопарной речью — все это фигуры украинского кукольного театра» [Гиппиус 1994: 30; Перетц 1895: 55–73]. Малик, хотя и соглашается, что Гоголь явным образом заимствовал персонажей и сюжеты из фольклора и вертепного театра, утверждает, что он намеренно менял структуру нарратива. «По этой причине тексты Гоголя не поддаются стандартному фольклорному анализу, например функциональному анализу по методу Проппа» [Malik 1990: 334].

перекупки перекидывались бранью и раками; как москаль, поглаживая одною рукою свою козлиную бороду, другою...» [Гоголь 1937–1952, 1: 116][42]. Как и в вертепном ящике, где за представление обычно отвечает один кукловод, все взаимодействия в этой сцене происходят между парами персонажей[43]. Более того, ее грубый юмор возникает из-за смешения несхожих между собой типов людей, карнавализации и сексуального подтекста. Крестьяне в Сорочинцах являются украинцами, чиновники и солдаты — русскими, а проезжие паны — поляками. Евреи по большей части занимаются торговлей, а цыгане, которых Гоголь изображает пройдохами и демоническими личностями, как правило, являются торговцами лошадьми или музыкантами. Что происходит, когда цыган, украинский крестьянин, русский и еврей встречаются в одном месте? В царской России эта фраза сама по себе звучала как начало анекдота. Но Гоголь добавил сюда еще и элементы гротеска и буффонады. Раз в году, сообщает он, в Сорочинцах нарушается привычный порядок вещей и возникают пары, которые не просто смешны сами по себе, но и сочетают в себе сакральное и мирское, уничтожая перегородку между верхним и нижним ярусами вертепного ящика.

В прошлом исследователи творчества Гоголя полагали, что в первую очередь он хотел показать перемещения между потусторонним и земным мирами. Д. С. Мережковский предположил, что главной своей задачей Гоголь видел выставить черта дураком. «Черт — отрицание Бога, а следовательно, и отрицание бесконечного, отрицание всякого конца и начала... черт — нуменальная середина сущего, отрицание всех глубин и вершин — вечная плоскость, вечная пошлость» [Мережковский 2010: 179]. *Нуменальные (ноуменальные)* элементы гоголевского текста — это те, которые находятся вне рамок исходной истории и всего, что в ней содержится; они противопоставляются *феноменальным* элементам известного мира — то есть в данном случае самого повест-

---

[42] Козел — это привычный персонаж вертепа.

[43] Анализ этого приема в «Сорочинской ярмарке» и «Ночи перед Рождеством» см. у Гиппиуса и Малика [Гиппиус 1994: 31; Malik 1990: 336].

вования. Анализ Мережковского помогает понять, как гоголевские черти проникают в материальный мир его повестей. Однако Мережковскому не удается верно категоризировать эти потусторонние существа, он одновременно и называет их «пошлыми», и помещает их в ноуменальный «мир вне опыта». В гоголевской же интерпретации вертепа черти служат скорее посланниками, способными появляться как на нижнем «человеческом» ярусе сцены, так и на верхнем — сакральном[44]. Черти у Гоголя редко предстают в своем привычном виде. Как правило, они принимают облик другого архетипа — еврея или еще какого-нибудь чужака, женщины или свиньи. В «Вечерах...» связи между архетипичными персонажами устроены очень просто, а их поступки зависят от того, как именно Гоголь выстраивает свое повествование. Свиньи у Гоголя всегда будут преследовать евреев, женщины всегда будут тянуться к зеркалам, а красавицы всегда где-то в глубине будут старыми ведьмами.

Гоголевские свиньи

Свиньи — идеальные рыночные животные — являются своего рода комбинацией людей, чертей и товаров. В новозаветной притче о гадаринском бесноватом стадо свиней выступает в роли козла отпущения, и свиньи становятся средством изгнания бесов: «Паслось же там при горе большое стадо свиней. И просили Его все бесы, говоря: пошли нас в свиней, чтобы нам войти в них. Иисус тотчас позволил им. И нечистые духи, выйдя, вошли

---

[44] Мадху Малик, верно интерпретируя то, как Гоголь использовал концепцию вертепного ящика, говорит о различных типах зла, обитающего на верхнем и нижнем ярусах гоголевского театра. «Не стоит путать неумолимое всепроникающее зло с верхнего яруса с проделками чертей из пьес нижнего яруса вертепа» [Malik 1990: 340]. Впрочем, эта четкая дихотомия не расставляет все по своим местам, так как черти с гоголевского «нижнего яруса» нередко являются окнами в ноуменальный мир, что особенно хорошо видно в менее шутливых повестях Гоголя, например в «Страшной мести». Также см. об этом у Гавриэля Шапиро [Shapiro 1993: 57].

в свиней; и устремилось стадо с крутизны в море, а их было около двух тысяч; и потонули в море» (Мк. 5: 11–13)[45].

Как и гадаринское стадо, свиные рыла, преследующие еврея-шинкаря, и черт со свиной личиной, ищущий куски своей свитки, принимают на себя все грехи сорочинцев и уберегают их от дальнейших бед. Этот же мотив возникает и в «Ночи перед Рождеством», где любовников Солохи, спрятавшихся в мешках, принимают за кабанов, и в «Пропавшей грамоте», где дедушку-рассказчика окружают зооморфные черти: «…свиные, собачьи, козлиные, дрофиные, лошадиные рыла — все повытягивались и вот так и лезут целоваться» [Гоголь 1937–1952, 1: 188]. Свинья, будучи одновременно и персонажем вертепа, и библейским архетипом, часто возникает в литературе романтизма как отвратительное (или, напротив, симпатичное) подобие человека. В сатире Шелли «Царь Эдип» хор свиней изображает народные массы[46]. Доблестный свинопас Гурт из «Айвенго» Вальтера Скотта пытается защитить своих свиней[47]. У Гоголя свиньи служат метафорами, обозначающими рынки, носы, а иногда и фаллосы[48]. Свиньи — это более телесные и смешные версии людей. Появление жирных свиней добавляет элементы непристойности и секса в пасторальную идиллию, в которой Грицько стремится заполучить руку своей девственной красавицы.

Ю. М. Лотман писал: «В понятие пространства входят и такие неделимые явления, как музыка, пляска, пир, битва, товарищество,

---

[45] Эта притча рассказывается в Евангелиях от Марка, Луки и Матфея. Достоевский использовал ее в качестве эпиграфа к роману «Бесы».

[46] В описании к первой сцене сказано: «Величественный Храм, возведенный из берцовых костей и черепов и вымощенный скальпами. Над алтарем возвышается статуя Голода с лицом, скрытым вуалью; множество Кабанов, Свиноматок и Молочных Поросят, увенчанных листьями чертополоха, клевера и дуба, восседают на ступенях храма и вокруг алтаря» [Shelley 1881, 2: 277].

[47] См. увлекательное исследование о свиньях в литературе «Символическая свинья: Антология свиней в литературе и искусстве» [Sillar, Meyler, Holt 1931].

[48] Как пишет Саймон Карлински, «в отличие от более невинных собак или лошадей, свиньи у Гоголя являются спутниками секса и насилия, и их рыла, как у Рабле, способны копаться в мусоре или исследовать человеческие гениталии» [Karlinsky 1976: 89].

соединяющие людей в непрерывное, недробимое целое» [Лотман 1992: 434]. Закручивание сюжета «Сорочинской ярмарки» сопровождается диссеминацией привезенных на ярмарку товаров, в том числе животных. Когда на ярмарке появляется черт со свиной личиной, ищущий пропавший рукав своей свитки, привычная конструкция торговец — товар переворачивается с ног на голову. Свинья должна быть товаром, но по странному гоголевскому рынку она разгуливает словно покупатель или купец. У Гоголя предметы, животные и люди меняются друг с другом местами, срастаясь «в одно огромное чудовище» [Гоголь 1937–1952, 1: 115].

Гоголевские свиньи, как и одежда его героев, тоже служат масками, скрывающими более важные темы, неразличимые в творящемся хаосе. За этим хаосом может таиться подлинная трагедия. Как писал Набоков: «Поток “неуместных” подробностей (таких, как невозмутимое допущение, что “взрослые поросята” обычно случаются в частных домах) производит гипнотическое действие, так что почти упускаешь из виду одну простую вещь (и в этом-то вся красота финального аккорда)» [Набоков 1997, 1: 509]. В «Повести о том, как поссорился Иван Иванович с Иваном Никифоровичем» конфликт между героями привел к тому, что «бурая свинья вбежала в комнату и схватила, к удивлению присутствовавших, не пирог или хлебную корку, но прошение Ивана Никифоровича, которое лежало на конце стола, перевесившись листами вниз» [Гоголь 1937–1952, 2: 255]. Неожиданное вмешательство свиньи во всей полноте демонстрирует творимый обоими помещиками хаос — хаос, за которым стоит трагическая история об утерянной дружбе. Юмор — это утешительный приз для тех, кто утратил невинность. В этой повести встречается одно из редких упоминаний Гоголем вертепа. Иван Иванович завороженно смотрит на то, как во дворе Ивана Никифоровича баба развешивает на веревке старый мундир и шпагу:

Все, мешаясь вместе, составляло для Ивана Ивановича очень занимательное зрелище, между тем как лучи солнца, охватывая местами синий или зеленый рукав, красный обшлаг или часть золотой парчи, или играя на шпажном шпице, делали его чем-то необыкновенным, похожим на тот вертеп, который развозят по хуторам кочующие пройдохи. Особливо когда толпа народа, тесно сдвинувшись, глядит на царя Ирода в золотой короне или на Антона, ведущего козу; за вертепом визжит скрыпка; цыган бренчит руками по губам своим вместо барабана, а солнце заходит, и свежий холод южной ночи незаметно прижимается сильнее к свежим плечам и грудям полных хуторянок [Гоголь 1937–1952, 2: 229].

Лучи солнца, падающие на предметы одежды Ивана Никифоровича, создают зрелище, выполняющее ту же роль, что и волшебный коммерческий пейзаж в Сорочинцах. Оно превращает происходящее в спектакль, перенося героя (и читателя) в пространство эстетики.

Выбрав в качестве своих героев архетипических персонажей вертепного театра, Гоголь не просто продолжает украинскую литературную традицию, но, как и Дягилев после него, создает единое пространство, в котором стерта граница между сценой и зрительным залом. Атмосфера Сорочинской ярмарки и две рассказываемые Гоголем истории, наслоенные одна на другую, затягивают читателя в водоворот этой повести. Здесь вспоминаются обращенные в зал слова городничего, когда он узнает, что Хлестаков не был настоящим ревизором: «Ничего не вижу. Вижу какие-то свиные рыла, вместо лиц; а больше ничего». И через несколько строчек: «Чему смеетесь? над собою смеетесь!»[49] [Гоголь 1937–1952, 4: 93–94]. В «Ревизоре» свиньи, которые хватают важные документы, пугают на ярмарке крестьян и евреев и чьи рыла являются самыми нахальными из всех гоголевских носов, предстают не актерами, а зрителями в зале.

Мода на все украинское

В 1820-е и 1830-е годы в петербургских литературных кругах много спорили о *народности* — национальном самосознании. Пушкин писал, что «народность в писателе есть достоинство, которое вполне может быть оценено одними соотечественниками — для других оно или не существует, или даже может показаться

---

49 См. также разбор этой сцены у Вячеслава Иванова [Иванов 1987: 393].

пороком» [Пушкин 1977–1979, 7: 28]. Однако Гоголь, писавший по-русски с вкраплениями украинизмов — достаточно заметных, чтобы вызвать к себе интерес, но не слишком частых, чтобы представлять угрозу для литературного канона империи, — выгодно использовал эту моду на народность. В это время в Петербурге зародилась идея воспринимать Малороссию как специфическое, но в некотором роде идиллическое этническое дополнение к высокой великорусской культуре. Поэтому для Гоголя, желавшего преуспеть на ниве русской литературы, оказалось вполне естественным познакомить своих читателей со вкусом украинской культуры, которую он сам впитал с молоком матери. Гоголь позиционировал себя как актера / рассказчика на сельском представлении. Как пишет Ричард Грегг, в первые свои годы пребывания в Петербурге Гоголь подчеркивал свое украинское происхождение с помощью прически, основу которой составлял казацкий хохол (по мнению Грегга, созвучие этого слова и фамилии писателя было частью задуманного эффекта). Знаменитое шекспировское каре, с которым теперь ассоциируется Гоголь, появилось уже позднее[50].

Исследователи творчества писателя, сравнивая праздничную атмосферу «Вечеров...» и «Миргорода», действие которых происходит на Украине, и более мрачный тон последующих произведений Гоголя, объясняли эту разницу симпатиями автора ко всему украинскому. Гоголевский юг воспринимался как нечто более теплое, счастливое и целостное, чем русский север[51], как лучшая версия «бесцветной» Великороссии[52], как альтернатива

---

[50] Грегг пишет: «Период подъема (и последующего падения) чуба пришелся на те годы, когда Гоголь стал величайшим из живших русских писателей» [Gregg 2004: 64].

[51] Роберт Магуайр предполагает, что для Гоголя «"юг" символизировал собой движение, тепло, цельность и жизнь, в то время как "север" означал неподвижность, холод, раздробленность и смерть» [Maguire 1994: 285].

[52] В. Д. Денисов утверждает, что Украина была противоядием, в котором нуждалась бесцветная русская культура. «По Гоголю, в образовании козацкой страны важнейшую роль сыграл географический фактор... Эти места были оставлены народом, он "столплялся" на однообразно-мрачных болотистых русских равнинах и здесь начал смешиваться с "народами финскими", становясь "бесцветен", как сама природа» [Денисов 2000: 48].

колониалистской атмосфере царской России. «Русифицируя
своих казаков, — пишет Эдита Бояновская, — Гоголь одновременно с этим украинизировал саму идею России. По мнению
Гоголя, Украина, как колыбель и сокровищница славянской цивилизации, могла обратить Россию к ее славянским корням, став
таким образом противоядием от излишнего сближения с Запа-
дом — столь вредного для едва только зародившейся национальной культуры» [Bojanowska 2007: 371]. Действительно, украинские
мотивы в творчестве Гоголя очень важны, и многое говорит о его
«двоедушии» и нелюбви к укоренившейся в Петербурге моде на
западничество. Однако такой прямолинейный «национальный»
подход к творчеству Гоголя не будет учитывать важнейший пласт
этого творчества — иронию: гиперболический украинский пейзаж
Гоголя представляет собой главным образом метафорический
театр, и происходящее в нем действо выходит далеко за границы
Российской империи.

Никогда не уделяя особого внимания исторической точности
(и будучи, судя по всему, плохим историком), Гоголь с успехом
для себя использовал культурную карту мира, существовавшую
на тот момент в умах его читателей: карту, согласно которой
Украина была территорией простоты и невинности, а Россия
была испорчена цивилизацией и культурой европейского Просвещения[53]. В то время как Т. Г. Шевченко и Н. И. Костомаров

---

[53] Хотя Гоголь долгое время лелеял планы стать историком, преподавал историю в Петербурге с 1831 по 1834 год и мечтал написать историю Украины,
из воспоминаний о его лекциях становится очевидно, что его познания
в истории были, мягко говоря, несовершенны. Лаврин пишет, что «он игнорировал все эпохи истории человечества, кроме Средних веков и живо-
писной истории казачества своей родной Украины. Греков и римлян для
него просто не существовало» [Lavrin 1973: 55;]. Тургенев, который начал
публиковаться еще студентом, рисует такую картину Гоголя-преподавателя:
«...я был одним из его слушателей в 1835 году, когда он преподавал (!) историю, в С.-Петербургском университете. Это преподавание, правду сказать,
происходило оригинальным образом. Во-первых, Гоголь из трех лекций
непременно пропускал две; во-вторых, даже когда он появлялся на кафед-
ре, — он не говорил, а шептал что-то весьма несвязное, показывал нам ма-
ленькие гравюры на стали, изображавшие виды Палестины и других вос-

боролись за языковую и географическую независимость Украины, Гоголь для разговора со своими читателями на метафорическом уровне использовал сложившуюся дихотомию, в которой сельская Украина символизировала чистоту славянской души, а склоняющиеся к Западу жители столицы империи — загнивающий материализм. Любя Украину, Гоголь при этом использовал ее идеализированный географический образ как метафору утраченной культурной невинности.

Гоголь пытался передать самобытность Украины настолько достоверно, насколько возможно, по крайней мере в качестве живописного фона для своих историй. В его «Книге всякой всячины» встречается множество слов, фактов и преданий, взятых из «Записок о Малороссии» Я. М. Марковича, «Малороссийской деревни» И. Г. Кулжинского и писем матери, в которых она описывала украинскую одежду — от наряда сельского священника до платья невесты. В письме от 30 апреля 1829 года Гоголь пишет матери:

> В следующем письме я ожидаю от вас описания полного наряда сельского дьячка, от верхнего платья до самых сапогов, с поименованием, как это все называлось у самых закоренелых, самых древних, самых наименее переменившихся малороссиян; равным образом названия платья, носимого нашими крестьянскими девками, до последней ленты [Гоголь 1937–1952, 1: 501–502; 10: 141].

Кулиш отмечает, что гоголевские описания свадьбы полны вопиющих неточностей [Кулиш 1861: 79]. Некоторые украинские критики полагают, что Гоголя не слишком заботила украинская культура как таковая; И. Сенько утверждает, что культурные реалии у Гоголя носят аллегорический характер: «Автор "Вечеров на хуторе близ Диканьки" мог рассказать про распад традици-

---

точных стран, и все время ужасно конфузился. Мы все были убеждены (и едва ли мы ошибались), что он ничего не смыслит в истории — и что г. Гоголь-Яновский, наш профессор (он так именовался в расписании лекций), не имеет ничего общего с писателем Гоголем» [Тургенев 1934: 149; Worrall 1982: 188n2].

онного уклада украинской жизни [суспільного життя в Україні] только с помощью эзопова языка, исторических аллюзий и красноречивых хронотопов» [Сенько 2002: 16]. Если бы Гоголь последовал указаниям из писем матери, он мог бы исправить многие ошибки, допущенные им в «Сорочинской ярмарке», вставив, например, в описание свадьбы такие детали, как «дружки», «коровай» и «дівич-вечір»[54]. Эти недочеты, скорее всего, объясняются тем, что Гоголь написал соответствующие куски текста еще до получения писем от матери и не захотел вносить в них изменения [Karpuk 1997: 231]. То, что Гоголь со спокойной душой игнорировал информацию, полученную от матери, означает, что его в большей степени заботило использование в своей поэтике сложившихся архетипов, чем ознакомление читателей с подлинными культурными реалиями Украины[55].

Прибегая к гротеску, Гоголь рассказывает притчи, смысл которых выходит далеко за рамки украинского быта: например, в них можно найти рассуждения и о переменчивости толпы, и о скоротечности жизни. Конечно, национальные и общефилософские мотивы не исключают друг друга, и в гоголевских текстах всегда есть два пласта — злободневный и вечный. Украинские слова, вкрапленные в русский текст, маркируют украинскую идентичность персонажа. Словарь украинских понятий в конце «Вечеров...» подчеркивает национальность рассказчика этого цикла и проводит границу между ним и русскими читателями книги. Кулиш в эпилоге к своему роману «Черная рада» восхищается многообразным языком Гоголя, отмечая, что «Пушкин владел еще не всеми сокровищами русского языка». Именно Гоголь привнес нечто новое в петербургскую литературную среду, потому что «у Гоголя послышалось русскому уху что-то родное

---

[54] Друзья жениха, свадебный каравай, девичник.

[55] Как пишут Роман Коропецкий и Роберт Романчук, «украинский фольклор, публиковавшийся в русских журналах вот уже четверть века, а также возродившийся интерес к полной ярких событий истории этого региона сформировали у русского читателя причудливый набор ассоциаций, относившихся к украинцам — народу одновременно и хорошо знакомому, и экзотичному» [Koropeckyj, Romanchuk 2003: 542–543].

и как бы позабытое от времен детства; что вновь открылся на земле русской источник слова, из которого наши северные писатели давно уже перестали черпать» [Куліш 1969: 483]. Пушкин же в своей рецензии на «Вечера...», написанной в 1831 году, сравнивал Гоголя с Мольером и Филдингом и хвалил его язык, предположив при этом, что не все критики разделят его мнение: «Ради бога, возьмите его сторону, если журналисты, по своему обыкновению, нападут на *неприличие* его выражений, на *дурной тон* и проч.» [Пушкин 1977–1979, 7: 180]. Белинский в статье «Литературный разговор, подслушанный в книжной лавке» передает следующие слова одного из покупателей: «Но воля ваша, а такие слова, как: свинтус, скотовод, подлец, фетюк, чорт знает, нагадить и тому подобные, такие слова видеть в печати как-то странно» [Белинский 1949: 200][56]. Андрей Белый в своей книге о Гоголе, написанной в начале XX века, замечает: «Галлицизмы, полонизмы, украинизмы можно бы собрать в мухоловки: они, как мухи, жужжат из текста» [Белый 1969: 281]. Действительно, по всем гоголевским текстами разбросаны украинские слова, относящиеся к еде, — например, *буряк* (свекла) или *кавун* (арбуз); рынку — *перекупка* (торговка), *пивкопы* (25 копеек) или часто используемое *добре* (хорошо); иногда встречаются и целые предложения на украинском[57]. Смешанный лексикон Гоголя и описываемые им украинские реалии — настоящие и выдуманные — создали причудливую мозаику, некоторые части который были подлинными, а некоторые — очаровательными подделками. То, что в итоге получилось, является не описанием Украины как таковой, а метафорой, передающей недолговечность якобы не затронутого цивилизацией традиционного уклада. Гоголь показывает чи-

---

[56] Впервые опубликовано: [Белинский 1842].

[57] Гоголю лучше удавалось придумывать неологизмы и использовать различные словоформы, неправильные с грамматической точки зрения, в прозе, чем в поэзии. Гиппиус пишет, что во многом из-за этого Гоголь и провалился в качестве поэта: «...иногда появляется смесь русского с украинским, а иногда и просто украинское слово. В общем, восприняв манеру поэтов пушкинской школы, Гоголь подчас способен обнаружить поразительную беспомощность и безвкусие» [Гиппиус 1994: 25].

тателям легко узнаваемую пасторальную идиллию, в которую проникают разрушающие ее внешние силы. Одной из главных особенностей Сорочинской ярмарки является то, что она представляет собой открытое со всех сторон непрочное пространство, легко впускающее в себя чужаков.

События, описанные в «Сорочинской ярмарке», происходят всего за несколько десятилетий до создания этой повести. Однако поскольку рассказчик извлекает воспоминания из глубин своей памяти, то история разверчивается где-то между прозаичным настоящим и идеализированным прошлым: «Такою роскошью блистал один из дней жаркого августа тысячу восемьсот... восемьсот... Да, лет тридцать будет назад тому, когда дорога, верст за десять до местечка Сорочинец, кипела народом, поспешавшим со всех окрестных и дальних хуторов на ярмарку» [Гоголь 1937–1952, 1: 112].

В то время как в литературных кругах Петербурга все больше укрепляется мода на эпические поэмы, Гоголь, помещая действие своих написанных по-русски повестей в украинскую провинцию и используя в эпиграфах цитаты из написанных по-украински произведений своего отца и Котляревского, обозначает тем самым свою связь с иной культурной традицией[58]. Котляревский своей травестийной поэмой высмеивал запоздалые попытки создания русского эпоса, предпринимавшиеся в XVIII веке[59]. Согласно Бахтину, эпос, предметом которого является прошлое, разрушается при столкновении с комическим и живым настоящим: «Смех разрушил эпическую дистанцию; он стал свободно и фамильярно исследовать человека: выворачивать его наизнанку, разоблачать несоответствие между внешностью и нутром, между возможностью и ее реализацией» [Бахтин 1986: 422–423]. Находящиеся где-то на украинской периферии фольклорные Сорочинцы

---

[58] В том же 1829 году, когда Гоголь приступил к написанию «Вечеров...», Н. И. Гнедич опубликовал свой перевод «Илиады», который был высоко оценен современниками, в том числе Пушкиным [Wes 1992: 135].

[59] К ним относятся, например, полные масонских аллюзий эпические поэмы Хераскова [Baehr 1991: 99–113].

и соседние с ними села представляют собой своего рода противовес имперской столице[60]. Украина с ее претензией на историческое первородство, подкрепленной якобы сохранившейся в первозданном виде фольклорной традицией, предстает в виде подлинного славянского «центра», противопоставленного обращенному в сторону Запада Петербургу. В этой парадигме отношений между Великороссией и Украиной Сорочинская ярмарка выступает альтернативной столицей украинских провинций.

Сорочинцы и местность вокруг них могут быть реальными географическими объектами, но как коммерческий пейзаж они лишены какой-либо четкой структуры. Параска ходит с отцом «около возов с мукою и пшеницею», но «ей бы хотелось туда, где под полотняными ятками нарядно развешаны красные ленты, серьги, оловянные, медные кресты и дукаты» [Гоголь 1937–1952, 1: 116]. В обеих частях ярмарки находятся чрезвычайно ненадежные товары, которые легко спрятать и унести. Гоголевский рынок текуч и непостоянен благодаря вещам, которые на нем продаются. Хотя мука на одном конце ярмарки кардинально отличается от лент и украшений в другой ее части, все это предметы, вызывающие желание их потрогать, переложить, перелить, пересыпать. Скот перемещается в пространстве, но и множество неодушевленных предметов у Гоголя тоже (вспомните горы расписанных горшков, которые въезжают в Сорочинцы в начале повести). Ленты — это метонимическое изображение праздничной атмосферы ярмарки и женских желаний. В «Ночи перед Рождеством» Гоголь изображает женщин, которые пришли в церковь, нацепив на себя весь ассортимент рыночной лавки и таким образом проявляя свою страсть к материальным благам даже во время службы, когда все их помыслы должны быть о душе: «Девчата, у которых на головах намотана была целая лавка лент, а на шее

---

[60] Эпические и этнографические литературные тенденции 1820–30-х годов были таковы, что место Петербурга в системе этих координат являлось предметом спора. Вот что писал об этом Лотман: «Как столица, символический центр России, новый Рим — Петербург должен был быть эмблемой страны, ее выражением. Но как резиденция, которой приданы черты анти-Москвы, он мог быть только антитезой России» [Лотман 2004: 333].

монист, крестов и дукатов, старались пробраться еще ближе к иконостасу» [Гоголь 1937–1952, 1: 240]. Такое смешение крестов, монет, частей тела и икон подчеркивает не только изменчивость рынка, но и инфернальную сущность этого места.

Украшения и одежда гоголевских героев являются частью коммерческого пейзажа, который благодаря этому становится еще более переменчивым. Интерес Гоголя к лентам возник во многом благодаря его знакомству с работами украинских этнографов, таких как Я. М. Маркович и А. Ф. Шафонский, который писал, что девушки «в праздники повязывают поверх кос разные ленты... ленты от самой головы до ног висят. Знатные прежде сего золотыми и серебряными сетками и позументами косы обвивали и до ног развешивали» [Шафонский 1851: 34][61]. Костюмы и предметы, фигурирующие в «Сорочинской ярмарке», создают *передвижной пейзаж*, который в менее явной форме появится впоследствии и в других произведениях Гоголя. Так, вездесущие ленты, разбросанные по всему творчеству Гоголя, в какой-то момент вплетутся в «радужных цветов косынку» Чичикова [Гоголь 1937–1952, 6: 9].

Из Сорочинцев на Невский проспект

Гоголевские ярмарки, как и его персонажи, обладают способностью путешествовать на далекие расстояния. Вспомните полет Вакулы верхом на черте в Петербург за черевичками государыни в «Ночи перед Рождеством», Янкеля из «Тараса Бульбы» с его вечно возрождающейся лавкой и Чичикова, разъезжающего в своей бричке в поисках мертвых душ. Подобно тому как на Сорочинскую ярмарку контрабандой проносятся потусторонние предметы вроде чертовой свитки, украинские товары из соро-

---

[61] См. также книги Марковича и Ригельмана. Карпук полагает, что Ригельман, собиравший украинский фольклор в 1785–1786 годах, мог быть одним из источников Гоголя в том, что касалось женских причесок [Karpuk 1997: 224; Маркович 1798; Ригельман 1847].

чинских лавок также проникают на рынки российской столицы. Такой рынок обнаруживается даже в сердце Санкт-Петербурга, центра высокой культуры[62]. Утренние посетители Невского проспекта вполне уместно смотрелись бы на украинской ярмарке, да и предметы, возникающие в этом описании, тоже похожи на вещи из украинских повестей Гоголя:

> Русский мужик говорит о гривне или о семи грошах меди, старики и старухи размахивают руками или говорят сами с собою, иногда с довольно разительными жестами, но никто их не слушает и не смеется над ними, выключая только разве мальчишек в пестрядевых халатах, с пустыми штофами или готовыми сапогами в руках, бегущих молниями по Невскому проспекту [Гоголь 1937–1952, 3: 11].

Слова, которыми здесь обозначаются деньги — гривны и гроши, — имеют украинское и польское происхождение; это провинциализмы, которые, как полагает рассказчик, могли бы показаться смешными, если бы украинские реалии не проникли уже так глубоко в жизнь имперской столицы[63]. Пестрядевые халаты мальчишек — это предметы провинциального быта, добравшиеся до Петербурга. Невский проспект, хоть он и является замощенной камнем улицей, обладает всеми характеристиками гигантской передвижной ярмарки[64]. С течением време-

---

[62] Как пишет Виктор Эрлих, «если в "Повести о том, как поссорился Иван Иванович с Иваном Никифоровичем" пространственной метафорой гоголевской картины мира является украинская глухомань с ее смертной тоской, то в "Невском проспекте" и "Записках сумасшедшего" такая же безысходность свойственна уже столичной ярмарке тщеславия» [Erlich 1969: 75].

[63] Подробнее об истории русских и украинских денег см. у Вернадского и Прозоровского [Vernadsky 1973: 121–123; Прозоровский 1865].

[64] Гоголевские истории, происходящие на Невском проспекте, передают страх города перед толпой, вызывающий в памяти известное высказывание Элиаса Канетти о том, что «разрушение изваяний — это отрицание иерархий, которые отныне не признаются» [Канетти 1997: 24]. Мощь необузданной толпы пугает столицу империи, угрожая уничтожить ее культуру и цивилизацию. Как писал Лотман, в XIX веке возник страх перед непонятным языком. «Так, отставной гусарский поручик князь П. Максудов доносил властям

ни изменяется и состав прохожих: в полдень на Невский выходят гувернеры и гувернантки, а между двумя и тремя там появляются изысканные господа, чьи костюмы, профили и прически описываются набором восторженных прилагательных, с помощью которых торговцы обычно расхваливают свой товар: «Один показывает щегольской сюртук с лучшим бобром, другой — греческий прекрасный нос, третий несет превосходные бакенбарды...» [Гоголь 1937–1952, 3: 13]. Петербург Гоголя полон звуков и продуктов, которые мы встречаем и в «Сорочинской ярмарке». Совсем рядом с «чисто подметенными тротуарами» и «запахами гуляния» находятся лавки с рыбой, вишней и арбузами.

В гоголевском тексте предметы живут собственной жизнью, «словно бакенбарды, усы, талии, дамские рукава, улыбки и так далее прогуливаются по Невскому проспекту сами по себе» [Манн 2005: 123]. Неодушевленные предметы буквально бросают вызов своим хозяевам, показывая, что и они тоже способны к духовному совершенствованию. Литературный критик и исследователь творчества Гоголя Ю. В. Манн, указывая на борьбу между христианским началом и материальным миром, справедливо замечает, что коммерческий пейзаж Гоголя — даже в Петербурге — является сценой, на которой повседневные феномены материального мира вторгаются в ноуменальный мир духа [Манн 2005: 124]. Однако Гоголь, хоть он и высмеивает дьячков с их земными прегрешениями едва ли не чаще, чем ростовщиков, постоянно обращается в мыслях к Богу.

В начале 1830-х годов далеко не одного Гоголя волновали такие темы, как деньги, география и идеи Просвещения. После войны с Наполеоном Россия пыталась восстановить контроль над собственной экономикой. В своем сочинении 1833 года Бестужев-Марлинский пишет о том, что рынок переполнен историческими сувенирами. По его мнению, в эпоху романтизма сама история стала товаром:

в январе 1826 г., что подслушал на Невском проспекте "подозрительный разговор по-французски". Не понимая, о чем идет речь, он записал русскими буквами бессмысленный набор слов. В этой статье Лотман ссылается на Л. Н. Толстого [Лотман 2002: 333; Толстой 1978–1985, 2: 195–198].

Она толкает вас локтями на прогулке, втирается между вами и дамой вашей в котильон. «Барин, барин! — кричит вам гостинодворский сиделец, — купите шапку-эриванку». «Не прикажете ли скроить вам сюртук по-варшавски?» — спрашивает портной. Скачет лошадь — это Веллингтон. Взглядываете на вывеску — Кутузов манит вас в гостиницу, возбуждая вместе народную гордость и аппетит. Берете щепотку табаку — он куплен с молотка после Карла Х. Запечатываете письмо — сургуч императора Франца. Вонзаете вилку в сладкий пирог и — его имя Наполеон! [Бестужев-Марлинский 1958: 559–612][65].

Петербург Гоголя отражает то, как писатель воспринимал свою эпоху с ее мешаниной языков и валют, пугающими рынками, деньгами и чуждой материальной культурой, вторгающейся с Запада. Он вел подробную таблицу, в которую записывал наименования иностранных валют и их курс в рублях и копейках [Гоголь 2001: 134–146]. Материальная культура несет угрозу гоголевским героям как в цивилизованном Петербурге, так и в пасторальных Сорочинцах. Опасность исходит не от крестьян в запачканных известью сапогах, а от чужаков — городских жителей и купцов, которые стремятся продать в Петербурге и Сорочинцах иностранный товар, и от бесконечного потока самого этого товара. В конце концов, тот юноша, который после первой в жизни разгромной рецензии скупил в петербургских книжных лавках все экземпляры напечатанного за свой счет «Ганца Кюхельгартена» и сжег их — чем не сорочинский черт, одержимо ищущий на ярмарке куски своей разрубленной свитки?[66]

---

[65] Льюис Бэгби указывает на то, что в начале 1830-х годов Бестужев-Марлинский создавал романтический стиль, который, после публикации в 1834 году «Морехода Никитина», противопоставлялся гоголевской прозе [Bagby 1995: 292].

[66] Известно, что у Гоголя была фобия, связанная с рынками и товарно-денежными отношениями; все это нашло отражение в его творчестве. Высказывалось предположение, что, когда Гоголь был ребенком, его семья, хотя и принадлежавшая к помещичьему сословию, испытывала трудности в обращении с деньгами. Гиппиус пишет, что Гоголи «в общем с трудом приспособились к замене натурального хозяйства денежным» [Гиппиус 1994: 14].

Евреи и другие чужаки
на гоголевской ярмарке

Гоголь часто использовал в своих произведениях цыган и евреев для того, чтобы связать между собой события, происходящие в разных пластах текста[67]. Жидовка, в ресторации которой заключается помолвка между Грицько и Параской, является нейтральным посредником и потому может стать катализатором, который дает развитие сюжету. Будучи содержательницей кабака, она принадлежит к одной из самых презираемых еврейских профессий, как и «шинковавший на Сорочинской ярмарке» жид из вставной новеллы про черта. Оба этих еврейских торговца играют важную роль в жизни ярмарки и в сюжетах обоих рассказов[68]. Евреи были представителями иной, непонятной религии и потому могли выступать в качестве посредников между миром людей и миром бесов. Шинкарь (наряду с еще одним чужаком — цыганом) оказывается единственным персонажем истории про черта, которому удается с выгодой избавиться от красной свитки. Православные, купившие проклятую вещь, не могли затем ничего продать на ярмарке, и поэтому последнему владельцу пришлось разрубить ее на куски. В «Сорочинской ярмарке» Гоголь, намекая на родство между свиньями, чертями и евреями, предостерегает читателя от греха стяжательства, примером которого и является тот самый шинкарь. То, что он чужак, лишний раз показывает проницаемость коммерческого пейзажа, его неспособность противостоять внешним воздействиям. Еврей по самой природе своей является путешественником, торговцем и поставщиком

---

[67] Как пишет Гавриэль Шапиро, «цыгане появляются только в ранних украинских повестях Гоголя, и их образ всегда выдержан в рамках вертепной традиции» [Shapiro 1993: 52].

[68] Хотя в современном русском языке слово «жид» является оскорбительным, в первой половине XIX века, когда Гоголь писал свои повести, оно не всегда носило негативный смысл. Слово «еврей», лишенное отрицательных коннотаций, получило большее распространение во второй половине XIX века. В украинском языке слово «жид» оставалось нейтральным вплоть до XX века.

иностранных товаров, который вторгается в патриархальный сорочинский мир[69].

Карикатурный еврей Гоголя — это изворотливый торгаш, который вопреки всему ухитряется извлечь выгоду из сделки с чертом и тесно связан со свиньями. В русской и украинской литературе XIX и XX веков евреи часто предстают польскими шпионами. Их язык и мобильность позволяют им выступать посредниками между различными восточноевропейскими народами, но также вызывают к ним всеобщее недоверие[70]. Редкие упоминания евреев в ранних текстах на украинском языке относятся к их коммерческой деятельности. Так, в «Энеиде» Котляревского Эней видит в аду пестрое сборище грешников, среди которых есть и еврейские торговцы:

> Були там купчики проворні,
> Що їздили по ярмаркам,
> І на аршинець на підборний
> Поганий продавали крам.
> Тут всякії були пронози,
> Перекупки і шмаровози,
> Жиди, міняйли, шинькарі... [Котляревський 1969, 1: 119].

> (Все купчики, что с неклейменым
> Аршином, с речью разбитной
> На шумных ярмарках с поклоном
> Сбывали свой товар гнилой;
> Вьюны, пролазы, обиралы,
> Мазилы-пачкуны, менялы,
> Ростовщики и шинкари,
> И те, что сбитень разливали,
> И те, что ветошь продавали,
> Все торгаши и корчмари [Котляревский 1986: 112].)

Евреи, изредка возникающие в тексте поэмы Котляревского (как правило, в стереотипном образе торгашей-стяжателей), служат

---

69 О восприятии евреев как чужаков в казачьем мире см. захватывающую книгу Гэри Розеншильда [Rosenshield 2008: 43–49].

70 Как пишет Джордж Грабович, «даже если они просто посредники, имеющие доступ к обеим сторонам, доверять им нельзя» [Grabowicz 1990: 331].

своего рода приправой к истории с окраины русской империи. То же самое мы видим и у Гоголя.

Шаблонный персонаж-еврей играет важную роль в повести Гоголя «Тарас Бульба», сюжет которой вольно интерпретирует историю одного из восстаний запорожских казаков, случившихся до того, как в 1648 году Богдан Хмельницкий выступил против Речи Посполитой[71]. Многие сцены насилия, описанные в «Тарасе Бульбе», либо происходят на рынках, либо напрямую связаны с меркантильными интересами. Так, казаки устраивают погром, разгневанные тем, что евреи получили в аренду церкви. «Перевешать всю жидову! — раздалось из толпы. — Пусть же не шьют из поповских риз юбок своим жидовкам!» [Гоголь 1937–1952, 2: 78]. «Сыны Израиля», перешивающие церковные ризы на юбки, превращают предметы культа в обычный товар, что абсолютно соответствует стереотипному представлению о евреях-коммерсантах, бытовавшему в украинской культуре. В «Тарасе Бульбе» евреи, хотя и являются презираемым народом, могут, подобно цыгану из «Сорочинской ярмарки», выступать посредниками между протагонистом и его целью. Тарас, пощадив Янкеля, затем неоднократно на него натыкается: тот возникает волшебным образом из ниоткуда, чтобы помочь Тарасу в сложной ситуации (за соответствующую цену). «Проезжая предместье, Тарас Бульба увидел, что жидок его, Янкель, уже разбил какую-то ятку с навесом и продавал кремни, завертки, порох и всякие войсковые снадобья, нужные на дорогу, даже калачи и хлебы» [Гоголь 1937–1952, 2: 82]. Янкель все время удивляет Тараса, неожиданно оказываясь то в одном месте, то в другом. Подъехав к Дубно, «Тарас посмотрел на жида и подивился тому, что он уже успел побывать в городе» [Гоголь 1937–1952, 2: 110]. Когда Тарас навещает Янкеля, чтобы тот помог ему увидеться с его старшим сыном Остапом, «он уже очутился тут арендатором и корчмарем; при-

---

[71] Серия подобных восстаний случилась и при Екатерине II, которая постепенно ограничивала права украинских казаков и крестьян, передавая все больше власти дворянству. Самым известным из них стало восстание под предводительством Емельяна Пугачева в 1770-х годах [Шеин 1902: 150].

брал понемногу всех окружных панов и шляхтичей в свои руки, высосал понемногу почти все деньги и сильно означил свое жидовское присутствие в той стране» [Гоголь 1937–1952, 2: 150]. Переодевшись («для чего платье уже успел припасти дальновидный жид» [Гоголь 1937–1952, 2: 157]), Тарасу удается увидеть казнь Остапа. Янкель с его талантом «уже успеть» всегда и везде обладает властью над пространством и временем. В этой повести он второстепенный персонаж, но благодаря своей способности с легкостью перемещаться из одного места в другое Янкель играет важную роль в развитии сюжета.

Если Тарас Бульба как казак символизирует историю Украины, то Янкель — это фигура, символизирующая рыночную прибыль; по сути, это отрицание истории[72]. Янкель перемещается между разными местами и противоборствующими сторонами, подобно вертепному черту, скачущему с нижнего яруса ящика на верхний и обратно: по сути, это трикстер, для которого, согласно Полу Радину, «не существует ни моральных, ни социальных ценностей; он руководствуется лишь собственными страстями и аппетитами, и, несмотря на это, только благодаря его деяниям все ценности обретают свое настоящее значение»[73]. Именно Янкель сообщает Тарасу, что его сын Андрий влюбился в польку и перешел на сторону врага. Затем Тарас приходит к еврею, чтобы тот помог

---

[72] Фигуру Янкеля, изображенного Гоголем как культурный анахронизм, можно анализировать в рамках теории Гегеля об устаревших стадиях развития общества. Евреи, представляющие устаревшие язык и культуру, больше не являются народом, активно участвующим в гегелевской «всемирной истории» — в данном случае в истории панславянской Российской империи. Как показал Эдвард Саид, националистическая иерархия Гегеля основана на том, что Восток (Orient) в восприятии Запада является антитезой прогресса и отрицанием истории. В повести Гоголя Янкель предстает комическим антигероем, противопоставленным благородному Тарасу [Said 2003].

[73] Радин писал о роли трикстера в устной традиции индейцев Северной Америки. Однако этот архетип существует и в восточноевропейской литературе, особенно если мы говорим о персонажах, взятых из вертепного театра. Как пишет Радин, «многие черты, присущие Трикстеру, запечатлены в фигуре средневекового шута и сохранились вплоть до нашего времени, обнаруживая себя в спектаклях о Панче и Джуди и в клоунаде» [Радин 1999: 7–8].

ему еще раз увидеть Остапа, который был схвачен поляками и приговорен к казни. Профессиональный переговорщик Янкель устраивает это, поговорив на идише с евреями, живущими в польском городе. Любопытно, что если в редакции повести от 1835 года Гоголь делает основной акцент на теме украинской национальной гордости, то в редакции 1842 года он уделяет больше внимания денежной стороне вопроса и тому, как по-разному это воспринимают Тарас и Янкель. В первой версии Тарас, услышав о предательстве Андрия, кричит Янкелю: «Ты путаешь, проклятый Иуда! Не можно, чтобы крещеное дитя продало веру. Если бы он был турок или нечистый жид... Нет, не может он так сделать! ей богу, не может!» [Гоголь 1937–1952, 2: 319–320][74]. Здесь восклицание Тараса — это плач казака, потрясенного изменой народу и вере. В обеих редакциях «Тараса Бульбы» такие украинизмы, как «не можно» (вместо русского «не может быть»), все время напоминают читателю, что действие повести происходит на Украине. В редакции же 1842 года диалог между Тарасом и Янкелем длится значительно дольше, и Гоголь обыгрывает в нем двойной смысл глагола «продать» в зависимости от того, произносит ли его казак или еврей. Тарас спрашивает Янкеля: «Так это выходит, он, по-твоему, продал отчизну и веру?» Янкель на это отвечает: «Я же не говорю этого, чтобы он продавал что: я сказал только, что он перешел к ним» [Гоголь 1937–1952, 2: 112]. Более поздняя версия показывает, что Гоголю особенно важно было заявить о своем негативном отношении к торгашеству и о том, что православные народы должны быть заодно. Все это получило развитие в дальнейшем творчестве Гоголя, где украинские казаки предстают как братья русских внутри единой Российской империи. То, что Тарасу поступок Андрия представляется худшей формой измены, очевидно следует из того, что он сравнивает его с рыночной сделкой. Для Янкеля же, как для любого еврея, пересечение границ и смена отчизны является совершенно естественным процессом. В этот период творчества Гоголя рынок все еще является для него необходимой метафорой, отображающей угро-

---

[74] Редакция 1835 года.

зу, которую внешние силы (в данном случае евреи и поляки-католики) представляют для славянского духа. Гоголевский нарратив теперь охватывает куда более значительную территорию, чем в «Вечерах...», но опасность, грозящая культуре и духовности казаков, по-прежнему связана с утратой ими свободы и независимости.

Демонические покупатели на метафорических рынках

Ранний коммерческий пейзаж Гоголя вместе с составляющими его людьми и товарами служит своего рода лабораторией, в которой писатель изучает последствия Просвещения, нанесшего, по его мнению, вред духовным и культурным традициям русского народа[75]. В своей статье «Просвещение», написанной в 1846 году (изначально это было письмо В. А. Жуковскому), Гоголь выражает сожаление в связи с тем, что значение этого слова было искажено при переводе на русский язык:

> Мы повторяем теперь еще бессмысленно слово «Просвещение». <...> Просветить не значит научить, или наставить, или образовать, или даже осветить, но всего насквозь высветлить человека во всех его силах, а не в одном уме, пронести всю природу его сквозь какой-то очистительный огонь [Гоголь 1937–1952, 8: 285].

Наиболее сомнительные с моральной точки зрения герои Гоголя — это те, кого больше всех завораживают вещи, связанные с Западной Европой в целом и с Францией, колыбелью Просвещения, в частности. В «Мертвых душах», когда речь заходит о мечтах Чичикова, говорится: «Надобно прибавить, что при этом он подумывал еще об особенном сорте французского мыла, сооб-

---

[75] Как показал Ю. В. Манн, Диканька, окруженная не вполне понятно где находящимися хуторами и селами, представляла собой идеальную сцену для этих повестей Гоголя [Манн 2004, 30]. Роберт Магуайр заметил, что тексты Гоголя полны глубокого скептицизма по поводу влияния Просвещения на Россию: «Гоголь переходит от скептицизма к открытому неприятию Просвещения и всех его плодов, в особенности порядка, симметрии и практицизма, которые влекут за собой утрату интуиции, живости, эмоции и веры» [Maguire 1994: 78].

щавшего необыкновенную белизну коже и свежесть щекам» [Гоголь 1937–1952, 6: 234][76]. В повести «Портрет» Чартков, обнаружив в проклятой картине сверток с деньгами, «зашел к ресторану-французу» [Гоголь 1937–1952, 3: 97]. Подверженный внешним воздействиям русский рынок испытывает стойкость духа гоголевских персонажей, и большинство из них проваливают это испытание[77].

Если говорить о женских персонажах у Гоголя, то они легко отвлекаются на всякого рода безделушки. Впрочем, они и сами выступают в роли таких безделушек, отвлекающих внимание персонажей-мужчин. В одной из повестей миргородского цикла, «Вие», бурсак Хома Брут даже в церкви не может изгнать нечистую силу из тела юной девушки. История начинается на рынке (а заканчивается в шинке), и интерес, который главный герой проявляет к различным товарам, выдает слабость его натуры. В начале повести говорится о том, что рыночные торговки боялись задевать философов и богословов, потому что те только брали товар на пробу. А когда дух мертвой панночки убивает Хому, его коллеги сходятся на том, что вокруг них повсюду ведьмы: «Ведь у нас в Киеве все бабы, которые сидят на базаре, — все ведьмы» [Гоголь 1937–1952, 2: 218].

Авторство этой идеи не принадлежит Гоголю. В украинском фольклоре полно историй об обычных с виду женщинах, которые могут превращаться в кошек и других животных[78]. Опасные

---

[76] По поводу этого предложения Мережковский писал: «Европейское просвещение только усиливает сознание русского барина, "просвещенного дворянина" в его вековой противоположности темному народу» [Мережковский 2010: 199].

[77] Петербург с его стройной геометрией и ориентированностью на Запад представляет большую опасность, чем Сорочинцы. Как пишет Магуайр: «Петербург не был русским... однако, не имея подлинной формы, он с большей легкостью мог проникать в любой уголок страны» [Maguire 1994: 80].

[78] Пол Карпук, ссылаясь на украинского фольклориста Маркевича, пишет, что в украинских сказках «ведьм невозможно отличить от простых женщин, но они могут превращаться в любое животное, какое только захотят, — как правило, в кошку, — и у них есть небольшой хвост, которым они умеют "двигать быстро-быстро, словно козел"» [Karpuk 1997: 222].

женщины появляются и в более поздних произведениях Гоголя, например в «Невском проспекте», который является своего рода петербургской версией «Вия». На вытянутом в длину Невском проспекте, являющемся петербургским воплощением рынка, женщины, олицетворяющие собой иллюзорную красоту, несут угрозу и для комического героя — Пирогова, и для трагического — Пискарева. Пирогов следует за женщиной до ее дома, только чтобы оказаться в гротескном царстве ее мужа, немца по фамилии Шиллер. Художник Пискарев же, влюбившись до беспамятства в красивую проститутку, ищет убежища от реальности, погружаясь в наркотические фантазии: опиум становится для него купленной за деньги эстетической заменой собственному искусству. Его самоубийство — это гибель души, отравленной рыночными иллюзиями.

«Портрет», включенный Гоголем в издания «Арабесок», вышедшие в 1835 и 1842 годах, изображает Петербург во всем его архитектурном многообразии: от богатых домов знати до отдаленных уголков Коломны. В этой повести вновь возникают многие темы, поднятые еще в «Сорочинской ярмарке», однако в более буквальной и дидактической форме. Антигероем произведения является художник Чартков, который в раме старого портрета находит сверток с тысячей червонцев. Вознесшись из безвестности к славе, Чартков обретает почитателей, покровителей, учеников и все материальные блага, какими может обладать знаменитый художник. Однако в какой-то момент, увидев картину своего менее известного, но гораздо более искусного товарища, он осознает, что его жизнь и талант были потрачены впустую, после чего тратит все свое состояние на то, чтобы купить и уничтожить все прекрасные произведения искусства, какие только возможно[79]. «Портрет» лишен юмора, отличающего ранние произведения Гоголя, так как это скорее манифест, повествующий о предназначении искусства, а не развлекательное

---

[79] Любопытные параллели между культурой потребления в XIX и XXI веках проводит Гари Штейнгарт в своей переделке «Портрета», написанной после распада Советского Союза [Shteyngart 2002].

чтение, к которому привыкли читатели Гоголя. Гоголь опубликовал две редакции этой повести (в 1835 и 1842 годах), и обе они были резко раскритикованы Белинским. «Да помилуйте, — писал Белинский, — такие детские фантасмагории могли пленять и ужасать людей только в невежественные средние века, а для нас они не занимательны и не страшны, просто — смешны и скучны» [Белинский 1860, 6: 547]. Однако именно благодаря своей простоте и серьезности «Портрет» помогает нам понять, какую именно функцию выполняют рынки и товары в поэтике Гоголя.

Как и в «Сорочинской ярмарке», в «Портрете» есть вставная новелла. Художник, вызвавший у Чарткова зависть, рассказывает с интересом внимающей ему публике историю о том, как его отец однажды написал портрет ростовщика, о котором говорили, что в нем присутствует нечистая сила, и чьи деньги, как свитка сорочинского черта, приносили несчастье тем, кто их от него получал. «Но что страннее всего и что не могло не поразить многих — это была странная судьба всех тех, которые получали от него деньги: все они оканчивали жизнь несчастным образом» [Гоголь 1937–1952, 3: 122]. Портретист, чтобы снять с себя проклятие, постригся в монахи, и после долгих лет, проведенных в монастыре, ему это удалось, в то время как ничего не подозревающий Чартков растратил и свой талант, и деньги, спрятанные в картине.

> Как вспомнил он всю странную его историю, как вспомнил, что некоторым образом он, этот странный портрет, был причиной его превращенья, что денежный клад, полученный им таким чудесным образом, родил в нем все суетные побужденья, погубившие его талант, — почти бешенство готово было ворваться к нему в душу [Гоголь 1937–1952, 3: 114].

Эту историю следует воспринимать как предостережение о темной стороне арт-рынка. Коммерция восторжествовала над вдохновением художника: если искусство может продаваться, оно может и уничтожать.

После всевозможных персонажей, связанных с нечистой силой и рынками, Гоголь наконец создал в «Мертвых душах» совершенный образ демонического покупателя. Чичиков разъезжает по

России, совершая нечестивые сделки, и все помещики, у которых он пытается купить мертвые души, даже если им нечего продать, вовлекаются в процесс торговли, а их земли превращаются во временные ярмарочные лавки. Коробочка, говорящая на смеси русского и украинского, воспринимает происходящее наиболее буквально:

> «Да как же уступить их?»
> «Да так просто. Или, пожалуй, продайте. Я вам за них дам деньги».
> «Да как же, я, право, в толк-то не возьму? Нешто хочешь ты их откапывать из земли?» [Гоголь 1937–1952, 6: 51].

Если души и могут быть объектом купли-продажи, то куда менее привлекательным по сравнению с теми товарами, которые Коробочка обычно продает купцам: «Право, я всё не приберу, как мне быть; лучше я вам пеньку продам» [Гоголь 1937–1952, 6: 54]. Коробочка, фамилия которой многое говорит русскому читателю, в конце концов продает Чичикову нескольких своих мертвых крестьян, после того как он обещает купить у нее и другие товары.

В главе про Плюшкина у Гоголя проскальзывает архетипический образ скупого еврея-торговца: «"А сколько бы вы дали?" — спросил Плюшкин и сам ожидовел; руки его задрожали, как ртуть» [Гоголь 1937–1952, 6: 128]. Поместья, которые посещает Чичиков во время своей одиссеи, образуют коммерческий пейзаж сельской России — огромный, многоголосый и приводимый в движение экономикой. Плюшкин, торгуясь, может «ожидоветь». Коробочка вставляет в русскую речь украинские восклицания. И хотя странствия Чичикова ни разу не заводят его на настоящий рынок, частица рынка присутствует в каждом персонаже «Мертвых душ», и наиболее ярко это представлено в образе Ноздрева.

> Если ему на ярмарке посчастливилось напасть на простака и обыграть его, он накупал кучу всего, что прежде попадалось ему на глаза в лавках: хомутов, курительных свечек, платков для няньки, жеребца, изюму, серебряный рукомойник, голландско-

го холста, крупичатой муки, табаку, пистолетов, селедок, картин, точильный инструмент, горшков, сапогов, фаянсовую посуду — насколько хватало денег [Гоголь 1937–1952, 6: 71–72].

Именно хаотичный Ноздрев в итоге и становится причиной того, что замыслы Чичикова расстраиваются. Ноздрев не просто напоминает нам о ярмарке, он сам *и есть* ярмарка. Список вещей, которые его окружают, превосходит даже перечень товаров, описанных в «Сорочинской ярмарке», и, как и на рынке, они представляют собой набор самых разнородных предметов. Азартный и всегда готовый продать или поставить на кон свое имущество Ноздрев, олицетворяющий собой карнавальный хаос, впоследствии разоблачит Чичикова, рассказав людям о его странных коммерческих планах. Такое срывание маски лишний раз доказывает, что Ноздрев выполняет у Гоголя ту же функцию, что и сама ярмарка: своими проделками и предложениями о сделках он сбивает с толку любого, кто попадает в его орбиту, и в конце концов выставляет на всеобщее обозрение скрытый под внешней благопристойностью хаос[80].

Разъезжая по России и торгуясь с помещиками за их умерших крестьян, Чичиков интересуется тем, включены ли они в ревизскую сказку (подушную перепись). Это каламбур, намекающий нам о творчестве самого Гоголя, особенно о «Ревизоре». Собираемые Чичиковым души, подобно гоголевским персонажам, составляют его собственную «ревизскую сказку». Чичиков со-

---

[80] Гоголь с его виртуальной коллекцией предметов и персонажей предвосхитил Вальтера Беньямина, который в своем труде «Проект аркад» разработал материалистическую феноменологию. Рассуждая о фланере и Бодлере, Беньямин пишет, что «современный герой подобен старьевщику: у него такая же судорожная походка, та же отрешенность, с которой он занимается своими делами, тот же интерес к мусору и отбросам большого города» [Benjamin 1999: 368]. Однако если Гоголь воспринимает материю как антитезу человеческой души, то Беньямин считает, что материальные объекты хранят важные следы истории. Вот что пишет об этом Сьюзен Бак-Морс: «Хотя Беньямин с самого начала отвергал гегелевскую концепцию истории, он был убежден в том, что смысл, заключенный в предметах, включает в себя также и их историю» [Buck-Morss 1991: 13].

ревнуется (с чиновниками, ответственными за проведение переписи, или с Гоголем) за право первым записать на бумагу имя персонажа. Его список крестьянских имен — это не подвергаемое сомнению доказательство того, что он преуспел в накоплении бессмысленного капитала. Сходство между жадностью Чичикова и собственными претензиями на литературное превосходство поставило перед Гоголем неразрешимый парадокс. Собрав в своем романе множество душ, Гоголь, как Чартков, поддался разрушительным импульсам и сжег вторую часть «Мертвых душ» незадолго до того, как слечь в постель и умереть от истощения в 1852 году.

В конце первой части «Мертвых душ» читатели покидают ярмарку так же, как они въезжали на нее в начале «Сорочинской ярмарки»: уносимые лошадьми и в восхищении от увиденных сцен и завораживающего людского круговорота. В отличие от провинциальной украинской ярмарки, на которую отправляются Черевик и Параска, знаменитый отрывок про тройку в финале «Мертвых душ» описывает пейзаж, включающий в себя «всё, что ни есть на земли», и нашими спутниками в этой поездке являются не глиняные горшки, а вся Русь как она есть: «Чудным звоном заливается колокольчик; гремит и становится ветром разорванный в куски воздух; летит мимо всё, что ни есть на земли, и косясь посторониваются и дают ей дорогу другие народы и государства» [Гоголь 1937–1952, 6: 247][81].

---

[81] Вайскопф убедительно показал, что образ тройки взят Гоголем из платоновского «Федра», где утверждается, что в колесницу человеческой души впряжены два коня: белый (благих намерений) и черный (дурных помыслов). «В "Федре" колесницы богов беспрепятственно поднимаются по небесному хребту, созерцая то, что за пределами неба; "зато остальные двигаются с трудом, потому что конь, причастный злу, всей тяжестью тянет к земле и удручает своего возницу, если тот плохо его вырастил" (247b)» [Вайскопф 1995: 106]. Бояновская называет тройку «повозкой, перед которой все народы постараниваются и дают ей дорогу, в то время как в этой триумфальной бричке мчится князь пошлости, посредственности, вульгарности и материализма — Чичиков собственной персоной» [Bojanowska 2007: 265].

Проницаемость гоголевского пейзажа

Как написал в своей книге о Гоголе А. Д. Синявский (Абрам Терц), «художественное произведение сближается с исследованием географа и этнографа» [Терц 1992, 2: 234]. Действительно, в своей статье «Мысли о географии (для детского возраста)», впервые изданной в 1831 году и опубликованной впоследствии в «Арабесках», Гоголь рассуждает о том, что детям стоит преподавать географию постепенно, сначала давая им общее представление о карте мира, а затем рассказывая о природе различных частей и, наконец, о произведениях культуры, созданных человеком. Ребенок должен усвоить и хранить в голове «общий вид земли» и обращаться к карте, как к игральной доске, узнавая новые факты: «Чтобы воспитанник, внимая ему, глядел на место в своей карте и чтобы эта маленькая точка как бы раздвигалась перед ним и вместила бы в себе все те картины, которые он видит в речах преподавателя» [Гоголь 1937–1952, 8: 100]. Хотя Гоголь так и не написал исторического труда об Украине, его размышления о географии очень важны для понимания его творчества. По словам его друга Анненкова, Гоголь говорил, что «для успеха повести и вообще рассказа достаточно, если автор опишет знакомую ему комнату и знакомую улицу» [Анненков 1960: 77]. Для Гоголя важно, чтобы читатель представлял себе местность, о которой он пишет, — не только из-за того, что благодаря этому создается определенный контекст, но и потому, что таким образом очерчиваются границы сотворенной писателем художественной вселенной, а пейзаж, внутри которого происходит действие любого произведения Гоголя, играет ключевую роль в том, какой эффект эта история произведет.

В лирической интерлюдии в начале шестой главы «Мертвых душ» гоголевский нарратор рассказывает о радости, которую он испытывал в юности, подъезжая к новым местам:

> Каменный ли, казенный дом, известной архитектуры с половиною фальшивых окон, один-одинешенек торчавший среди бревенчатой тесаной кучи одноэтажных мещанских, обывательских домиков, круглый ли, правильный купол, весь обитый

листовым белым железом, вознесенный над выбеленною, как снег, новою церковью, рынок ли, франт ли уездный, попавшийся среди города, — ничто не ускользало от свежего, тонкого вниманья, и, высунувши нос из походной телеги своей, я глядел и на невиданный дотоле покрой какого-нибудь сюртука, и на деревянные ящики с гвоздями, с серой, желтевшей вдали, с изюмом и мылом, мелькавшие из дверей овощной лавки вместе с банками высохших московских конфект, глядел и на шедшего в стороне пехотного офицера, занесенного бог знает из какой губернии, на уездную скуку, и на купца, мелькнувшего в сибирке на беговых дрожках, и уносился мысленно за ними в бедную жизнь их [Гоголь 1937–1952, 6: 110].

В этом описании мы видим самые важные детали гоголевского пейзажа. Рынок расположен рядом с церковью. Также тут присутствуют франт, товары (изюм и мыло) и «невиданный дотоле покрой какого-нибудь сюртука», существующего как бы сам по себе, вне фигуры его обладателя. Рыночные площади и сюртуки с сибирками, замеченные нарратором с телеги в юные годы, напоминают поездку на ярмарку: эти картины «мелькают» мимо походной телеги рассказчика, подобно непостоянному сорочинскому пейзажу. Похоже, что для своих многочисленных историй, действие которых происходит на рынках российской империи, Гоголь собирает и неоднократно использует одни и те же декорации, как Потемкин, который во время путешествия Екатерины II в Крым в 1787 году пытался переделать (внешне) украинские деревни в идеальные городки.

Интерес Гоголя к географии (особенно к географии Украины) в 1830-е годы помогает понять, почему он постоянно начинает свои диканьковские истории с описания природы, а затем постепенно переходит к сделкам и разговорам, случающимся на ярмарках и в селах. В 1835 году Гоголь опубликовал статью, в которой утверждал, что более всего ценит у Пушкина описания природы: «Сочинения Пушкина, где дышит у него русская природа, так же тихи и беспорывны, как русская природа» [Гоголь 1937–1952, 8: 54]. «Беспорывность» — это свойство русской природы, ключевое в «Вечерах...» для внешнего круга действия, являющегося частью проницаемого гоголевского пейзажа. Все, что проникает в пространство гоголевского текста не из физического мира, в котором происходит действие истории, принадлежит к «миру вне опыта».

Воз Черевика, приближаясь к Сорочинской ярмарке, пересекает границу между внешним (природным) кругом и внутренним *ландшафтом*, в котором разворачивается остальное повествование. Гоголь обозначает эту границу, переворачивая пейзаж вверх тормашками и превращая его в пространство вымысла и волшебства:

> Воз с знакомыми нам пассажирами взъехал в это время на мост, и река во всей красоте и величии, как цельное стекло, раскинулась перед ними. Небо, зеленые и синие леса, люди, возы с горшками, мельницы — всё опрокинулось, стояло и ходило вверх ногами, не падая в голубую прекрасную бездну [Гоголь 1937–1952, 1: 113–114].

Перевернутое отражение в воде напоминает нам о «Чистилище» Данте, где предметом повествования становится отраженное изображение реальности, а не сам отражаемый пейзаж. «Суди, читатель, как мой ум блуждал, / Когда предмет стоял неизменный, / А в отраженье облик изменял» («Pensa, Lettor, s io mi maravigliava, / Quando vedea la cosa in se star queta, / E nell'idolo suo si trasmutava») [Данте 1967: 298]. Собеседница обращается к Данте «у священного потока» («di là dal fiume sacro») [Данте 1967: 295][82], и отражение в воде начинает жить своей жизнью. Так же и воз Черевика въезжает уже не на обычную ярмарку, а в отражение ярмарки, в котором все «стояло и ходило вверх ногами»[83]. В «Вечерах...» Гоголь постоянно использует эпитет «чудный», и это перекликается с дантовским *maravigliava* (удивлялся) в описании перевернутого мира, имеющим один корень со словом

---

[82] «Чистилище», песнь 31, с. 1, 124–126.

[83] Эта инверсия позволяет нам понять, как устроено художественное пространство, названное Виктором Эрлихом попросту «перевернутым вверх дном миром украинских повестей Гоголя, в котором может произойти — и происходит — все что угодно» [Erlich 1969: 30].

meraviglia (чудо)[84]. Белый в связи с этим замечает, что, хотя слова «чудный» и «странный» эквивалентны друг другу, конкретно в «Вечерах...» Гоголь делает выбор в пользу «чудного», а не «странного», хотя последнее прилагательное в русском языке является более употребительным: «в "Веч[ерах]" чаще эпитет чудный; в бытовых повестях вместо него эпитет странный» [Белый 1969: 206]. Слово «чудный» вызывает ассоциации с идеализированным миром, миром, полным радостных чудес, но также и с таинственным измерением, где царят обман и черная магия[85]. Гоголь также использует этот эпитет в описании реки в «Страшной мести»: «Казалось, с тихим звоном разливался чудный свет по всем углам, и вдруг пропал, и стала тьма. Слышался только шум, будто ветер в тихий час вечера наигрывал, кружась по водному зеркалу, нагибая еще ниже в воду серебряные ивы» [Гоголь 1937–1952, 1: 257].

Большинство критиков сходятся на том, что «Страшная месть» отличается от остальных «Вечеров...» отсутствием в ней карнавально-фольклорной атмосферы, присущей другим украинским повестям Гоголя; это более серьезный текст, полный библейских аллегорий. Читатель только в самом конце узнает, почему всех героев «Страшной мести» ждал такой ужасный конец: все дело оказывается в давней семейной тайне: один брат предал другого и тем самым навлек на своих потомков ужасное проклятие[86]. «Страшная месть» обнажила трещину, пролегшую сквозь вертепный мир Гоголя. Для того чтобы ужасные события этой повести приобрели смысл, автору приходится расширить рамки повествования. Такая же трещина присутствует, пусть и в менее явном виде, и в «Сорочинской ярмарке».

---

84 О влиянии Данте на творчество Гоголя см. Асояна, а также Гриффитса и Рабиновича [Асоян 1986; Griffiths, Rabinowitz 1994].

85 Возможно, Гоголь так часто это использует этот эпитет, потому что он созвучен украинскому слову «чужий» (чужой).

86 По мнению Дональда Фэнгера, финал этой повести, в котором выясняется, что все дело было в семейном проклятии, не соответствует столь сложно построенному тексту. «Это показывает, что история, рассказываемая Гоголем, начала жить собственной жизнью» [Fanger 1979: 238].

Хотя «Вечера...» слишком часто воспринимаются исследователями Гоголя как произведения незрелые и недостойные пристального внимания, именно этот цикл позволил Гоголю создать то, что Джон Коппер назвал «эстетикой непостижимого»[87]. Гоголь, внезапно открывая читателю новые географические пространства, находящиеся вне описываемого им пейзажа, побеждает тем самым кантовскую дихотомию феноменального (здесь и сейчас) и ноуменального (невидимого и неосязаемого) миров. Коппер пишет, что в «Страшной мести» «становится видимым то, что лежит за горизонтом: "...вдруг стало видимо далеко во все концы света"» [Kopper 2002: 46–47]. К концу повести из ее текста исчезают какие-либо упоминания о воде и ее целебных (и отражающих) свойствах[88]. В «Страшной мести» ноуменальному миру — миру вне нашего опыта — уделяется гораздо больше внимания, чем во всех других повестях «Вечеров...»[89].

В «Сорочинской ярмарке» существование ноуменального мира только подразумевается. «Мир вне нашего опыта» предстает лишь отражением обычных предметов из обычного мира. После того как воз Черевика пересекает реку, Сорочинскую ярмарку стоит воспринимать как не более чем искаженный образ, отразившийся в реке. В то время как внешний круг гоголевского пейзажа переворачивается вверх дном в речном отражении, его внутренний круг поворачивается вокруг своей оси («Не правда ли, не те ли самые чувства мгновенно обхватят вас в вихре сель-

---

[87] «В "Вечерах на хуторе близ Диканьки"... тщательно разграничены сферы естественного и сверхъестественного поведения; там, где эти сферы пересекаются, и создается сюжет» [Kopper 2002: 41].

[88] Как пишет Роберт Магуайр, «в последней главе "Страшной мести", где слепой бандурист рассказывает подоплеку всей истории, нет ни единого упоминания о воде; он описывает *nature morte* — мертвый горный пейзаж. Здесь нет источника жизни» [Maguire 1994: 12].

[89] В роли окна в «мир вне опыта» гоголевские «Вечера...» очень напоминают театр из «Червя-победителя» Эдгара Аллана По, где зрители-ангелы с ужасом взирают на то, как на сцене человеческие жизни пожираются чем-то огромным и непредвиденным: «Что "Человек" — названье драмы / Что "Червь" — ее герой!» (пер. В. Я. Брюсова) [По 1995: 142]. Я благодарю Афшан Усман, которая обратила мое внимание на это сходство.

ской ярмарки» [Гоголь 1937–1952, 1: 115]). Эта крутящаяся в вихре ярмарка вместе со своими постоянно перемещающимися в пространстве людьми и товарами представляет собой фуколдианскую гетеротопию — пространство, которое «может помещать в одном реальном месте несколько пространств, несколько местоположений, которые сами по себе несовместимы» [Фуко 2006: 199]. Гоголевские Сорочинцы, реальные и утопичные одновременно, представляют собой своего рода призму, отражаясь в которой реальность предстает перед читателем в самых разных перспективах.

Такая смена перспективы происходит и на последних страницах повести, где читателю напоминают, что праздничная атмосфера ярмарки недолговечна и потому иллюзорна. Параска сидит одна в хате — то задумчивая, то веселая, то радостная — и думает о Грицько: «как чудно горят его черные очи! как любо говорит он: *Парасю, голубко!* как пристала к нему белая свитка!» [Гоголь 1937–1952, 1: 134]. В гоголевской семиотической системе это упоминание свитки маркирует темный элемент девичьих грез Параски. Свитки, в конце концов, могут быть украдены и разрублены на куски; белая одежда может испачкаться (особенно если ее носит юноша, любящий кидаться грязью). Чувство Параски к Грицько поверхностно, оно слишком тесно связано с ярмаркой. Как писал Анри Бергсон, «то же психологическое наблюдение, которое открыло нам различие между материей и духом, делает нас свидетелями их соединения» [Бергсон 1999: 595]. Отсутствие у Гоголя в этой сцене описания традиционных атрибутов украинской свадьбы, возможно, связано с тем, что он поленился детально изучить эту тему, однако все это хорошо соответствует перевернутому и хаотичному пространству повести. Все внимание Параски поглощено нарядными вещами, которые она видит на ярмарке; суета карнавала захватывает ее, и ей уже нет дела до традиций и принятых ритуалов. Она забыла о ноуменальном мире ради осязаемого счастья здесь и сейчас.

В своих ранних заметках о природе гоголевского смеха Бахтин писал, что у Гоголя в основе смешного лежит страшное: «Школа кошмаров и ужасов. Смешные страшилища у Гоголя. Чума и смех

у Бокаччо. Смешные страшилища в "Сорочинской ярмарке"»
[Бахтин 1996, 5: 47][90]. Эти смешные страшилища потом станут
частыми гостями гоголевских текстов. Зло в «Сорочинской ярмарке» комично и аллегорично, там никого не убивают и никто
не умирает от холода или опиума, и все же в финале повести
время начинает нестись пугающе быстро. Параска мечтает о том,
как станет замужней женщиной и ей больше не придется подчи-
няться своей мачехе: «Скорее песок взойдет на камне и дуб
погнется в воду, как верба, нежели я нагнусь перед тобою! Да
я и позабыла... дай примерить очипок, хоть мачехин, как-то он
мне придется!» [Гоголь 1937–1952, 1: 134].

Образ согнувшегося дерева и Параски, вынужденной скло-
няться перед Хиврей, напоминает о сцене на реке в начале повести: «Нагнувшиеся от тяжести плодов широкие ветви черешен,
слив, яблонь, груш; небо, его чистое зеркало — река в зеленых,
гордо поднятых рамах...» [Гоголь 1937–1952, 1: 111–112].

Поток сознания Параски, синекдохически связанный с началом
повести, побуждает ее склониться к собственному зеркалу: «Тут
встала она, держа в руках зеркальце, и, наклонясь к нему головою,
трепетно шла по хате, как будто бы опасаясь упасть, видя под
собою вместо полу потолок с накладенными под ним досками,
с которых низринулся недавно попович, и полки, уставленные
горшками» [Гоголь 1937–1952, 1: 134].

Таким образом история еще раз отражается во втором зеркале,
и, подобно Алисе, возвращающейся из Зазеркалья, читатель
должен из вихря ярмарки вернуться в реальность, в которой
время умчалось далеко вперед. Когда воз Параски впервые отра-
зился в реке, она была юной девушкой. Во втором отражении
незадолго до собственной свадьбы она уже носит головной убор

---

[90] В 1965 году, когда Бахтин опубликовал свой труд о Рабле, он уже отошел от
идей Бергсона (чья философия давным-давно была под запретом с СССР)
и перестал писать о Гоголе. Мы можем только гадать, было ли это вызвано
политическими или идейными соображениями. Бахтин подчеркивал, что
его работы о природе смеха расходятся с теориями Бергсона, который, как
он пишет, выдвигал «в смехе преимущественно его отрицательные функции»
[Бахтин 1990: 83].

своей мачехи. Черевик видит свою дочь, танцующую перед зеркалом, и, не устояв, присоединяется к ней: «...выступил он вперед и пустился в присядку, позабыв про все дела свои» [Гоголь 1937–1952, 1: 135]. Затем Черевик прервал танец, а Параска «вспыхнула ярче алой ленты, повязывавшей ее голову» [Гоголь 1937–1952, 1: 135]. Лента Параски, как будто срезанная Гоголем с рукава чертовой свитки, выглядит здесь зловещим предзнаменованием, связывающим судьбу девушки с участью ее мачехи, которую, как вы помните, Грицько при первой встрече приветствовал следующим образом: «А вот впереди и дьявол сидит!» [Гоголь 1937–1952, 1: 114].

Эта свадьба является не столько праздником любви, которую испытывают друг к другу молодые люди, сколько внушающим страх смешением различных ярмарочных персонажей. При звуках скрипки все «обратилось... к единству и перешло в согласие», включая вставших между новобрачными старушек, «на ветхих лицах которых веяло равнодушием могилы» [Гоголь 1937–1952, 1: 135]. Конец «Сорочинской ярмарки» напоминает финал вертепного представления, в котором все куклы пускаются в пляс. Однако рассказчик мгновенно расширяет рамки повествования, включая в него невидимого дотоле кукольника: «Беспечные! даже без детской радости, без искры сочувствия, которых один хмель только, как механик своего безжизненного автомата, заставляет делать что-то подобное человеческому, они тихо покачивали охмелевшими головами, подплясывая за веселящимся народом, не обращая даже глаз на молодую чету»[91] [Гоголь 1937–1952, 1: 135–136]. Бергсон напоминает нам о том, что для создания комедии «надо представить себе, что видимая свобода прикрывает собою веревочки и что мы здесь, как говорит поэт, "...жалкие марионетки, нить от которых в руках необходи-

---

[91] Стоит отметить, что Данте тоже завершает свою «Божественную комедию» сценой праздника. О. Э. Мандельштам в «Разговоре о Данте» писал: «В третьей части "Комедии" ("Paradiso") я вижу настоящий кинетический балет. Здесь всевозможные виды световых фигур и плясок, вплоть до пристукиванья свадебных каблучков» [Мандельштам 1990, 2: 266].

мости"»[92] [Бергсон 1999: 1328]. С появлением марионеточных и вызывающих ассоциации со смертью старух (о которых ранее не говорилось ни слова) свадьба, а с ней вместе и вся ярмарка превращается в то место, где осязаемый мир запахов, звуков и вещей пересекается с таинственным миром, находящимся вне нашей реальности. Люди, двигающиеся как автоматы, приравниваются к ярмарочным декорациям; это усиливает комический эффект и прозрачно намекает на то, что никакой свободой этот с виду кипучий рынок не обладает и всем здесь управляет какое-то скрытое от наших глаз божество.

Протестует только один человек — мачеха Хивря (которую Параска уже начинает напоминать хотя бы тем, что примеряет на себя ее очипок). Черевик заставляет свою жену замолчать: «что сделано, то сделано; я переменять не люблю!» [Гоголь 1937–1952, 1: 135]. После этих слов течение времени ускоряется и ярмарка исчезает: «Смычок умирал, слабея и теряя неясные звуки в пустоте воздуха» [Гоголь 1937–1952, 1: 136]. Доведя историю до развязки в духе вертепного театра — с танцами и музыкой, — гоголевский рассказчик вдруг покидает нас, оборвав повествование на минорной ноте: «Не так ли и радость, прекрасная и непостоянная гостья, улетает от нас, и напрасно одинокий звук думает выразить веселье?.. Скучно оставленному! И тяжело и грустно становится сердцу, и нечем помочь ему» [Гоголь 1937–1952, 1: 136].

Тонкая грань разделяет торжество материи и пустоту человеческой души, когда ярмарка закрывается. Порадовав читателей описанием ярмарки и всех ее чудес, рассказчик неожиданно показывает им пустоту, открывающуюся, когда праздник подходит к концу. Бренность и фальшь Сорочинской ярмарки проступает во всех произведениях Гоголя, начиная с фальшивого ревизора и заканчивая фальшивыми крестьянами Чичикова в «Мертвых душах»: ничто не вечно. Подобно рынку и всем его товарам, все в жизни обречено на исчезновение; останется только то, чего мы не можем ни увидеть, ни потрогать.

---

[92] Бергсон цитирует здесь Сюлли-Прюдома.

Глава 3

Балкон Апеллеса: Квитка-Основьяненко и критики (1833–1843)

Апеллес... выставлял на балконе законченные произведения на обозрение прохожим, а сам, скрываясь за картиной, слушал отмечаемые недостатки, считая народ более внимательным судьей, чем он. И рассказывают, когда какой-то сапожник, порицавший его за то, что на одной сандалии с внутренней стороны сделал меньше петель, а на следующий день этот же сапожник, гордясь исправлением, сделанным благодаря его вчерашнему замечанию, стал насмехаться по поводу голени, он в негодовании выглянул и крикнул, чтобы сапожник не судил выше сандалий.

Плиний Старший. Естественная история
(Плиний 1994: 95)

В написанной по мотивам этого рассказа Плиния украинской повести Г. Ф. Квитки-Основьяненко в роли Апеллеса выступает художник Кузьма Трофимович, выставляющий свою картину на сельской ярмарке. В «Солдатском портрете» («Салдацький патрет», 1833) сапожник, обнаруживший неточность в изображении сапога, позже возвращается к картине и критикует то, как художник нарисовал рукав. На что Кузьма, высунувшись из-за картины, практически дословно повторяет слова Апеллеса: «Сапожник, суди о сапогах, а в портняжничестве разбирать не суйся!» («Швець знай своє шевство, а у кравецтво не мішайся!») [Квітка 1968, 3: 23]. В XIX веке все больше украинских авторов стали писать книги не на русском, официальном языке империи, а на родном украинском языке, но, как и греческому художнику Апеллесу, им приходилось постоянно бороться с суровыми критиками своего творчества, которые более чем охотно переступали границы собственной компетентности.

Одновременно с тем, как в русской читательской среде росла популярность Гоголя, происходило и возрождение украинской национальной культуры — причем как в восточной, Левобережной Украине, так и в западной, Правобережной[1]. Учение Гердера о народном духе, которое колоссальным образом повлияло на философскую мысль начала XIX века, привело не только к тому, что экспортированные Гоголем родные пейзажи так понравились русским читателям, имевшим весьма туманное представление об украинском быте и людях, проживавших в этих местах. Эти идеи также вызвали у образованной части населения Российской империи интерес к литературе на украинском языке[2]. По мнению В. Л. Скуратовского, сам украинский язык «с его певучим фольклором стал ключевым художественным средством, вызвавшим грандиозное лирическое преображение украинской литературы» [Скуратівський 1996: 12].

Отцом так называемой новой украинской литературы обычно признают И. П. Котляревского, полтавского дворянина, чью травестийную поэму «Энеида» Гоголь цитировал в эпиграфах к своим «Вечерам...». Еще одним кандидатом на эту роль является Т. Г. Шевченко — романтический поэт, художник и национальный символ Украины[3]. Григорий Квитка-Основьяненко (1778–

---

[1] К Правобережной Украине относились территории, отошедшие России сравнительно недавно, после второго раздела Польши в 1793 году. Как писал Пол Магочий, «представление о самостоятельной украинской нации, которая имеет право на независимое государство, возникла не позднее начала XIX века, когда в Центральной и Восточной Европе наступил так называемый период национального пробуждения» [Magosci 2002: ix–x].

[2] Согласно Юрию Луцкому, современный украинский литературный язык появился на свет благодаря Котляревскому, Квитке и Шевченко [Luckyj 1983: 17].

[3] Грабович пишет о Шевченко: «Хотя у многих народов место национального героя отдано писателю, нигде это лидерство не является столь же безоговорочным и единодушным, как в случае с Шевченко» [Grabowicz 1982: 1]. Екельчик отмечает, что культ Шевченко усилился в советский период: «По большому счету, советские идеологи и интеллектуалы сохранили пантеон

1843), хотя он и признается многими критиками первым украинским прозаиком, считается более спорной фигурой в качестве претендента на роль отца современной украинской литературы, потому что художественные достоинства его произведений нередко ставят под сомнение, да и сам он никогда не был до конца своим (в политическом или культурном плане) ни для украинцев, ни для русских. То, что Квитка недостаточно жестко выступал за украинскую культурную автономию, раздражало многих украинских критиков, которые превыше всего ценили борьбу с культурной гегемонией России. Что же касается русских критиков, то, хотя некоторые из них воспринимали его как самобытного украинского автора, стремящегося к установлению добрых отношений с Россией, другие обвиняли Квитку в том, что он пишет для черни. В отличие от Гоголя, весьма вольно обходившегося с украинским реалиями ради создания интересной истории, Квитка всегда был точен в деталях, и для него этнографическая скрупулезность была важнее эстетики. Как писал Н. Ф. Сумцов: «По словам харьковских старожилов, Квитку часто можно было встретить на базаре в воскресные и праздничные дни, где он прогуливался и подмечал тонкие оттенки народных нравов и выражений» [Сумцов 1893: 193]. Описания украинских рынков в изобилии встречаются и в русских, и в украинских произведениях Квитки. Для него коммерческий пейзаж являлся как достоверным источником знаний о быте и речи Украины, так и аллегорией, олицетворяющей восприятие украинской литературы критиками в XIX веке. Ярче всего это проиллюстрировано в «Солдатском портрете».

Квитка-Основьяненко (чаще называемый просто Квиткой или Основьяненко) был на 30 с лишним лет старше Гоголя. Однако поскольку к писательской деятельности он обратился довольно поздно, то с Гоголем они являются литературными современни-

---

национальных классиков, сформированный в среде дореволюционной украинской интеллигенции. В этом пантеоне высшее место принадлежало Шевченко как "отцу нации", а Франко располагался чуть ниже, являясь отцом только для западных украинцев» [Yekelchyk 2004: 109].

ками, безусловно влиявшими друг на друга — как в плане выбора тем для творчества, так и в использовании схожих художественных средств. Квитка родился в селе Основа под Харьковом, а писательством занялся после сорока. Впрочем, и в ранние годы он принимал активное участие в развитии украинской культуры в самых разных ее областях — от религии до театра. В возрасте 23 лет он поступил в Куряжский монастырь, который был своего рода высшим учебным заведением — единственным доступным для украинца, живущего в Харькове [Вербицька 1957: 11–12]. Несмотря на то что через четыре года Квитка ушел из монастыря, он всю жизнь оставался глубоко религиозным человеком и написал большое количество сочинений моралистического содержания. Наивный оптимизм, отличающий его тексты, вызывал отторжение у части читателей, считавших Квитку слишком консервативным автором, не готовым бороться за освобождение Украины от гегемонии России. Свою литературную деятельность он начал с сочинения сатирических зарисовок, пьес и рассказов, написанных на русском языке; также он занимался переводами Горация. Квитка был редактором нескольких русских и украинских журналов, в том числе «Украинского вестника» [Данилевский 1856: 44].

Харьковская губерния, где родился Квитка, изначально называлась Слободской Украиной. В этой области (в 150 километрах от Сорочинцев, родного села Гоголя) находилось несколько монастырей, а в 1805 году здесь был основан Харьковский университет — первое высшее учебное заведение на Украине, где можно было получить светское образование[4]. Ричард Стайтс считает, что Харьков стал культурным центром благодаря своему географическому положению: «Харьков обращен не только к украинским городам и ярмаркам, но и на север: к Курску, Орлу, Туле, Острогожску, Воронежу, Рязани и Тамбову» [Stites 2005: 252]. Как и Котляревский, Квитка очень много занимался укра-

---

[4] Как писал Г. П. Данилевский: «В качестве казацкой колонии, Слободская Украина несла с остальною Малороссией общую судьбу и в отношении первых попыток народного образования» [Данилевский 1866: 287].

инским театром. В Харькове всегда гастролировало много театральных трупп, и в 1812 году, в то самое время, когда Наполеон вторгся в Россию, Квитка участвовал в основании постоянного театра в Харькове и стал его первым директором[5]. До Эмского указа 1876 года, запретившего издавать книги на украинском языке, Харьков был важнейшим центром украинского книгопечатания[6].

В статье к столетию Г. Ф. Квитки, написанной в 1878 году, В. П. Науменко писал, что критики Квитки делились на две группы: «...одни, признавая вполне достоинство его украинских рассказов, считали его переводы и оригинальные русские повести слабыми; другие, также признавая в нем талант, и главным образом в украинских повестях, сожалели, что он не пишет на русском языке» [Науменко 1988: 85]. Критики А. Н. Пыпин и В. Д. Спасович без лишних сложностей отсортировали читателей Квитки по национальному признаку: «Русским читателям повести Основьяненко казались вообще чувствительными идиллиями, его женские народные характеры слишком идеализированными, рассказ манерным и болтливым, но его соотечественники до сих пор сохранили о нем то же выгодное мнение, какое произвели повести Основьяненко при своем первом появлении» [Пыпин, Спасович 1865: 223].

Такая точка зрения с некоторыми вариациями продержалась и до нашего времени. Иван Франко и Дмитрий Чижевский относились к Квитке как к писателю, который хотя и сыграл важную роль в становлении национальной культуры, но был слишком консервативен как политический и общественный деятель [Shkandrij 2001: 126]. Более похвально отзывался о Квитке укра-

---

[5]   Стайтс пишет: «В 1840-е годы наряду с Шекспиром, Шиллером, Фонвизиным, Грибоедовым и Гоголем на сцене театра шли и пьесы местных любимых авторов — Котляревского и Квитки, а также французские мелодрамы» [Stites 2005: 252].

[6]   Гэри Маркер отмечает, что при Екатерине II было мало издательств, публиковавших светскую литературу. «Между 1765 и 1784 в провинциях появились еще два издательства: одно при Харьковской семинарии и другое при Полоцкой иезуитской академии» [Marker 1985: 138].

инский критик В. П. Карпов, в 1900 году написавший о своем первом прочтении «Солдатского портрета» и «Козырь-девки» в выражениях, которыми обычно описывают знакомство с картиной: «...по композиции и силе экспрессии они были полны задатков крупного таланта» [Карпов 1900: 401]. Советский критик Д. В. Чалый назвал Квитку-Основьяненко «первым талантливым прозаиком новой украинской литературы» [Білецький 1961, 2: 221]. Находясь в тени Шевченко и Франко — общепризнанных украинских классиков, а также Гоголя с его мировой известностью, Квитка мало интересовал литературоведов вне Украины. Однако канадский ученый Мирослав Шкандрий в 2001 году предположил, что Квитка сыграл в становлении украинского национального самосознания фундаментальную, хотя и пассивную роль. Шкандрий ссылается на А. Ф. Шамрая, который «относился к Квитке, как Маркс к Бальзаку — "реакционному монархисту, писавшему лучше, чем кто бы то ни было". Согласно этой концепции, Квитка, наряду с другими украинскими лоялистами, действовал во благо украинского освободительного движения, даже не вполне сознавая направления, которое это движение приобретало» [Shkandrij 2001: 127; Шамрай 1928, 1: iii–viii].

В упреках, которые Квитка адресовал своим русским критикам, зачастую звучала неприкрытая личная обида. Так, в письме к издателям журнала «Русский вестник» его интонация напоминает не столько Гоголя, сколько, скорее, Акакия Акакиевича, несчастного протагониста гоголевской «Шинели»: «Хоть что бы ни писали против моих сочинений, я — ни слова: трудно заставить других мыслить сходно с нами. Но при сей верной оказии, имею честь покорнейше просить особу автора оставить в покое»[7]. Д. В. Чалый, анализируя это обращение Квитки к своим критикам, вспоминает слова очень скромно одетого молодого человека из «Театрального разъезда» Гоголя: «Они, право, народ наш считают глупее бревна — глупым до такой степени, что будто уж он не в силах отличить, который пирог с мясом, а который с кашей»

---

7   Г. Ф. Квитка-Основьяненко. Письмо к издателям «Русского Вестника». Цит. по: [Білецький 1961, 2: 213–217].

[Чалий 1962: 110–111; Гоголь 1937–1952, 5: 147]. Впрочем, в своих отношениях с критиками Квитка не был столь уж наивен[8]. Будучи автором, пишущим и по-украински, и по-русски, который стремился, чтобы к нему относились серьезно, он болезненно осознавал свою роль торговца на русском литературном рынке. И действительно: в текстах Квитки, описывающих украинский коммерческий пейзаж, сквозной темой являются сложные взаимоотношения между художником и его критиками.

Говоря о появлении Квитки на украинской литературной сцене, следует прежде всего упомянуть три его ранних произведения: сентиментальную повесть «Маруся», юмористическую повесть «Солдатский портрет», а также «Прошение к пану издателю» («Супліка до пана іздателя») — пародийное «извинение», фактически являющееся манифестом в защиту украинской литературы. Первые три текста Квитки, написанные на украинском языке, были опубликованы всего через два года после «Сорочинской ярмарки», поэтому его претензии к критикам необходимо рассматривать в контексте того грандиозного успеха, который имели в литературной среде намного более популярные и намного менее точные с этнографической точки зрения произведения Гоголя. Оба писателя читали друг друга и заимствовали друг у друга. Квитка, который продолжал писать и по-русски, и по-украински вплоть до своей смерти в 1843 году, вероятно, поместил персонажей «Солдатского портрета» (1833) на ярмарку, находясь под впечатлением от успеха «Сорочинской ярмарки» Гоголя. Действие других его произведений тоже часто происходит на фоне коммерческого пейзажа — например, написанная на украинском повесть «Перекати-поле» («Перекотиполе», 1834) и русскоязычная новелла «Ярмарка».

---

[8] Шкандрий ссылается здесь на Зерова, утверждая, что тот «в статье от 1929 года, пересмотрев свою прежнюю нелестную оценку Квитки, призывает более вдумчиво относиться к "наивным простым словам", обращенным к Плетневу: "За ними стоит целая тактика, множество хорошо продуманных мыслей о собственном творчестве, его сильных сторонах и недостатках"» [Shkandrij 2001: 130; Зеров 1929: 38].

Между травестией и сказом

Если Котляревский привнес классическую травестию в украинскую поэзию, то Квитка стал первым, кто обратился к этому жанру в прозе. Что же представляет собой травестия по-украински? «Котляревщина» (термин, который ввел в широкое обращение украинский литературовед Н. К. Зеров в первой трети XX века) — это возникшая после Котляревского в украинской литературной среде мода помещать классические сюжеты в комический сельский пейзаж[9]. Джордж Грабович, развивая идеи Зерова и Ефремова, указывает на то, что Котляревский с помощью языковых средств создал уникальный литературный пейзаж: «Одним словом, *котляревщина* создает магическое пространство, элиотовский "объективный коррелят" идеальной общности, и является реальным предвестником того, что в XX веке стало называться государством слова» [Grabowicz 2003: 220, 226]. Травестия с давних пор использовалась для того, чтобы бросить вызов официальной культуре. Барочная мода на пародирование Вергилия берет начало с поэмы Скаррона «Вергилий наизнанку» (1648–1649), которая, хоть и не была первым произведением в травестийном жанре, быстро приобрела популярность во всей Европе. Как писал Жерар Женетт: «Поэма Скаррона мгновенно прославила ее автора и тут же вызвала волну подражаний, чего и следовало ожидать — особенно в то время, когда успех ценился выше оригинальности или, говоря иными словами, дорога к успеху необязательно требовала демонстрации оригинальности» [Genette 1997: 56–57].

Поэма Котляревского тоже не была первым бурлеском в России: в 1790-е годы была опубликована травестийная «Энеида» Осипова, дописанная впоследствии Котельницким [Осипов 1791–1794]. «Энеида» Котляревского, созданная между 1794 и 1820 годом, имела ту особенность, что в ней звучал культурно

---

[9] Зеров, в свою очередь, опирался на работы С. А. Ефремова [Зеров 1977: 28; Ефремов 1972]. Котляревский (1769–1838) жил в Полтаве недалеко от родового имения Гоголя.

маркированный просторечный язык, на котором говорил простой народ, лишенный политических и экономических прав. Благодаря Котляревскому у зарождающейся украинской литературы появился канонический текст: комический, контркультурный, богатый деталями из украинского быта и вместе с тем вписывающий Украину в восходящую к Вергилию классическую традицию; ведь «Энеида» — это эпос о рождении нации.

Первые три части «Энеиды» Котляревского были изданы в Петербурге в 1798 году и сразу обрели популярность как среди украинцев, так и у русских читателей, которые восприняли поэму как забавную этнографическую диковинку. Текст Котляревского представлял собой не просто пародию на классический сюжет — он впервые зафиксировал на бумаге богатство украинского языка и многочисленные детали украинского быта. В свою очередь, украинская речь и бытовые сценки выглядели особенно комично на фоне величественных классических декораций. В сцене, где Эней спускается в ад, Котляревский описывает толпу грешников, собранную словно из гоголевских архетипов: там есть и еврейские купцы, и философы-пустословы, и нерадивые служители культа. Вот как ведут себя грешные души, ожидающие переправы через Стикс:

> На ярмарку як слобожани
> Або на красному торгу
> До риби товпляться миряни, —
> Було на сьому так лугу.
> Душа товкала душу в боки
> І скреготали, мов сороки;
> Той пхавсь, той сунувсь, інший ліз.
> Всі м'ялися, перебирались,
> Кричали, спорили і рвались,
> І всяк хотів, його щоб віз... [Котляревський 1989б, 56: 60].

> (Как в день осенний слобожане
> На ярмарке иль на торгу,
> У ряда рыбного миряне,
> Так возле речки на лугу
> Душа толкала душу в боки

И стрекотала, как сороки,
Кричали, лаялись до слез,
Друг дружку тискали, совались,
Пихались, лезли, надрывались,
Чтоб дед скорее перевез

(пер. В. Потаповой [Котляревский 1986: 106]).

Грешники Вергилия в переложении Котляревского предстают хаотичной толпой, их механические телодвижения копируют поведение людей на украинской сельской ярмарке. Грубоватая пародия на классические вергилиевские строки символизирует здесь триумф материального мира над сакральной традицией: именно такое лишение привычной формы ее содержания, согласно Бергсону, и создает комический эффект: «Едва только мы отвлечемся от высокой цели данного торжества или данной церемонии, как все участники начинают производить на нас впечатление движущихся марионеток. Их движения сообразованы с неподвижной формулой. Это и есть автоматизм» [Бергсон 1999: 1307]. Данная сцена из «Энеиды» очень много говорит об украинской ярмарке и очень мало о загробной жизни[10]. Именно смех, вызванный тем, что Бергсон называет автоматизмом, и является чертой, объединяющий Квитку с Гоголем и Котляревским; во всяком случае, такое определение мне кажется более точным, чем несколько пренебрежительное слово «котляревщина».

Литературный язык Котляревского цветист и театрален. Котляревский был директором Полтавского театра и написал, помимо «Энеиды», несколько пользовавшихся успехом пьес, самой известной из которых является «Наталка-Полтавка». Такие выражения, как «на красному торгу» или «всі м'ялися, перебиралися», доносили до образованной двуязычной аудитории разговорную речь улиц. Говорили, что в молодости Котляревский, работая домашним учителем в сельских помещичьих семьях, тайком занимался этнографическими исследованиями. В предисловии к сборнику

---

[10] Любопытно, что в гоголевской котляревщине нарочитое отсутствие свадебной церемонии как раз намекает на загробную жизнь.

1908 года Юлиан Романчук писал: «Он внимательно наблюдал за тем, как живет народ, и часто одевался в крестьянскую одежду и ходил на вечерницы и посиделки» [Котляревський, Артемовський-Гулак, Гребінка 1908: 8–9]. С. П. Стеблин-Каменский добавляет к этому следующее воспоминание:

> В этот период жизни своей, по словам современников, бывал он на сходбищах и играх простолюдинов и сам переодетый участвовал в них, прилежно вслушивался и записывал слова малороссийского наречия, изучая таким образом язык и наблюдая нравы, обычаи, поверья и предания украинцев [Стеблин-Каменский 1883][11].

Зеров называл ранние произведения Квитки-Основьяненко «травестией в прозе», так как они сочетали в себе классические сюжеты, гиперболические описания украинской сельской жизни и котляревщину [Зеров 2003: 67]. В нарочито самоуничижительном «Прошении к пану издателю», предваряющем первые повести Квитки, написанные на украинском, автор на самом деле защищает свое право писать на родном языке: «Так что же будем делать? Не поймут по-нашему, и ворчат на наши книги: "Это что-то по-чухонски. Зачем печатать, когда никто не 'понимает'"» («*Ета нєшто па-чухонські. Зачим печатать, кагда ніхто не "розуміє"*») [Квітка 1924: 9].

Если псевдонародное предисловие Рудого Панька подготавливает читателя к погружению в фольклорное пространство «Вечеров...», то «Прошение...» Квитки является приглашением в мир его украинской прозы. Этот шаг требовал немалой смелости, и когда Квитка с сарказмом пишет «зачем печатать, когда никто не "понимает"», он не только обращается к своим основным читателям (а это не завсегдатаи петербургских литературных салонов) и противникам (ревнителям гомогенной русской литературы), но и заявляет о своей главной цели: изменить сложившееся положение вещей, представив читающей публике тексты об Украине, написанные по-украински.

---

[11]   Цит по: [Білецький 1961, 2: 134].

Одним из главных противников Квитки был В. Г. Белинский, корифей русской литературной критики XIX века, который одно время выступал защитником национальных литератур, но впоследствии стал их непримиримым врагом. Белинский с глубоким недоверием относился к проекту создания украинской литературы, и его сочинения, посвященные украинской поэзии, являются типичным примером литературного империализма. Процитируем один из таких текстов:

> Поэзия есть идеализирование действительной жизни: чью же жизнь будут идеализировать наши малороссийские поэты? — Высшего общества Малороссии? Но жизнь этого общества переросла малороссийский язык, оставшийся в устах одного простого народа, — и это общество выражает свои чувства и понятия не на малороссийском, а на русском и даже французском языках. И какая разница, в этом случае, между малороссийским наречием и русским языком! Русский романист может вывести в своем романе людей всех сословий и каждого заставит говорить своим языком: образованного человека языком образованных людей, купца по-купечески, солдата по-солдатски, мужика по-мужицки. А малороссийское наречие одно и то же для всех сословий — крестьянское. Поэтому наши малороссийские литераторы и поэты пишут повести всегда из простого быта и знакомят нас только с *Марусями, Одарками, Прокипали, Кандзюбами, Стецьками* и тому подобными особами. <...> Мужицкая жизнь сама по себе мало интересна для образованного человека: следственно, нужно много таланта, чтоб идеализировать ее до поэзии. Это дело какого-нибудь Гоголя, который в малороссийском быте умел найти общее и человеческое <...>. Какая глубокая мысль в этом факте, что Гоголь, страстно любя Малороссию, все-таки стал писать по-русски, а не по-малороссийски! [Белинский 1953, 5: 177–178][12].

Белинский, разумеется, рассуждает с позиции русского читателя, не беря в расчет растущее число грамотных украинцев, заинтересованных в чтении книг на своем родном языке. В литературных салонах Петербурга «Энеида» Котляревского це-

---

[12] См. анализ этой статьи Белинского у Юрия Луцкого [Luckyj 1971: 53].

нилась как экзотическая диковинка, но, в отличие от травестийной поэмы Котляревского и гоголевских «Вечеров...», написанных по-русски и стилизованных под простую украинскую речь, украиноязычные повести Квитки — это истории про реальных украинцев и для них[13]. Несомненно, для того чтобы найти собственный голос, Квитка нуждался как в коммерческом пейзаже Гоголя, так и в языке Котляревского. Мало того, с учетом уровня грамотности среди украинских крестьян и печальной ситуации с книгопечатанием на Украине Квитка сознавал, что его читателями будут в основном городские жители[14]. Опыт, приобретенный писателем в журналистике и театральном деле, безусловно, помог ему добиться успеха у его целевой аудитории — посетителей украинской ярмарки. Особенно популярными оказались его сентиментальные повести, в первую очередь «Маруся».

«Маруся» — это повесть о молодых влюбленных: классической чернобровой героине и красивом, но бедном сироте Василе. Рассказ об их любви, чувстве вины (из-за добрачного секса) и смерти сопровождается живым описанием сцен украинского быта. Эта повесть не подверглась цензуре, хотя в ней присутствует и политическая повестка: Василя забирают в рекруты, Маруся заболевает, дожидаясь его, и умирает прежде, чем он успевает вернуться из армии. Василь уходит в монастырь и скоро тоже умирает. За сентиментальным занавесом, наброшенным Квиткой на этот текст, скрывается политическое заявление об

---

[13] Сулима-Блохин утверждала, что Квитка следовал Котляревскому не в том, что изображал живописные бурлескные сценки, а в повторении вслед за своим предшественником «вульгаризованного риторического вопроса и восклицания» и использовании «вульгарных оборотов» [Сулима-Блохин 1969: 52].

[14] Маркер пишет, что «в начале 1780-х годов почти все печатные станки, имевшиеся в провинции, принадлежали украинским монастырям, поэтому вся остальная Россия была отдана на откуп московским и петербургским издательствам; в этой ситуации провинциальный читатель зависел от доброй воли книготорговцев с их архаичной и зачастую фактически отсутствующей системой распространения. В результате у читателей часто не оставалось никакой другой возможности, кроме как переписывать книги вручную» [Marker 1985: 138].

украинской бесправности, которое не ускользает от внимания читателя[15].

Написанная скорее в сентиментальном, чем в фольклорном жанре «Маруся» лишена каких бы то ни было следов котляревщины или травестии. Соответственно, там практически отсутствуют сцены на рынке, за исключением одной-единственной, где Маруся встречает Василя и от полноты своего чувства начинает запинаться: «Только и надо купить матери... огниво на трубку... а отцу красных... ниток... для вышивания платков... да говядины на Петров пост» (*«тільки й треба купити матері... кресало на люльку... а батькові... ниток красних... на мережки до хусток... та яловичини... на петрівку»*) [Квітка 1982: 62]. Разумеется, хотя Квітка и воздерживается от использования комических архетипов «Энеиды» Котляревского или «Вечеров...» Гоголя, его повесть со всеми ее описаниями украинского быта и традиций была полна гипербол, характерных для сентиментализма. Так, Маруся, как и гоголевская Параска, является идеальной украинской красавицей:

> Высокая, пряменькая, как стрелочка, черноволосая, глазки, как терновые ягодки, черные брови, как на шнурочку, личиком румяная, как роза, что в панских садах цветет, носик себе пряменький с небольшим горбиком, а губки, как цветочки расцветают, а между ними зубки, точно как жерновки, как одна, на ниточке снизаны [Квітка 1982: 46][16].

Детали, которыми Квітка украшает свое, в общем-то, шаблонное описание, относятся к повседневному украинскому быту. Так, рассказывая о том, во что Маруся была одета, он словно продает свой текст специфической группе читателей —

---

[15] Роман Коропецкий убедительно показал, что в «Марусе» ключевую роль играет фигура отца, будь то Наум Дрот, отец Маруси, или Бог в монастыре Василя, осуждающий греховную связь Маруси и Василя. Этот образ отца, по мнению Коропецкого, является аллюзией на Россию с ее властью над Украиной [Koropeckyj 2002].

[16] Здесь и далее цит. по: Квітка-Основьяненко Г. Малороссийская проза. М.: Фолио, 2017.

женщинам, которые часто бывают на украинских рынках и знают толк в ягодах, розах, жемчуге и хороших тканях: «Рубашка на ней всегда беленькая, тоненькая, сама пряла и пышные рукава сама вышивала красными нитками. Плахта (род юбки) на ней картатская, полосатая, еще материнская приданая, теперь уже таких и не делают» [Квітка 1982: 46].

Квитка утверждал, что проверял реакцию обывателей на свою повесть, читая «Марусю» вслух торговцам на рынке. В письме от 4 октября 1839 года к своему другу и коллеге П. А. Плетневу он писал:

> Видя своих Марусь, читаемых нашими добрыми земляками за прилавками при продаже перцу, табаку и проч., читаемых по хатам, в кругу семейств в городе и селениях, имев депутацию с благодарностью, что пишу по-нашему... я рассудил написать для этого класса людей что-нибудь назидательное [Вербицька 1957: 77][17].

Заботясь о собственной репутации «человека из народа», Квитка балансировал на тонкой грани между конформизмом и социальным протестом[18]. Из-за своей назидательности Квитка казался его украинским современникам слишком консервативным, а правительству — безвредным. Однако в своих прозаических текстах, написанных по-украински, Квитка намекает читателю на то, что к власти стоит приглядеться получше. Внимательный читатель «Солдатского портрета» заметит, что то, что с виду похоже на страшного русского солдата, на самом деле может оказаться искусно выполненной подделкой.

---

[17] В энциклопедической статье 1885 года о Квитке было сказано так: «Квитка имел благотворное влияние на читателей в смысле развития у них гуманного чувства» [Брокгауз и Ефрон 1895: 881].

[18] Как пишет Вербицкая: «Ориентируясь на этого нового читателя, Квитка стал больше писать по-украински и использовать в своем творчестве фольклор, однако одновременно с этим он избегал изображать острые социальные конфликты, чтобы не спровоцировать демократическую революцию против царя и его сторонников» [Вербицька 1957: 77].

Ревностный судья

«Солдатский портрет: Латинская побасенка, по-нашему рассказанная» («Салдацький патрет; Латинська побрехенька, по-нашо-
му розказана») был впервые напечатан в харьковском журнале
«Утренняя звезда» в 1833 году и, как и «Энеида» Котляревского,
представляет собой перенос классического сюжета на украинскую
почву. Главный герой повести — художник Кузьма Трофимович,
который так искусен, что может изобразить любой объект как
живой *(живісінько)*:

> Бывало, что завидит, что подсмотрит, сразу с того портрет
> и откатнет: хоть будь это ведро или свинья, так словно настоящее
> оно и есть... Посвистишь и замолчишь от удивления *(тільки
> посвистиш та й годі)*. Да еще бывало, намалюет, примером
> сказать, сливу, да и подпишет — он же был грамотный. — «Это
> не арбуз, а слива». Знаете, чтоб всякой отгадал, что оно есть так
> точно так и есть, настоящая, словно живая слива *(а слива, так
> таки точнісінько слива)* [Квітка 1968, 3: 7].

Упоминание о сливе вызывает ассоциации с еще одним ан-
тичным сюжетом: на этот раз с историей о Зевксисе, который,
по словам Плиния, состязался с Паррасием в том, кто из них
лучший художник. Зевксис изобразил виноград столь удачно,
что «на сцену стали прилетать птицы» (XXXV, xxxxi, 66) [Плиний
1994: 91]. Как и Зевксис, Кузьма славится реализмом своих
картин, вводящих в заблуждение тех, кто на них смотрит. Однако, в отличие от его античного предшественника, его задача
заключается не в приманивании птиц. Напротив, по заказу одного пана он должен написать портрет, который будет этих птиц
отпугивать.

> Услышал о нем какой-то пан, большой охотник до огорода; так
> вот видите, беда ему: что б он ни посеет, то воробьи в лето все
> и выклюют. Вот он и позвал нашего Кузьму Трофимовича, чтоб
> намалевал ему солдата, да чтоб так списал, чтоб был бы словно
> живой, чтоб боялись его все воробьи *(як живий був, щоб і гороб-
> ці боялися)* [Квітка 1968, 3: 9].

Кузьма, желая, чтобы его картина была так реалистична, что смогла бы обмануть не только птиц, но и людей, привозит портрет солдата на ярмарку в Липцы, большое село в 30 верстах от Харькова[19]. Художник прячется за картиной и слушает, как прохожие реагируют на его солдата. Нарисованный солдат успешно пугает и злит торговцев и привлекает женщин. Обманутым оказывается и сапожник: только узнав, что перед ним картина, а не живой человек, он замечает неточность в изображении сапога. Коммерческий пейзаж, как его показывает Квитка, — это место, где коллективная мудрость народа в итоге позволяет отличить истину от подделки. Но это также и место, где художник рискует нарваться на несправедливую критику. Действительно, у повести Квитки нетрудно найти еще один античный источник: басню Эзопа «Мом и боги», в которой Зевс, Посейдон и Афина поручают Мому оценить сотворенных ими человека, быка и дом. Мом, нашедший изъяны во всех этих творениях, является классическим примером ревностного судьи [Сулима-Блохин 1969: 40].

Квитка, который в своем «Прошении к пану издателю» пытался предвосхитить критику в собственный адрес, позднее утверждал, что «Солдатский портрет» тоже был адресован его критикам. В письме к издателям «Русского вестника» он писал: «Чтобы доказать одному неверующему, что на малороссийском языке можно писать нежное, трогательное, я написал "Марусю"; просили напечатать ее. Чтобы остановить рецензентов толковать о незнакомом для них, я написал "Солдатский портрет"» [Квітка 1968, 8: 96]. Заявление Квитки, что «Маруся» была создана как доказательство того, что «на малороссийском языке можно писать нежное, трогательное», означает, что он пытался найти нового читателя, которому был бы интересен новый литературный язык. «Солдатский портрет», однако, не только отображает отношение Квитки к литературной критике, но и демонстрирует художественный метод писателя.

---

[19] В 1903 году в Липцах жило 5000 человек. Там было несколько постоянных торговых рядов и раз в год проводилась ярмарка [Семенов 1903: 250].

Одной из первых к портрету подходит торговка бубликами (бублейница). Она почтительно просит солдата прогнать обосновавшегося поблизости москаля с гречишниками (пирогами из гречневой крупы). Когда солдат не отвечает, она пытается подкупить его бубликами:

> Возьмите, ваше благородие! Пожалуйте; дома пригодится (*Кете, озміть, ваше благородіє! Пожалуйте, дома здасться*). Солдат — ни пары с уст, хотя и бублики перед ним. Как же рассмотрела наша Явдоха, что это обман, что это не живой солдат, а только его персона... сгорела от стыда, покраснела как рак, да скорее, не оглядываясь, бежала от него, пихнула бублики в свою коробку и села [Квітка 1968, 3: 14].

Как и в анекдоте про Зевксиса, Явдоха не смогла сразу различить реальность и искусство. Ее попытка подкупить неодушевленный предмет является примером того, что Бергсон называл «механической косностью», которая, как мы видели у Котляревского и Гоголя, уравновешивается смехом: «...эта косность и есть смешное, и смех — кара за нее» [Бергсон 1999: 1291]. То обстоятельство, что солдат остается неподвижен во время всех многочисленных диалогов, которые ведут с ним персонажи повести, создает комический косный центр истории. Его неспособное выражать эмоции «комическое выражение лица это есть выражение, не обещающее нам ничего, кроме того, что оно дает. Это — только гримаса, застывшая гримаса» [Бергсон 1999: 1293]. Безжизненность предмета, будь то мастерски выполненный портрет или несъеденный бублик, выставляет персонажей повести в глупом свете.

По сути вся повесть состоит из сценок, в которых различные посетители ярмарки вступают во взаимодействие с фальшивым солдатом и выставляют себя дураками. В коммерческом пейзаже, являющемся фоном «Солдатского портрета», неодушевленные предметы — главным образом сам портрет — благодаря своей косности (в трактовке Бергсона) создают комический эффект. Почти все, что происходит в повести, мы видим глазами спрятавшегося за портретом художника, а ее сюжет, как и в случае

с «Марусей», кажется, существует лишь для того, чтобы автор
мог рассказать о множестве деталей, относящихся к украинскому
быту. Наименования товаров, описания покупателей, образцы
различных говоров — все это намекает на то, что Квитка соревну-
ется с собственным персонажем, пытаясь создать совершенное
подобие реальности. Его перечисление различных товаров,
увиденных на ярмарке, является виртуозной демонстрацией
описательных возможностей украинского языка и занимает более
страницы текста:

> Тут же, подле нее, продается тертый табак и тютюн курительный
> в папушах; а подле железный товар: подковы, гвоздики, топоры,
> подоски, скобки — и таки всякая железная вещь, какой кому
> нужно. А тут уже пошли лавки с красным товаром для панов:
> стручковатый красный перец на нитках, клюква, изюм, фиги,
> лук, всякие сливы, орехи, мыло, пряники <...>. Дёготь в кадках,
> мазницах; продавались и одни квачи; а подле них бублики,
> пышки *(буханцi)*... [Квiтка 1968, 3: 15].

В этом подробном описании ярмарки Квитка демонстрирует
поэтический потенциал разговорного украинского языка. Зеров
отмечал, что в этом отрывке он использует больше просторечных
слов, чем в остальном тексте. «Квитка разворачивает перед нами
огромную картину украинской ярмарки; тон повествования вы-
бран намеренно разговорным, речь многословна и отчасти эмо-
циональна. Читать это, безусловно, утомительно» [Зеров 2003: 68].
Об утомительности этого чтения стоит поговорить особо. Квитка
использует коммерческий пейзаж для того, чтобы показать красоту и богатство украинского языка, и многие его слова имеют
двойной смысл. Везде, где только можно, используются просторечные и диалектные формы. *Фики* (фиги) превращаются в *хвиги*,
картопли (картофель) в *картохлi*. Передавая эти слова фонетически, в их диалектном произношении, Квитка выражает солидарность со своими коллегами — писателями из Левобережной
Украины, которые протестовали против русификации украинской
орфографии. А. П. Павловский, автор первой грамматики украинского (малороссийского) языка, придерживался тех же идей

о языке, когда писал: «Я намерен все слова малороссийские писать точно теми буквами, какими они там произносятся (в т. числе *i* на месте *о*, *хв* на месте *ф*, *ця* на месте *ца*, *i* на месте *ять*»[20].

Многие из слов, обозначающих бытовые предметы, могут употребляться также в переносном смысле. Так, никчемного крестьянина могли прозвать *мазницей* (горшком для дегтя). Слово *квач* (кисть для смазывания колес) обозначало слабовольного человека. Об очень пьяном человеке можно было сказать *п'яний як квач*. Словом *буханці* в уличной драке обозначаются удары или пощечины. На чисто формальном уровне большинство из вещей на этой ярмарке также могут быть использованы для описания карнавального поведения. Коммерческий пейзаж Квитки описывается с помощью очень богатого глоссария, который можно использовать в куда более широком контексте. М. С. Возняк впоследствии писал, что деловая украинская лексика произошла из языка коммерческого пейзажа: «Речь степенного хозяина соответствует его жизненному опыту, речь писарей и мелких чиновников полна искаженных оборотов русского канцелярского стиля, речь купцов отражает быт рынка и лавки» [Возняк 1946: 93].

Этот завораживающий список слов с двойным смыслом в итоге оказывается заклинанием, превращающим мертвую материю в живое существо, потому что в магическом пространстве ярмарки вдруг возникает шельмоватый доппельгангер солдата на портрете. Этот живой двойник шастает между прилавками и крадет что попалось под руку:

> Как вот где взялся солдат, да уже настоящий солдат и живехонький, вот как мы с вами. Ходит он по базару, подглядывает, подсматривает... И уже один рушничок у зазевавшейся молодич-

---

[20] См. подробнее об этом у Миллера и Остапчук, которые пишут, что большинство украинских текстов, относящихся к началу XIX века, брали за образец орфографию первых изданий Котляревского: «Во-первых, она позволяла сохранить связь с традицией (прежде всего с традицией "общерусской"). Во-вторых, этимологическое правописание позволяло избежать копирования региональной речи» [Миллер, Остапчук 2006: 33].

ки с кучи стянул и в свой карман запаковал, а у чугуевской торговки бумажный платок, так что более рубля стоит, также стянул; отрезал и венок луку с одного воза и тут же все за пол-цены продал — и все так хитро-мудро смастерил, что ни один хозяин не заметил. Ходя по базару, пришел туда, где продают груши; видит, что при мешках одни ребятишки, да и те, разинув рты, зевают на медведей, он положил руку на мешок, никто не видит; потянул к себе, никто не видит; хорошенько положил на плечо, никто не видит... Да не оглядываясь, поплелся куда ему надобно было. Как тут схаменулись хозяева тех груш: видят, что *москаль* без спросу взял полнехонький мешок груш и, словно собственное, тащит себе, крикнули на него и пустились за ним вдогонку [Квітка 1968, 3: 17–18].

Такое превращение нарисованного солдата в живого человека, как и предыдущее превращение солдата в портрет, увиденное глазами Явдохи, служит примером того, что Бергсон называл «преображением личности в вещь», мгновенно вызывающим смех [Бергсон 1999: 1314]. Как и напоминающие марионеток старухи в финале «Сорочинской ярмарки», солдат Квитки в рамках коммерческого пейзажа является одновременно и личностью, и вещью, живым человеком и артефактом. Читатель не сразу понимает, ожил ли портрет работы Кузьмы Трофимовича, или на сцене появился еще один мужчина в мундире. Оба они про-званы *москалями* — словом, которым украинцы уничижительно обозначали русских, особенно солдат[21]. Оба молоды и привле-кательны. Кражи, совершаемые настоящим солдатом, подтвер-ждают, что недоверие, которое торговцы проявляют к портрету, имеет под собой основания. На ярмарке полно народу, но при этом преступления солдата остаются незамеченными. И точно так же нарисованный солдат стоит у всех на виду, и все прини-мают его за живого.

---

[21] Алексей Миллер так объясняет разницу между словами «москаль» в поль-ском и украинском языках: «В отличие от польского *moskal*, обозначавшего всех великороссов, малорусский *москаль* относился только к чиновнику, офицеру и солдату, то есть, к "госслужащим". Наиболее типичной чертой *москаля* в малороссийских поговорках выступает склонность к обману и вообще пройдошливость» [Миллер 2000: 46].

Нарисованный солдат становится уязвим для своих потенциальных критиков, когда юная Домаха, чье имя подразумевает, что она чувствует себя на ярмарке как дома, начинает с ним флиртовать. Ее подружки хотят узнать, чем закончился этот разговор:

> — Что?.. Что такое?.. Что он сказал тебе?.. — обступивши подруги, спрашивают Домаху.
> — Эге? Что сказал? — насилу могла выговорить Домаха. — То не живой солдат, а только его персона (*то не живий салдат, а то його парсуна*) [Квітка 1968, 3: 21].

Если бублейница, подошедшая к портрету в начале истории, так и уходит от него напуганной и пристыженной, то девушка, приблизившаяся к солдату с сексуальными намерениями, сразу же разоблачает обман, после чего ее подруги начинают смотреть на картину по-иному. И только после того, как Домаха своими словами превратила портрет обратно в вещь, на сцене появляется критик.

В этой повести повторяются многие художественные приемы, которые читатели Гоголя особенно ценили в его «Вечерах...». Не только предваряющее «Портрет» «Прошение к пану издателю» очень напоминает гоголевское предисловие к Вечерам...», рассказанное от имени полуграмотного пасечника Рудого Панька, но и раздвоившийся инфернальный *москаль* на ярмарке в Липцах сильно смахивает на сорочинского черта со свиной личиной, который тоже присутствует в количестве двух экземпляров. У «Солдатского портрета» также есть важный общий мотив с «Ночью перед Рождеством», повестью из второй части «Вечеров...». Вакула, главный герой «Ночи», путешествует в Петербург верхом на черте, который помогает ему добыть царские башмачки для красавицы Оксаны. Миссия Вакулы оказывается успешной, но, как указывает Эдита Бояновская, эта странная просьба отвлекает внимание царицы, когда на кону стоят куда более важные вещи. Екатерина II дарит Вакуле пару своих башмачков, но не желает выслушивать жалобу его товарищей-казаков, которые прибыли в Петербург с посольством, прося императрицу восстановить Запорожскую Сечь, сровненную русскими войсками с землей в 1775 году [Bojanowska 2007: 71]. Вернувшись из Петербурга, Вакула, на радость своим односельчанам, расписывает свою хату яркими красками, изобразив на дверях казаков. Выдержав покаяние за свой полет на черте, он красит также и местную церковь:

[Вакула] выкрасил даром весь левый крылос зеленою краскою с красными цветами. Это однако ж не все: на стене сбоку, как войдешь в церковь, намалевал Вакула чорта в аду, такого гадкого, что все плевали, когда проходили мимо; а бабы, как только расплакивалось у них на руках дитя, подносили его к картине и говорили: *он бачь, яка кака намалевана!* и дитя, удерживая слезенки, косилось на картину и жалось к груди своей матери [Гоголь 1937–1952, 1: 243].

Искусство, способное тронуть душу ребенка, — вот единственная форма искупления, возможная для героя Гоголя. Вспомним упомянутую в первой главе Троицкую церковь в Киеве, у входа в которую монастырские иконописцы попытались реалистично изобразить храмовых торговцев и менял, придав им черты украинских евреев того времени. Так же и Вакула, близко познакомившись во время своего путешествия с казаками и чертями, воспроизводит их изображения для своих соседей, показывая им добро и зло.

В «Солдатском портрете» Кузьма, как и гоголевский Вакула, использует свое мастерство художника для того, чтобы создать образ страшного солдата, хотя мог бы изобразить что-то прекрасное. *Москаль* Кузьмы, возможно, не так страшен, как Вакулин черт, но зато куда реалистичнее. Этот портрет не просто выходит за пределы реальности, он проникает в реальность ярмарки. Схожим образом Квитка эстетизирует приземленность и обыденность коммерческого пейзажа. Поместив реальные коллоквиализмы, товары и шумную ярмарочную толпу в повествование об искусстве и обмане, Квитка поставил перед читателем эстетический парадокс. Там, где русскоязычные писатели, такие как Гоголь, создавали для русского читателя искусственную украинскую реальность, Квитка, знаток подлинного украинского языка и быта, предлагал нечто, что было гораздо ближе к реальности. Однако из его повести следовало, что художник может использовать реализм для того, чтобы маскировать правду и манипулировать своей аудиторией.

Инфернальные москали

Как писал Бергсон, «ниже искусства стоит искусственность» [Бергсон 1999: 1319]. Нарисованный солдат Кузьмы является предметом искусства, но при этом он еще и символизирует искусственность государственной власти. В конце концов бессильным оказывается не изображение на холсте, а закон, который за ним стоит. Проводится грань между «нашим» и тем, что принадлежит *москалю*. Явдоха обращается к портрету с просьбой убрать *москаля* от прилавков местных торговцев. Но и сам русский солдат является отпугивающим покупателей нежеланным чужаком (возможно, даже недобрым предзнаменованием) на украинской ярмарке.

Еще более выпукло темная сторона *москалей* показана в «Перекати-поле» («Перекотиполе») — другой украинской повести Квитки, где речь идет о Божественной справедливости. В этой трагической истории два соседа — коварный Денис и честный Трофим — возвращаются домой с ярмарки. Денис узнает, что Трофим заработал на ярмарке денег, и убивает его. Даже в начале повести читатель видит на лице Дениса каинову печать, так как тот «не один десяток научил парубков московские песни петь» и «плюется через губу по-московски» (*«не одно-десять навчив парубків пісень співати московських», «плюне через губу по-московськи»*)²² [Квітка 1968, 3: 458]. Персонаж, который перенимает русские обычаи и демонстрирует присущее русским презрение к украинцам, сразу воспринимается как злодей.

---

²² О *москалях* в творчестве Квитки см. Сулиму-Блохин [Сулима-Блохин 1969: 42–43].

«Перекати-поле» нельзя отнести к котляревщине, и там нет и следа того комического автоматизма, который мы находим в «Солдатском портрете», несмотря на то что в этом тексте тоже присутствует поездка на ярмарку и обратно[23]. Если в «Солдатском портрете» неодушевленные предметы создают комический эффект, то здесь ярмарка является лишь точкой отсчета, с которой начинается роковое путешествие украинца и русского. Квитка дает очень беглое описание ярмарки, уделяя основное внимание трагическому возвращению героев домой. Перекати-поле, единственный свидетель преступления Дениса, символизирует Божье всеведение, которое настигает злодея в конце повести и вынуждает его сознаться в убийстве [Квітка 1968, 3: 480]. Важно отметить, что в ранней редакции «Перекати-поля» ярмарка была описана намного детальней. Однако для того, чтобы сохранить трагическую тональность повествования, Квитка убрал из него этот длинный кусок и вставил его затем в повесть «Ярмарка» (1840)[24].

Ярмарка

«Ярмарка» — это история о провинциальных помещиках, для которых коммерческий пейзаж служит редким городским развлечением. Главные герои напоминают персонажей гоголевской «Сорочинской ярмарки»: жена, которая любит скупать все подряд и сует свой нос во все дела; муж — плохой коммерсант; две их дочери на выданье и юный сын (трикстер). Название повести Квитки и мотив сватовства также отсылают читателя к более раннему произведению Гоголя. Тематически это произведение напоминает и о стихотворении Некрашевича «Ярмарка» («Ярмарок», 1790), которое некоторые исследователи называют первым

---

[23] Чижевский сравнивал эту повесть с «Ивиковыми журавлями» Шиллера [Чижевський 1956: 364; Сулима-Блохин 1969: 40].

[24] В ранней редакции повести указано, что это описание перенесено в другое место [Квітка 1978–1981, 4: 540].

стихотворным текстом на современном украинском языке. Стихотворение Некрашевича представляет собой диалог между двумя крестьянами, Хвилоном и Хвесько, которые торгуются из-за волов. Обсудив достоинства животных и свои финансовые возможности, Хвесько заходит с козырей — предлагает поженить их детей: «Если согласишься, то и будем сватами, / Пусть наши семьи вместе прирастают потомством» («*Коли каєш, дак кай, та й будем сватами, / Нехай-таки ще родні прибуде між нами*») [Некрашевич 1929: 9–10]. В этом стихотворении Некрашевич и сам демонстрирует богатство своего лексикона, и намекает на то, что успешный торговец должен мастерски владеть словом[25].

Главные герои «Ярмарки» столь же плохи в торговле, сколь и в красноречии. Более того, как и персонажи «Солдатского портрета», они не обладают властью над вещами, что снова вызывает в памяти мысль Бергсона, что комичным является физическое проявление личности [Бергсон 1999: 1310]. Однако их неспособность заключить выгодную сделку в итоге спасает семью от большей беды: несчастливого замужества одной из дочерей. Повесть начинается с бестолковых приготовлений к отъезду. Захар Демьянович спрашивает у жены совета, почем продавать шерсть. Мать семейства, Матрена Семеновна, составляет список покупок и уговаривает мужа взять с собой на ярмарку дочерей Фесиньку и Миничку и сына Павлушу. Несколько раз возвращаясь за забытыми вещами, они в итоге отправляются-таки на ярмарку.

Далее следует описание самой ярмарки. Квитка не только тщательно перечисляет представителей всех национальностей, торгующих на ней, но и приводит несколько диалогов, участники которых обсуждают цены. Купцы, рассчитывая поднять цену на свой товар, рассуждают о международном положении и ссылаются на «Московские ведомости», самую тиражируемую газету

---

[25] Схожее рассуждение о том, что на рынке для торговца многое стоит на кону, мы находим и в басне Крылова «Гуси» (1812); любопытно, что это наблюдение принадлежит автору, известному своими баснями о животных: «На барыши спешил к базарному он дню / (А где до прибыли коснется, / Не только там гусям, и людям достается)» [Крылов 1997: 165].

того времени, и «Северную пчелу» — литературную газету, издававшуюся в Петербурге. Тем самым Квитка делает литературу частью коммерческого процесса: на волатильном рынке текстиля факты и вымысел оказываются равноценными источниками информации:

> — Помилуйте! — возражает им Ермолай Иванович. — Читали вы последние «Московские Ведомости»?
> — Как не читать? мы народ торговый, — отвечают покупщики.
> — А «Северную пчелу»?
> — И ее от любопытства наблюдаем.
> — Так не знаю наверное, — сказал смущенный Ермолай Иванович, — там или где в других газетах именно написано, что фабрики неимоверно везде усилились; сукна требуется неимоверное множество; египетский паша неимоверно мундирует всех своих солдат, и дороги к нему завалены обозами с сукнами. Так отчего же нам дешевить?
> — Сбудется, сударь, точно так. Паша властен у себя, как и вы с своим товаром, а я властен с своими деньгами [Квітка 1978–1981, 4: 386][26].

Литературные тексты оказываются столь же важной частью процесса торговли, что и реальные события в мире, и сами товары. Квитка намекает на то, что хорошо начитанный покупатель не даст заморочить себе голову слухами и новостями, преподносимыми такими торговцами, как Ермолай Иванович. Однако эти ссылки на московские и петербургские газеты свидетельствуют также и о растущем беспокойстве среди тех, кто занимался коммерцией на сельских ярмарках: с ростом текстильного производства в 1830–40-е годы у небольших мануфактур появились конкуренты в лице российских и зарубежных фабрик.

Главные герои «Ярмарки» постоянно совершают серьезные оплошности, из-за чего и оказываются в комичном положении. Неверно оценив рыночную стоимость своих товаров, они воз-

---

[26] О торговле текстилем между Россией и Азией в начале XIX века см. у Фицпатрик [Fitzpatrick 1990: 81–82].

вращаются домой в худшем финансовом положении, чем до поездки на ярмарку. Особенно расстроена Матрена Семеновна: ей не только не удалось расплатиться за то, что она хотела купить, но еще из-за небольшого конфуза на балу сорвался выгодный брак для ее младшей дочери Минички. Павел Григорьевич — привлекательный, хорошо образованный и богатый молодой человек, в которого влюбилась Миничка, вернувшись после танца к своему стулу, растянулся на полу:

> Увы! вместо стула он брякнулся на пол и лежал в жалком, незавидном положении! Все захохотало, и оконфуженный Павел Григорьич первую Миничку заметил хохочущую со всем усердием...
>
> — Уж это, верно, Павлушины штуки! — кричала Матрена Семеновна, заливаясь от смеха.
>
> — Я-таки, я, я выдернул из-под него стул, когда он хотел сесть, — визжал резвенький мальчик, хлопая ручками. Не владея собою, Павел Григорьевич схватил мальчика за волосы и поднял его кверху.
>
> — Пусти, пусти!.. это меня Миничка научила!.. — пищал мальчишка, вися на воздухе... Миничка хохотала от чистого сердца [Квітка 1978–1981, 4: 427].

Миничка, решившая проверить чувство юмора своего жениха, просчиталась, и случившийся с Павлом Григорьевичем конфуз расстроил свадьбу, но финал повести Квитки оказывается более счастливым, чем у «Сорочинской ярмарки». В отличие от Параски, Миничка избегает поспешного брака, который выглядел как рыночная сделка. Давний поклонник ее старшей сестры делает Фесиньке предложение, и родители, утратившие былое высокомерие после всех случившихся с ними неудач, дают свое благословение. В последних строчках повести Захар Демьянович напоминает своей расстроенной жене, что будут и другие ярмарки: «Шерсть продадут и жениха сыщут»[27] [Квітка 1978–1981, 4: 428].

---

[27] Вот что писал об этой фразе Чалый: «Использование параллелизма особенно подчеркивает мысль про власть вещей, которая тоже является своеобразным инструментом срывания масок» [Чалий 1962: 70–71].

Приключения в жидовской корчме

В «Ярмарке», как и в «Солдатском портрете», искусство выставлено напоказ. В повести есть довольно большой отрывок, где Квитка показывает сцену из театральной жизни, которая вполне могла произойти с ним самим в юности. Одноактный водевиль П. Н. Семенова «Удача от неудачи, или Приключение в жидовской корчме» был поставлен в Харькове в 1840 году — в том самом, когда Квитка написал свою «Ярмарку»[28]. В 1879 году Э. И. Стогов (дед поэтессы Анны Ахматовой) в своих мемуарах вспоминал, как сорока годами ранее видел постановку этой пьесы: «Помню, весь театр хохотал, когда жид, одетый по-домашнему в чулках и башмаках, на авансцене, со всеми характерными ужимками хитрого еврея, перепрыгивал с одной стороны стоявшего спокойно господина на другую и пел...» [Стогов 1879: 50].

Стогов легко мог спутать это воспоминание с отрывком из повести Квитки, поскольку архетипичные персонажи этого водевиля, похожие на вертепные куклы, выделяются на фоне остальной прозы Квитки, практически лишенной элементов гротеска. Показывая пространство между миром вымысла (сценой) и миром реальности (зрительным залом), в котором происходит странное общение между актерами и публикой, Квитка снова обращается к теме, которая всегда его волновала, — связь между подлинным и искусственным: «...смех, хохот не умолкал; даже крик слышен был: "ай да браво!.. вот жид, так жид!"» Добровольный критик из зала практически дублирует комплимент, которого удостоился Кузьма Трофимович в начале «Солдатского портрета»: *а слива, так таки точнісінько слива*. Но неожиданно хорошо принимаемый публикой спектакль превращается в кошмар драматурга:

> Но вдруг все смолкло: вдруг жид, начавший говорить свое, переменяет тон и предмет разговора; рассказывает чистым простонародным языком о каком-то приключении, как он спас

---

[28] Первая постановка «Жидовской корчмы» относится к 1818 году [Квітка 1978–1981, 4: 541].

утопавшую девочку... Актер хочет остановиться, но суфлер
поддает преусердно и каждое слово точно в рот кладет [Квітка
1978–1981, 4: 399–400].

Суфлер, поняв, что в его тексте перемешаны листы и в «Жи-
довскую корчму» вплетена «Лиза, или Торжество благодарности»
Н. И. Ильина (1803), предлагает публике выбор: он готов сбегать
домой и принести недостающие листы из «Корчмы», или актеры
продолжат играть «Лизу» [Квітка 1978–1981, 4: 541][29].

Квитка крайне редко обращается к шаблонным образам евреев,
цыган и турок из вертепного театра, предпочитая высмеивать
представителей власти или помещиков: *москаля* в «Солдатском
портрете» или богатого жениха Минички в «Ярмарке». Включив
в свое повествование водевиль Семенова, Квитка использует
этнические стереотипы для того, чтобы, во-первых, развеселить
читателя этой вертепной сценкой и, во-вторых, показать гротескное смешение разных культур, характерное для ярмарочных
историй. И все же сцена с «Жидовской корчмой» выставляет
Квитку в не самом выгодном свете. Его неуклюжее изображение
еврейских персонажей резко контрастирует с тем, как глубоко
и точно он понимал и описывал украинцев и их обычаи. Если
Гоголь часто вставлял в свои произведения стереотипных евреев,
то Квитка этого не делал почти никогда, даже в комедиях. В сущности, этот эпизод в театре является единственным во всей повести, где появляются евреи. Из всего водевиля Семенова
Квитка выбрал, чтобы изобразить идеальное фиаско, именно ту
сцену, где еврей-корчмарь сталкивается с романтическим героем.
Эти два персонажа настолько несочетаемы между собой, что
из-за перепутанных листов пьес возникает словесный цирк.
Квитка пишет о том, что ярмарка — это место, где могут пересе-
каться и демонстрировать свои национальные черты представители самых разных народов; однако, показывая, как театральная
публика смеется над карикатурными хасидами, он тем самым

---

[29]   «Лиза, или Торжество благодарности: Драма в трех действиях, Николая
      Ильина» [Ильин 1817].

явно дает понять, что эти же люди враждебно отреагировали бы на такую встречу, если бы она произошла в реальности.

Сцена в театре напоминает нам о том, как сам Квитка в поисках непредвзятых критиков ходил на рыночную площадь читать свои произведения простым украинцам. Впрочем, в «Ярмарке» представление, которое поначалу имело большой успех, заканчивается сумятицей и разногласиями между критиками. Публика, когда ей предлагают выбор, не может прийти к единому мнению. Как и в «Солдатском портрете», где рынок неожиданно превратился в форум ценителей искусства, критика не всегда оказывается последовательной. Выбор между бурлеском и сентиментализмом, который Квитка устами суфлера предлагает сделать публике, — это не только выбор между двумя любимыми литературными жанрами писателя, но и, в какой-то степени, попытка самообмана: возможно ли, что отрицательные отзывы критиков связаны с тем, что они предпочитают другой жанр? Часть зрителей хочет, чтобы актеры переключились на драму; другие кричат, что они заплатили деньги, чтобы увидеть водевиль. Когда представление возобновляется, суфлер вынужден орать «что есть духу», потому что актеры не выучили текст. В конце спектакля благодарная публика вызывает суфлера на сцену для оваций:

> Кто-то вскрикнул ему: «Спасибо! Ты за всех потрудился!»
> — Благодарю почтеннейшей публике за поощрение слабого моего таланта, — импровизировал суфлер, — хотя мне такая работа и не впервое, но честь, сделанная мне теперь, заставит меня впредь отличаться еще более. — И при заглушительных рукоплесканиях занавес скрыл его от благодарной публики [Квитка 1978–1981, 4: 400].

Суфлер, выходящий на поклон под гром аплодисментов, доводит этот фарс до ожидаемого комического финала. Оплошность, случившаяся в театре, предшествует куда более серьезной оплошности, которую совершают герои повести при сделке с шерстью. И все же суфлер, героическими усилиями предотвративший фиаско, оставляет надежду на то, что и наших героев ждет хеппи-энд, несмотря на понесенные ими финансовые потери. Квитка дает нам понять, что здоровый смех и сочувственная реакция публики намного важнее, чем скрупулезный подсчет прибыли, брак с состоятельным мужчиной или точное следование написанному тексту. Квитка, первый украинский прозаик, как и суфлер, является голосом, произносящим неотрепетированные строчки. Говоря о том, что комический прилежный суфлер не только заслуживает поощрения, но и готов «отличаться еще более», Квитка обращался к тем же критикам, что и в предисловии к «Солдатскому портрету». Только на этот раз он писал на русском — литературном (и критическом) языке империи; поэтому и критика в его адрес звучала громче.

Занавес

Квитка написал «Ярмарку» летом 1840 года, и вскоре после этого повесть была опубликована в «Современнике» [Квитка 1840]. В письме к Плетневу, издателю этого петербургского журнала, Квитка писал: «...посылаю между прочими и статью "Ярмарка" по требованию Вашему для IV-ой книжки "Современника"». Плетнев, в свою очередь, писал своему соредактору Гроту: «В этот же день Квитка прислал мне новую повесть "Ярмарка" — прелесть!» [Грот, Плетнев 1896: 26][30]. Грот, однако, отвечал на это: «...да и *Ярмарка* скучновата; в повестях Квитка слишком растянут, почти всегда; впрочем, я из *Ярмарки* мало прочел» [Грот, 1896: 102]. Плетнев возражал и утверждал, что «Ярмарка», вероятно, была лучшим из того, что написал Квитка [Грот, Плетнев 1896: 115].

Грот и Плетнев часто спорили о Квитке в своих письмах. В последующие годы они нередко обменивались сплетнями о своем украинском коллеге. Как и другие критики Квитки, о которых речь шла выше, редакторы «Современника» придерживались диаметрально противоположных точек зрения относительно его творчества. Грот по большей части отрицательно

---

[30] Письмо Плетнева к Гроту от 21 августа 1840 года.

отзывался о прозе Квитки. Плетнев же постоянно выступал в защиту своего друга, рассказывая о том, как повесть Квитки обсуждается в литературных салонах и аристократических домах Петербурга[31]. В феврале 1841 года Плетнев был разочарован тем, что «Сенковский о Квитке говорит, что его сочинения есть *mauvais genre*; что у него нет слога и подлый язык; что его сцены никого не интересуют, ибо касаются пороков и недостатков провинциальных и частных» [Грот, Плетнев 1896: 232]. Не принимая критику Сенковского, Плетнев пишет Гроту: «Но как же уверять, что черты смешного потому не смешны, что их автор подметил не в столице, а в провинции?» Политическая и культурная незначительность провинциальной жизни в глазах столичных жителей оказывается тем фактором, который более всех прочих влияет на отношение критиков к Квитке. Отвечая на слова Грота о том, что Квитка позволяет себе в письме то, что «и в разговоре не всегда удается услышать», Плетнев возражает: «Если он создал столько характеров, столько положений, столько сцен; если он раскрыл перед нами столько разнообразных, незаимствованных, самых неподдельных красот в жизни человека и в его душе, так можно ли критиковать, зачем он в одной повести начал фразу словом *тьфу*!»[32]

Как писали Делёз и Гваттари, «нет никакого большого и революционного, есть только малое» [Делёз, Гваттари 2015: 34]. Подобно Паррасию, который выиграл состязание с Зевксисом, изобразив занавес, Квитка приобрел своих самых преданных поклонников благодаря тому, что изображал подлинный украинский быт во всех своих произведениях, на каком бы языке они

---

[31] Плетнев, очевидно, был особенно близок с Квиткой. В письме от 16 мая 1841 года он писал Гроту: «Поверишь ли, во всей России меня только три человека во что-нибудь ценят: это ты, Александра Осиповна и Квитка. С меня этого так довольно, что еще в голову мне не приходило желаний, как прибавить четвертого!» [Грот, Плетнев 1896: 352].

[32] Плетнев далее пишет, что отчасти эти нападки на Квитку вызваны их дружбой: «Ведь вы знаете причину, по которой Сенковский напал с таким остервенением на Квитку. Во-первых, что Квитка со мной дружен. А этого для Сенковского достаточно, чтобы ругать автора» [Грот, Плетнев 1996: 246].

ни были написаны. Даже самые непримиримые критики Квитки признавали, что он намного точнее передает жизнь украинских провинций, чем любые другие читаемые в Петербурге писатели, включая Гоголя. Коммерческий пейзаж Квитки является, как ни странно, одновременно и убежищем художника, и площадкой, на которой он готов вступать в спор с критиками. Просторечные выражения (не всегда понятные и иногда раздражающие), провинциальность, даже консерватизм, роднившие Квитку со многими его героями, — вот то, что вызывало отторжение у многих русских читателей и любовь у читателей украинских. Вскоре после смерти писателя И. И. Срезневский написал в «Москвитянине», что целью творчества Квитки было впечатлить восприимчивых к человеческому языку своим простым сельским бытом [Срезневский 1843: 503]. Как один из многих украинцев, пытавшихся сделать себе имя в издательских кругах Петербурга, Квитка вынужден был бороться с критикой, которая благосклоннее отнеслась бы к его произведениям, будь они адресованы широкому кругу русских читателей. Подобно Гоголю, Квитка использует украинский коммерческий пейзаж для того, чтобы показать мир, скрытый за занавесом предметов и притворства. Однако мастерство Квитки как раз и состоит в изображении этого самого занавеса.

Глава 4

Рынок как место рождения современной еврейской литературы (1842–1916)

Читатель Гоголя въезжает на Сорочинскую ярмарку вместе с «нескончаемою вереницею чумаков с солью и рыбою»; герои «Ярмарки» Квитки отправляются в путь «в коляске, нагруженной до невозможности шкатулками и подушками» [Гоголь 1937–1952, 1: 112; Квітка 1978–1981, 4: 379]. Родившийся через 50 лет после Гоголя классик идишской литературы Шолем Рабинович (1859–1916), известный всему миру под псевдонимом Шолом-Алейхем, использует коммерческий пейзаж в качестве метафоры своей жизни и творчества:

> Почему именно «С ярмарки»? Человек, направляясь на ярмарку, полон надежд, он еще не знает, какие его ждут удачи, чего он добьется, Поэтому он летит стрелой сломя голову — не задерживайте его, ему некогда! Когда же он возвращается с ярмарки, он уже знает, что приобрел, чего добился, и уже не мчится во весь дух — *торопиться некуда* [Sholem Aleichem 1917–1923, 23: 16; Шолом-Алейхем 1959, 3: 269–270][1].

Шолом-Алейхем написал «С ярмарки» в 1914–1916 годы, сразу после своего отъезда из Европы в Нью-Йорк. Место действия — его родное местечко Вороньков недалеко от Переяслава, пример-

---

[1] Курсив Шолом-Алейхема.

но в 250 км от Сорочинцев, родного села Гоголя[2]. Если Гоголь и Квитка привнесли украинские мотивы в русскую литературную традицию в период неопределенности в русско-украинских отношениях, то коммерческий пейзаж Шолом-Алейхема знакомит читателя с жизнью украинской провинции в тот момент, когда в царской России особенно остро встал еврейский вопрос.

Хотя историки литературы давно отметили влияние Гоголя на творчество Шолом-Алейхема, речь, как правило, идет только о любви обоих писателей к юмору и отдельных сюжетных линиях. Фундаментальные идеологические и социальные различия между Гоголем и Шолом-Алейхемом приводят в отчаяние тех исследователей, которые пытаются сравнивать их поэтику: если Гоголь предостерегает об опасности проникновения чуждых элементов в пасторальный славянский пейзаж, то Шолом-Алейхем пишет о том, какими бедами грозит восприятие русскими евреев как вечных чужаков, и критикует превращение евреев в козлов отпущения — процесс, принявший особо жестокие формы в 1880-х годах. Чтобы преодолеть эту пропасть, разделяющую Гоголя и Шолом-Алейхема, нам придется разобраться в том, что происходило за эти полвека в общественной жизни и в литературе и почему Шолом-Алейхем не только познакомил своих еврейских читателей с коммерческим пейзажем Гоголя, но и обратился к гоголевским персонажам — евреям, ломая стереотипный образ еврейского торговца из украинской провинции. Когда мы смотрим на произведения Шолом-Алейхема сквозь призму коммерческого пейзажа, сильное влияние на него Гоголя становится очевидным: оба изображают этот пейзаж как микрокосм Российской империи. Однако у Шолом-Алейхема фигура говорящего на родном языке рассказчика продолжает скорее линию еврейских писателей Гаскалы, особенно Шолема-Янкева Абрамовича, более известного как Менделе Мойхер-Сфорим.

---

[2] Укр. *Вороньків*, идиш *Воронке*. Согласно географическому описанию Семенова (1903), в Воронькове было 6500 жителей, две русские православные церкви, синагога и несколько постоянных лавок; также там дважды в год проводились ярмарки [Семенов 1903: 378].

Кроме того, в своей критике антисемитизма Шолом-Алейхем сходился с современными ему русскими и украинским писателями, в частности с Горьким и Короленко, которые были социальными реформаторами и выступали за перемены в отношениях между различными народами, сосуществовавшими в Российской империи; эти отношения стали особенно напряженными в конце XIX века. Шолом-Алейхем объединил в своем творчестве все три литературные традиции: юмор украинского классика русской литературы, новые тенденции в идишской прозе и стремление улучшить культурное и политическое положение евреев в России.

В 1880-е годы в отношениях между различными народами и общинами, проживавшими на территории Украины, произошел коренной перелом. После убийства Александра II в марте 1881 года и прокатившейся за этим по России волны еврейских погромов российское правительство приняло ряд жестоких законов, которые еще сильнее ограничивали права евреев на проживание и занятия торговлей. Эти перемены в русско-еврейских отношениях не только ударили по провинциальной торговле, но и задали тон общественной дискуссии о роли евреев в российском государстве[3]. Соответственно, литературный коммерческий пейзаж тоже должен был претерпеть изменения. В конце XIX века базар стал метафорой конфликта между евреями и их славянскими соседями, причем как в еврейской, так и в нееврейской литературе. Изображение коммерческого пейзажа в литературе на идише отображает новые русско-еврейские отношения, сложившиеся в тот период, когда роль чужаков перешла от украин-

---

[3] Говоря о том, что 1881 год стал ключевым в отношениях между русскими и еврсями, я понимаю, что поддерживаю устоявшийся подход, согласно которому русско-еврейская история разбивается на периоды, разделенные кризисами. Брайан Горовиц высказал предположение, что, возможно, более продуктивно будет рассматривать историю с точки зрения нереализованных возможностей: «Сделав акцент на возможных вариантах развития событий, мы уйдем от парадигмы "кризис-континуум", вокруг которой разворачивались недавние историографические споры о том, как воспринимать историю русских евреев до и после погромов 1881–1882 годов» [Horowitz 2009: 10–11].

цев к евреям. Хотя тема коммерческого пейзажа вышла на передний план в идишской литературе — особенно у Шолом-Алейхема с его переосмыслением гоголевской ярмарки — именно после погромов начала 1880-х годов, началось это еще в 1840-х годах в художественной литературе Гаскалы (еврейского просвещения). Прежде чем обратиться к коммерческому пейзажу Шолом-Алейхема, давайте остановимся на идишской прозе русской Гаскалы.

Ранние годы: литература на идише обращается к коммерческому пейзажу

Маскилы (еврейские просветители), имея возможность писать на любом из трех языков — русском, древнееврейском (иврите) или идише, — часто делали выбор в пользу какого-то конкретного языка в зависимости от того, к какой читательской аудитории они обращались; это напоминает ситуацию с украинскими авторами, которые тоже писали то на украинском (языке простого народа), то на русском (официальном языке империи). Иосеф Перл, написав в 1819 году антихасидский сатирический роман «Раскрывающий тайны» на иврите, позднее выпустил его в новой

Базарная площадь в Переяславе. Коллекция М. С. Забоченя. ЦДКФФА, Киев, Украина. Ф-180539

№ 7 Переяславъ. Базарная площадь.

редакции на идише[4]. Осип Рабинович, ставший одним из первых *маскилим*, писавших на русском, также был в числе немногих евреев, учившихся в Харьковском университете, который являлся центром украинского национального возрождения[5]. Ольга Литвак пишет, что в 1840–1845 годах Рабинович сблизился в Харькове с русскоязычным поэтом украинского происхождения Н. Ф. Щербиной (1821–1869); эта дружба «была основана на общем интересе: передаче *языкового разнообразия южных провинций* средствами официального языка Российской империи»[6] [Litvak 2006: 59]. В этой духовной близости нет ничего удивительного, если учесть, что оба молодых человека пытались в это время сделать карьеру в русской литературе.

Развитие новой литературы на идише шло довольно необычным путем: ее создатели были сторонниками развлекательно-сатирического жанра. Ранние писатели Гаскалы часто были выходцами из религиозных общин и воспринимали идиш не как источник национального фольклора, а как инструмент просвещения еврейских масс. Израиль Аксенфельд (1787–1866) написал в 1840-х годах книгу «Кокошник» («Dos shterntikhl»), которая считается первым романом на идише (опубликована только в 1861 году)[7]. Родившись в хасидской семье в Немирове, Аксенфельд уже взрослым покинул общину, чтобы стать приверженцем Гаскалы, а также поставщиком для русской армии во время войны с Наполеоном. Герой его романа Михель выбирает схожий путь,

---

[4]   Анализ этого романа Перла см. у Марка Каплана [Caplan 1999].

[5]   *Маскилим* — на иврите и идише множественное число от слова *маскил* («просветитель»). О роли фольклора в творчестве Осипа Рабиновича см. Жужу Хетени [Hetényi 2008: 47–50].

[6]   Далее Литвак пишет, что Рабинович дал физически сильному герою своего рассказа фамилию Хмельник, что является явной отсылкой к Богдану Хмельницкому; по мнению Литвак, это сделано, чтобы разрушить стереотип о неприязни между евреями и украинцами. «Хмельник — это максимально далекий от религии представитель еврейской народности, который представ-ет носителем русского образа жизни» [Litvak 2006: 63].

[7]   О борьбе, которую Аксенфельду пришлось выдержать с царскими издателями и цензорами, см. книгу Израиля Цинберга [Zinberg 1978a: 153–157].

сбегая из коррумпированной общины, чтобы стать биржевым маклером и просветителем. Наставник Михеля Оксман (сходство с фамилией Аксенфельда неслучайно) показывает юноше, какое влияние на общество может иметь художественное слово и сценическое перевоплощение, рассказывая ему историю о театре. Мы узнаем, что когда-то Оксман обманул хасидов из одного местечка, представ перед ними в образе великого ребе, чтобы затем уличить их в легковерии: поступок, напоминающий разоблачение городничего и его окружения в «Ревизоре». Подобное реформирование общества посредством театрального представления воплощает для Оксмана (и Аксенфельда) философию Гаскалы: писатель обязан «высмеивать фальшивый смех и морщинистые гримасы [религиозных евреев], чтобы простой народ начал смеяться над ними на улице: тогда они прислушаются к здравому смыслу» [Aksenfeld 1971: 112]. Более того, Оксман говорит о том, что маскилы должны просить царское правительство заставить евреев учиться читать по-русски, «чтобы евреи читали ученые труды современных молодых талантливых русских писателей» [Aksenfeld 1971: 112].

Для Аксенфельда идиш был временным средством — полезным инструментом, с помощью которого маскилы убедили бы религиозных евреев в ошибочности их взглядов, заставив их в итоге отказаться и от веры, и от идиша. Как писал об этом Дан Мирон, «этот самоубийственный подход был конечным и неотвратимым следствием "эстетики уродства"» [Miron 1995: 55]. Идиш уродлив, поэтому и литература на нем считалась нежелательной. Полные отталкивающих деталей описания базарных сцен и заключаемых при этом сделок создают собственную «эстетику уродства». Аксенфельд начинает свой роман с рассказа о торговле в штетле: «В маленьком штетле стояло несколько домов. Каждое второе воскресенье здесь был базар. Еврейчики *(yidlekh)* торговали водкой, зерном, контрактами на мешки *(mit redne oyf zek)* и дегтем. А вот и человек, желающий стать настоящим хасидским ребе *(a guter-yid)*» [Aksenfeld 1971: 21]. Чтобы подчеркнуть, насколько непривлекательным местом является этот штетл, Аксенфельд дает ему название Лойхойполе (можно перевести как «Небылополе»). Крупный еврейский город Бердичев оказывается увеличенной версией неприглядного коммерческого пейзажа штетла: «Что увидел Михель в Бердичеве? Лужу величиной в десять лойхойпольских, в 38 раз больше нищих, хватающих вас за фалды сюртука, и в 40 раз больше возов» [Aksenfeld 1971: 91–92]. Только уехав из царской России, Михель спасается от этого дикого коммерческого пейзажа. В Бреславле (Вроцлаве), городе без луж, «даже ступеньки, ведущие в большие здания, были дочиста вымыты, и никто не стоял перед магазинами, выкрикивая: "Заходите к нам, что вы хотите купить?"» [Aksenfeld 1971: 92].

Только следующее поколение маскилов смогло найти тонкий баланс в отношениях со своими идишскими читателями, с уважением относясь к их культурным обычаям, но при этом призывая их расширять свои горизонты. Особенно мощными инструментами влияния на умы читателей идиш и коммерческий пейзаж стали в руках Шолема-Янкева Абрамовича (1836–1917), который писал также и на иврите. Писатель-модернист Ицхок-Лейбуш Перец сказал в 1915 году, что Абрамович «был первым, кто с любовью и заботой относился к своему инструменту художника — еврейскому слову» [Peretz 1920, 10: 126–127]. Как и гоголевский полуграмотный нарратор, пасечник Рудый Панько, Менделе Мойхер-Сфорим (Менделе-Книгоноша), торговец и любитель историй, выступает тем рассказчиком, который доносит произведения Абрамовича до его читателей[8]. «Маленький человечек» («Dos kleyne mentshele», 1863) был первым романом Абрамовича, написанным на идише, и рассказчик Менделе продает эту историю наравне с другими безделушками из своей тележки:

Меня все знают. Я езжу по всей Польше со священными книгами, напечатанными в Житомире. Кроме того, у меня есть дубровенские талесы, связки цицес, шофары, ремешки для тфилин, аму-

---

[8] Шолем-Янкев носил при рождении фамилию Бройдо, затем сменил ее на Абрамович, а в итоге стал известен своим еврейским читателям под именем Менделе. Псевдоним Менделе Мойхер-Сфорим придумал его издатель Александр Цедербаум. Хорошие краткие биографии Абрамовича см. у Цинберга или Нойгрошеля [Zinberg 1978b: 91–116; Neugroschel 2002: 188–189].

леты, мезузы, волчьи зубы, а иногда и медная утварь. И да, с тех пор, как начал выходить «Кол месавер», я вожу с собой несколько его номеров (*Yo. Pravde, zint der «kol mevaser» iz aroysgekumen fir ikh amol fun im mit mir etlekhe numern*) [Abramovitsh 1984: 46b].

В тележке Менделе свалены в одну кучу несовместимые вроде бы предметы еврейского быта: хасидские тексты, амулеты и, как он признается со смесью гордости и робости, еженедельный маскильский журнал «Кол месавер» («Глас возвещающий»), который начал выходить в 1862 году и первым напечатал один из рассказов Абрамовича[9]. Употребление русского слова «правда» маркирует это просветительское издание как что-то отличное от тех предметов культа и амулетов, которые Менделе перечислил выше. Этот журнал является чем-то новым и отчасти чужим, возможно, даже подозрительным, но он все равно возит его в своей тележке.

Создавая фигуру свободомыслящего, но неассимилированного Менделе, Абрамович прибегает к форме сказа. Однако есть и существенная разница между задачами, которые ставили перед собой основоположники новой литературы на идише и тем, что делал Гоголь[10]. Если Гоголь использовал неграмотных рассказчиков для того, что развлечь образованных русских читателей, то полуобразованные персонажи Абрамовича были созданы с целью просветить таких же полуобразованных, но не адаптировавшихся к современной жизни евреев, говорящих на идише[11]. В этом

---

[9] «Кол месавер» («Глас возвещающий») издавался Александром Цедербаумом в качестве приложения на идише к газете «Гамелиц», выходившей на иврите. С 1869 по 1872 год Цедербаум продолжал издавать «Кол месавер» как отдельный журнал.

[10] О некоторых общих поэтических мотивах у Гоголя и Абрамовича см. Харриет Мурав и Рину Лапидус [Murav 2003; Lapidus 2003: 43–68]. Лапидус также ссылается на книгу Клаузнера [Klausner 1925].

[11] Как пишет Рут Вайс, «кажется, что рассказчик Менделе не просто объединяет, но и фактически создает своих читателей, странствуя по всей черте оседлости, бывая в каждом городе, каждом местечке, каждой деревне, встречаясь с учеными и простыми евреями и принося им свежие книги: мужчинам и женщинам, старикам и молодым» [Wisse 2000: 33].

отношении задачи идишской литературы совпадали с тем, чего хотели такие украинские классики, как Котляревский и Квитка. Как и его украинские коллеги, Абрамович нередко незаметно подслушивал, как разговаривали простые люди на улицах. Торговец Менделе позволял маскилу Абрамовичу сохранять определенную степень анонимности даже тогда, когда тот стал знаменитым. Подобная анонимность была возможна только в таком городе, как Одесса, где Абрамович жил и работал: городе, где читателей Менделе было намного меньше, чем на остальной территории черты оседлости. Стивен Ципперштейн пишет:

> Представьте себе изумление впервые приехавшего в Одессу Ицхака Дова Берковича, зятя Шолом-Алейхема, когда тот увидел, как Менделе часами гуляет неузнанным по городу, подслушивает чужие разговоры и собирает материал для своих книг. Менделе все это сходило с рук, потому что, хотя во всех остальных местах его носили на руках как великую знаменитость, по одесским улицам он мог ходить сравнительно незаметно [Zipperstein 1999: 73].

Литература на идише, как и ярмарка, принадлежала не окультуренным одесским евреям, а скорее провинциальным городам, местечкам и селам внутри черты оседлости. В отличие от мира Абрамовича, в котором читают классическую литературу, рассуждают об отказе от еврейских традиций и думают о создании еврейского государства, мир Менделе — это рыночная площадь с ее торговцами, мешками и нищими.

Одним из самых популярных романов Абрамовича было «Путешествие Вениамина Третьего» («Masoes fun Binyomin Hashlishi», 1878) — рассказанное от первого лица описание удивительных приключений еврейского Дон Кихота, который мечтает отыскать потерянные колена Израиля и заодно убедить рассеянных по миру евреев вернуться в Палестину[12]. Абрамович был не первым

---

[12] Рут Вайс пишет: «Связь этого романа с книгой Сервантеса настолько очевидна, что в польском переводе, чтобы привлечь внимание читателей, она вышла под заголовком "Еврейский Дон Кихот"» [Wisse 2000: xxi].

писателем, перенесшим историю Дон Кихота на Украину: одно из последних произведений Квитки-Основьяненко, повесть «Герой очаковских времен», изначально называлась «Украинский Дон Кихот» и рассказывала о приключениях заглавного героя во время осады Очакова в 1788 году[13]. Писатели Восточной Европы преклонялись перед Дон Кихотом и романтизировали его: Тургенев в своей речи «Гамлет и Дон Кихот», произнесенной в 1860 году, говорил о том, что Дон Кихот был идеальным альтруистом [Тургенев 1961–1962, 10: 250].

Предисловие Менделе к этой сатирической фантасмагории, напоминающее и речь гоголевского Рудого Панька, и жалобное прошение к издателю Квитки, представляет собой импровизированное объяснение того, почему данная история рассказывается на «жаргоне»:

> И я, Менделе, всегда исполненный желания приносить в меру сил моих пользу нашим братьям евреям, не смог удержаться и решил: «Покуда еврейские сочинители, мизинец коих толще моего бедра, соберутся издать свои фолианты о путешествии Вениамина на священном языке *(Loshen-koydesh)*, попытаюсь-ка я хотя бы вкратце *(khotsh a kitsur)* рассказать о нем на нашем простом еврейском языке [Abramovitsh 1911, 10: 5][14].

Интеллектуальная подготовка Вениамина, помимо скромного образования, полученного в хедере, заключается в том, что он прочитал несколько книг о путешествиях и географии. Вместо бедуинов библейских и самаритян он сталкивается с повседневными опасностями жизни в черте оседлости. Крестьяне говорят только по-украински, его едва не переезжает телега, и, что самое страшное, евреи-вербовщики *(хапперы)* заставляют его вступить в царскую армию. Назвав своего героя Вениамином Третьим,

---

[13] Отчасти примером такого романа являются и «Мертвые души» Гоголя, где Чичиков выступает в роли русского плута, а похожий на куклу Петрушка напоминает Санчо Пансу. Впрочем, как пишет Рональд ЛеБланк, Гоголь ориентировался скорее на Филдинга, чем на Сервантеса [LeBlanc 1998: 108].

[14] Здесь и далее цит. по: Мойхер-Сфорим М. Путешествие Вениамина Третьего (пер. М. С. Беленького). М.: Художественная литература, 1989.

Абрамович продолжает таким образом традицию еврейских путешественников, среди которых было минимум два Вениамина: «Вениамин Тудельский (XII век) и Иосиф Израиль (1818–1864), также известный как Вениамин Второй, которые написали книги о своих странствиях» [Frieden 1995: 81–82][15].

Вениамин, совершенно не ориентируясь на местности, все время бродит кругами. Раз за разом он возвращается в знакомый коммерческий пейзаж: базар своего родного штетла[16]. В первое свое путешествие Вениамин отправляется в одиночку. Потеряв дорогу и проголодавшись, несчастный путник просит помощи у проезжающего мимо крестьянина [Abramovitsh 1911, 10: 19]. Обессилев, он теряет сознание и, придя в себя в телеге отправляющегося на рынок доброго самаритянина, решает, что тот хочет продать его в рабство:

> Очнувшись, Вениамин увидал себя на возу, лежащим на большом мешке с картошкой под толстым тулупом (*grober svite*). В головах лежал связанный петух, который поглядывал на него сбоку одним глазом и царапал Вениамина когтями. В ногах стояли плетенки с молодым чесноком, луком и всякой другой зеленью. <...> Ему казалось, что турок полонил его в пустыне и везет продавать куда-то в рабство [Abramovitsh 1911, 10: 20].

Вениамин, подобно Дон Кихоту, видит то, что скрыто от обычного зрения; его фантазии напоминают об историях из Библии, на которых было основано образование местечковых евреев, несмотря на то что все это имело мало общего с той реальностью, в которой они жили. В попытке спастись Вениамин обращается к вознице на смеси идиша и плохого украинского: «Ув Тунеядовки жінка... тобі дам чарку водки и шабашковой булки и добре

---

[15] Далее Фриден пишет: «Сам факт того, что Вениамин назван "Третьим", говорит о том, что это сатирическая фигура, пародия на предыдущих героев (и антигероев) с тем же именем».

[16] Сидра Дековен Эзрахи пишет: «В этом повествовании диаспорный травелог сведен к своим основным элементам: фигуре еврея (одинокой души, потерянной в мифологическом пространстве) и топосу путешествия, основанному на Агаде и средневековых историях о пилигримах» [Ezrahi 2000: 53].

данкует тебе» («*U Tunayadevki zhinka tebi dos shtarke shlish i shabash-kove bulke, i dobre dankuet tebi*») [Abramovitsh 1911, 10: 21]. Крестья-нин привозит Вениамина на базар, но это оказывается не невольничий рынок из его фантазий, а площадь в его родной Тунеядов-ке, и все там рады возвращению своего потерявшегося соседа.

> Спустя несколько минут Вениамина, все так же лежавшего на мешке с картофелем, торжественно повезли через базар домой. Тунеядовцы от мала до велика — упрашивать никого не при-шлось — щедро воздавали ему почести, провожая шумно и возглашая: «Свят! Свят! Свят!..» [Abramovitsh 1911, 10: 22].

Ироничное отношение соседей к блудному Вениамину выдает насмешливое прозвище, которым они его наградили, — Вениа-мин-подвижник.

Вторая вылазка Вениамина в большой мир оказывается чуть более успешной благодаря его другу и спутнику Сендерлу-бабе *(Senderl der yidene)*, который берет на себя заботу о повседневных делах. Сендерл, Санчо Панса Вениамина, чтобы остаться неузнан-ным, сбегает из дома, переодевшись женщиной, и во время пу-тешествия действительно становится идеальной «женой»: он готовит, дает советы, терпит многочисленные чудачества Вени-амина и, как это часто бывало с женщинами в еврейских семьях, работает переводчиком у своего «мужа». Хорошее знание Сен-дерлом нееврейских языков только усиливает у Вениамина об-манчивое представление о собственной важности: «Здесь, вне Израиля *(khuts l'orets)*, с мужиками ты, пожалуй, лучше меня столкуешься. Тебя ведь твоя молодица *(ployniste)* частенько брала с собой на базар» [Abramovitsh 1911, 10: 45]. Хотя их насто-ящие жены считают их бестолковыми и бесполезными, Вениамин и Сендерл, установив гомосоциальные отношения, создают альтернативу традиционному браку[17]. Вениамин, разрушающий

---

[17] Сандер Гилман считает, что иерархия этого сатирического квазибрака основана на типичном для западной культуры доминировании патриархата и символизирует расстановку сил в русско-еврейских отношениях [Gilman 1991: 67].

традиционный брак, заставляет читателя задуматься о том, что существует мир и вне штетла с его привычным укладом[18].

Абрамович дает длинное красочное описание базарной площади в городе Глупске (топос, восходящий к городу Глупову из сатирического романа М. Е. Салтыкова-Щедрина «История одного города», 1869–1870)[19]. Хрестоматийный Глупск из романа Абрамовича — это, конечно, Бердичев, неотличимый от того Бердичева с его лужами и нищими, который Абрамович описывает в другом своем романе, «Заветное кольцо». Предметы, которые встречаются в коммерческом пейзаже Глупска, словно материализовались со страниц Библии или русских народных сказок: яблоки из Эрец-Исраэль соседствуют с избушкой на курьих ножках из восточноевропейского фольклора:

> Длинными рядами сидят торговки, окруженные корытами, в которых полным-полно чеснока, огурцов, вишен, крыжовника, красной смородины, китайских яблок, мелкой груши[20]. В стороне скособочилась ветхая будка на курьих ножках, без окон и дверей, в которой, по рассказам седовласых старцев, некогда помещался солдат-будочник. Весь город бегал тогда смотреть на это чудо. Возле будки, которой здесь гордятся, словно старинной крепостью, под навесом из нескольких прогнивших дощечек, покрытых рогожей и соломой и опирающихся на четыре искривленных столба, восседает торговка Двося [Abramovitsh 1957: 221].

В этом описании есть и восхищение, и насмешка. Восторг, который Вениамин испытывает при виде израильских яблок и чудесной будки, говорит о том, как невелик был мир для евреев, проживавших в черте оседлости. В то же самое время на базарной площади Глупска для Вениамина смешиваются два нарратива

[18] Как пишет Ольга Литвак, «местечко с тревогой воспринимает попытку Вениамина вырваться из зачарованного круга коллективной косности и взаимной ответственности — системы, которая в дореформенной России была печально известна под названием "круговая порука"» [Litvak 2006: 116].

[19] В 1861–1862 годах Салтыков-Щедрин собирался написать цикл рассказов «Глупов и глуповцы».

[20] В оригинале: Eretz-Yisroel epelekh («яблоки Земли Израильской») и Kol-nidrei barelekh («груши Кол нидрей», то есть поздние, созревающие к Йом-Кипуру).

(еврейский и славянский), которыми ограничено его провинциальное мировоззрение. Эти нарративы временно превращают обыденный коммерческий пейзаж в небесный Глупск — Глупск из еврейско-украинского мира фантазий.

Вениамин и Сендерл не находят десять колен Израилевых, но расширяют границы своего сознания и опыта. Их путешествие заканчивается в тот момент, когда, все еще находясь в Глупске, они попадаются на удочку *хапперов* — евреев-вербовщиков, которые поставляют в царскую армию определенное количество еврейских рекрутов (как правило, вместо других, имеющих возможность откупиться)[21]. Это событие отсылает читателя к началу путешествий Вениамина. Находясь на крестьянском возу в окружении кур, яиц и прочих товаров во время своего первого возвращения домой, Вениамин мечтал о том, чтобы попасть в руки евреев, а не иноплеменников: «Хоть бы продал меня еврею, — думал Вениамин, — тогда бы я еще мог кое-как душу спасти! Но что, если он меня продаст какому-нибудь принцу или, упаси бог, принцессе из иноплеменных *(fun di umes haoylem)*, — тогда я пропал, погиб навеки!» [Abramovitsh 1911, 10: 20]. Однако оказывается, что в рабство продает Вениамина и Сендерла именно еврей, подобравший их на дороге. Когда они после попытки бегства из казармы предстают перед военным судом и узнают, что их поступок карается по закону, Вениамин восклицает в свою защиту:

> — Ваше благородие! — воскликнул Вениамин. — Хватать *(khap-pen)* людей средь бела дня и продавать их, как кур на базаре, — это можно, а если они, бедные, захотели спастись, то это называют провинностью? Коли так, то ведь на свете ничего святого нет, и я тогда вообще не понимаю, что можно и чего нельзя! [Abramovitsh 1911, 10: 117].

Эта небольшая речь, благодаря которой Вениамин и Сендерл, по счастью, освобождаются от службы как умалишенные, является посланием Абрамовича к его читателям: официальное просве-

---

[21] О еврейской рекрутчине в царской России см. у Литвак и Петровского-Штерна [Litvak 2006; Petrovsky-Shtern 2008].

щение подвело русских евреев. Мир диаспоры оказывается опасным местом для еврея из Тунеядовки, причем наибольшая опасность исходит не от украинского крестьянина, который склонен заниматься своими делами и готов при случае прийти на помощь, а от религиозного еврея. Хаотичный коммерческий пейзаж является в этом романе не только фоном, который высвечивает ошибки и заблуждения Вениамина, но и метафорическим изображением фундаментально несправедливой государственной системы, где насильно забритые в рекруты люди превращаются в живой товар. Однако в 1880-е годы погромы и репрессивные законы сделали уже реальный, а не литературный коммерческий пейзаж Российской империи местом опасных столкновений между евреями и славянами.

1880-е годы как поворотный момент в истории коммерческого пейзажа

В марте 1881 года участники революционной террористической организации «Народная воля» убили популярного в народе царя Александра II, прозванного Освободителем за отмену крепостного права в 1861 году. Последовавшие за этим убийством погромы 1881–1882 годов и принятые в связи с ними правительством законы изменили существовавший тогда коммерческий пейзаж — как в реальности, так и в литературе. Многие из этих погромов происходили на рынках и ярмарках, а также в ходе христианских праздников. Законы, целью которых было предотвратить подобное насилие в будущем, накладывали ограничения на евреев в области торговли. В результате в русском обществе коммерческий пейзаж стал восприниматься как больная точка еврейско-славянских отношений. Александр Орбах писал, что первоначально погромы прокатывались по России волнами:

В первой волне, от середины апреля до первой недели мая 1881 года, произошло свыше 175 инцидентов как в небольших местечках, так и в крупных городах, таких как Одесса и Киев. После двухмесячной передышки прокатилась еще одна волна погромов, числом около 30, разорившая Полтавскую и Черниговскую губернии. Далее, в день католического Рождества 1881 года, начались беспорядки в Варшаве. Последним актом насилия, относимым к погромам 1881–1882 годов, стал погром в Балте в марте 1882 года [Orbach, Klier 1984: 1].

Правительство пыталось восстановить общественный порядок, взяв под контроль отношения между евреями и христианами[22]. Введенные законы, действие которых распространялось только на губернии, входившие в черту оседлости, менялись несколько раз в период с 1882 по 1917 год. Официально они были приняты для того, чтобы защитить евреев от антисемитских бунтов, подобных тем, что оставили сотни людей без крова в 1881–1882 годы. Фактически же они очень сильно ударили по «мобильности и материальному положению евреев в Царской России»[23]. Как писал еврейский историк Симон Дубнов, «в период между погромами в Варшаве и Балте правительство готовило для евреев серию легальных погромов»[24]. Вот три главных пункта «Майских правил».

---

[22] И. Майкл Аронсон, анализируя популярные теории об участии властей в погромах, приходит к такому выводу: «По самой своей природе русское правительство в 1881 году не могло даже замыслить, не говоря уж о том, чтобы реализовать, политику обращенного против евреев насилия, целью которого было бы достижение каких-то государственных задач» [Aronson 1990: 176].

[23] Хотя революционеры, боровшиеся с царским режимом, не инициировали погромы, они иногда признавали их необходимым злом, которое научит крестьян восставать против властей. Как пишет Цви Гительман, «их теория состояла в том, чтобы, громя евреев, крестьянство училось самоутверждаться и давать отпор своим угнетателям» [Gitelman 1988: 13]. Об отношении революционеров к погромам см. также статью Эриха Хаберера [Haberer 1992: 120]. Хаберер цитирует постскриптум Дейча к письму П. Лаврова П. Аксельроду от 14 апреля 1882 года [Аксельрод 2006: 66].

[24] Хотя позднейшие истории опровергли гипотезу Дубнова о том, что верховные власти принимали участие в организации погромов, его оценка «Майских правил» как «легальных погромов» довольно точно характеризует те последствия, которые эти законы имели для евреев в черте оседлости [Dubnow 1975, 2: 309].

Евреям временно запрещалось:

1. Селиться в сельской местности (вне местечек и городов).
2. Приобретать и арендовать недвижимое имущество вне местечек и городов и быть свидетелями или поверенными в такого рода сделках.
3. Торговать в воскресные или христианские праздники. Это же правило относилось и к христианам [Bunge 1981: 27–28; Dubnow 1975: 312].

Последствия двух первых положений «Майских правил» были для евреев катастрофичными. Полина Венгерова в своих «Воспоминаниях бабушки» писала: «У евреев отобрали последние остатки прежних свобод. Ограничения и запреты с временными послаблениями и ужесточениями продолжаются по сей день, и конца им не видно. Право евреев на жительство все больше сужалось» [Венгерова 2003]. Запрет торговли по воскресеньям и в христианские праздники, хотя он и был принят для того, чтобы не допустить массовых сборищ, которые могли бы перерасти в беспорядки, по факту привел к криминализации многих занятий, являвшихся обычной частью коммерческого пейзажа.

Как и другие положения «Майских правил», этот последний пункт допускал свободу интерпретации[25]. В социальном же плане «Майские правила» стимулировали христианских жителей Украины проявлять свои антисемитские чувства посредством жалоб на ярмарки и рынки. В архивах сохранилось множество обращенных к местным и центральным властям петиций, из которых видно негативное отношение христиан к евреям и рынкам — эти понятия были неразрывно связаны. В одной петиции 1883 года говорится, что попытки перенести базарный день с воскресенья на будни были безуспешны, потому что евреи подкупили полицию и местные власти: «Ни ваши распоряжения, ни желания общества

---

[25] Как заметил Джон Клир, «на практике реальное значение "Майских правил" состояло в том, что вопрос их правоприменения во многом был отдан на откуп местным властям, особенно полиции, которые могли интерпретировать их так, как им было вольно» [Klier, Lambroza 1992: 40].

не имеют значения, а только хитрость евреев»[26]. В другой петиции, написанной в августе 1887 года, некий священник жаловался, что его прихожане, «ненадлежаще проводя богослужения с утра, не стесняются потом допускать в своих поступках всякие неосторожности, коими пользуются эксплуататоры-евреи»[27]. Сам обер-прокурор Победоносцев писал в 1889 году Александру III: «В Западном и Юго-Западном крае дошло до того, что рабочее население все в кабале у евреев, и рабочему в праздник невозможно и думать о церкви — еврей не пускает. <...> "А то как же я закрою лавку в гостином дворе, когда у соседа открыта?"» [Победоносцев 1993: 372].

Как правило, в ответах властей на эти обращения говорилось, что «без базаров же крестьянин в своем быту обойтись не может»[28] или что «перенесение означенных ярмарок на будние дни оторвет приезжих крестьян от работы и может невыгодно отразиться на их экономическом положении»[29]. Однако если погромы продемонстрировали, что евреи беззащитны перед насилием со стороны своих украинских соседей, то «Майские правила» закрепили представление о них как о врагах христианского населения — в значительной степени именно из-за их присутствия на ярмарках и базарах.

Хотя многие еврейские персонажи, встречающиеся в литературе того времени, иллюстрируют этот антагонизм, еврейские и прогрессивные в социальном отношении нееврейские писатели пытались бороться с подобными антисемитскими стереотипами[30].

---

[26] ЦГИАК. Ф. 442. Оп. 536. Д. 66. Л. 9–10 (Петиция о местечке Копильня Полтавской губернии).

[27] ЦГИАК. Ф. 442. Оп. 540. Д. 155. Л. 5 (Письмо св. м. Дашево, Липовецкого уезда, Августина Левицкого к обер-прокурору святейшего Синода за № 3425).

[28] ЦГИАК. Ф. 442. Оп. 536. Д. 66. Л. 3–6 (Доклад к письму Митрополита Киевского Платона от 31 Марта 1883 года за № 4600, относительно перенесения ярмарок и торгов в селениях с воскресных дней на будни).

[29] ЦГИАК. Ф. 442. Оп. 628. Спр. 299 (Киевский, подольский и волынский генерал-губернатор господину Министру Внутренних Дел от 15 июля 1898 г.).

[30] Генриетта Мондри так пишет о ситуации в России в 1881–1882 годы: «Евреи стали в российском обществе и культуре стереотипным эталоном этнического чужака, который самой природой был наделен иным лицом и телосложением и чьи душевные и моральные качества составляли самую суть его "иной" души» [Mondry 2009: 30].

Философ В. С. Соловьев и русскоязычный писатель украинского происхождения В. Г. Короленко яростно протестовали против погромов, возлагая вину за социальные беды российского общества не на еврейских торговцев, а на систему, в которой нетерпимость не только не осуждалась, но и по сути была частью государственной политики [Baron 1976: 51]. Короленко в своих произведениях, натуралистично описывающих евреев и христиан, пытался обелить образ торговца-еврея. В новелле «Судный день» (1890) черт Хапун (чье имя явно отсылает к хапперам, похищавшим еврейских мальчиков и продававшим их в рекруты) приходит, как это часто описывается в украинском фольклоре, к грешнику-еврею накануне праздника Йом-Кипур. В тот год он поймал шинкаря Янкеля, который будто бы перенесся в эту историю прямиком из «Тараса Бульбы». Черт перечисляет Янкелю грехи, в которых тот виновен:

> — Дерете с людей проценты — раз!
> — Раз, — повторил Янкель, тоже загибая палец.
> — Людским потом-кровью кормитесь — два!
> — Два.
> — Спаиваете людей водкой — три.
> — Три.
> — Да еще горелку разбавляете водой — четыре!
> — Ну, пускай себе четыре. А еще?
> — Мало тебе, что ли? Ай, Янкель, Янкель! [Короленко 1953–1956, 2: 291].

Третий и четвертый пункты обвинения, явно противоречащие друг другу, являются типичным примером того, как евреев превращали в козлов отпущения. В «Судном дне» Янкель заключает с чертом сделку. Он не будет сопротивляться и позволит черту забрать себя на год. Однако если христианин, который заменит его в шинке на это время, сам совершит все перечисленные чертом грехи, то черт его отпустит и компенсирует ему все убытки. Место Янкеля занимает украинский мельник, который через год управляет уже не одним, а двумя шинками, так же разбавляет водку и презираем всеми в округе, как и Янкель до него.

В начале XX века Короленко был известным защитником обездоленных. Его очерк «Дом номер 13», повествующий о погроме в Кишиневе в 1903 году, принес ему репутацию филосемита. Статья «Сорочинская трагедия» (1907) осуждала власти за жестокое подавление крестьянского выступления в селе, прославленном Гоголем почти веком ранее. В «Судном дне» Короленко вроде бы обращается к гротескному образу гоголевского еврея, заключившего сделку с чертом. Однако посыл этого произведения в том, что в экономических бедах деревни виноват не еврей, а само общество, находящееся в полном упадке.

Новый коммерческий пейзаж Менделе

Еврейским просветителям, большую часть жизни потратившим на критику традиционной еврейской культуры, переход к нарративу с осуждением антисемитизма и ущербной сельской экономики дался не так просто, как их русским и украинским коллегам. Абрамович перестал писать в 1880-е годы и, как и многие его товарищи-маскилы, скорее пересмотрел свою преданность идеалам Просвещения, чем принял революционные идеи народовольцев. Еврейский журналист Б. Брондт писал в 1889 году: «Наше величайшее несчастье заключается в том, что за два десятилетия, предшествовавших погромам, мы начали отрицать свою сущность и забывать, кто мы есть. Мы кричали в один голос, что мы русские, немцы или французы, но не евреи» [Brondt 1889: 17–18; Wiener 1935: 108]. Поскольку в СССР высоко ценилось классовое сознание, а национализм официально осуждался, советские литературоведы были вынуждены порицать чувство еврейской солидарности, которым отмечено позднее творчество Мойхер-Сфорима. Советский историк еврейской литературы Меер Винер писал, что в 1880-е годы Менделе отступил от прогрессивных политических и общественных взглядов и в ситуации направленного против евреев насилия и экономического хаоса перешел на мелкобуржуазные и националистические позиции. Последний роман Абрамовича «Заветное кольцо» («Dos vintshfingerl») являлся, согласно

Винеру, реакционным ответом писателя на положение дел в 1880-е годы и переходом от общественного сопротивления и антиклерикализма к оправданию и романтизации всего еврейского, «даже хасидов... против которых маскилы так яростно выступали» [Wiener 1935: 111][31]. То, что Винер осуждает как реакционный поворот к прошлому, можно воспринимать и как сложный переход к более тонкому пониманию уязвимого положения русских евреев после погромов начала 1880-х годов и последовавших за ними «Майских правил».

«Заветное кольцо» является иллюстрацией того, как сильно повлияли на творчество Абрамовича события 1880-х годов. Впервые писатель опубликовал его как повесть в 1865 году, и это произведение не имело большого успеха. В поздней редакции, которую он начал печатать в «Еврейской народной библиотеке» (*«Di yidishe folks-bibliotek»*) Шолом-Алейхема в 1888 году, это уже исторический роман, действие которого начинается в 1830-е годы и достигает кульминации в дни погромов 1880-х[32]. Ярмарки и рынки в этой книге не только предстают местами, где евреи подвергались насилию во время погромов, но и демонстрируют экономический застой, постигший украинскую провинцию после принятия «Майских правил». Одним из важнейших отличий поздней редакции «Заветного кольца» от первого издания является включение в текст этого произведения подробного описания коммерческого пейзажа и его опасностей.

Базарная площадь в романе предстает пространством эксплуатации, преступлений и неудач: здесь редко когда удается зара-

---

[31] М. А. Крутиков в своем недавнем исследовании, посвященном Мееру Винеру, так резюмирует критику последнего в адрес Мойхер-Сфорима: «Он хорош в стилизации, сатире и пародии до тех пор, пока все это служит ему для общественной критики; но, когда он пытается использовать это в "национальных" интересах, его стиль становится "орнаментальным", подражательным, выспренным и помпезным» [Krutikov 2011: 235].

[32] Как писал Мирон, «этот роман был задуман как методичное исследование жизни русских евреев в различных условиях: в штетле, в новом коммерческом центре внутри черты оседлости, вероятно, в современном большом городе и, возможно даже, вне России» [Miron 1995: 97].

ботать денег или приобрести что-то ценное. В начале книги город Глупск выглядит местом, где молодые жители Капцанска (который можно перевести как «Бедняцк») надеются разбогатеть[33]. Впрочем, как мы знаем из ранних произведений Абрамовича, Глупск — это город, в котором герои скорее собьются с пути, чем обретут финансовое благополучие (именно в Глупске *хапперы* похищают Вениамина и Сендерла и продают их в рекруты). Главным коммерческим пейзажем «Заветного кольца» является невольничий рынок Глупска. Здесь похищают и продают в публичный дом несколько молодых женщин, в том числе Бейлу, подругу главного героя Гершеля. Рынок, который сначала представляется героям веселым и безопасным местом, вскоре приводит в ужас читателя, узнающего о том, что здесь торгуют живым товаром:

> Хозяйки охают, стенают, вытирают носы и трут глаза *(opgekumene balebosten okhtsn, krekhtsn, vishn di nez un raybn di oygn).* Перекупщики, одетые в шали или однорукавные куртки *(yupes oyf eyn arbl),* кружат вокруг них, как ангелы разрушения. Один из них выхватывает, как курицу из клетки, юную женщину или девушку и куда-то ее уводит. Тут же прибегает еще один перекупщик, осыпая кого-то ругательствами. А третий со сладкими речами обращается к стоящим тут же содержательницам борделей, до небес расхваливая свой товар: эта вот печет вкуснейшую халу, у другой золотые руки, которые до блеска отмывают даже самую старую медную посуду, а третья — несравненная повариха, которая могла бы готовить для самого царя, — она никогда не работала на других и была хозяйкой в собственном доме. Серьезно — эта бывшая жена Нахима Лентяя *(a katoves nakhomtse dem batlens a vayb)* [Abramovitsh 1946, 4: 128–129].

Читатель может проглядеть сходство между охающими и стонущими мещанками Абрамовича и гоголевскими торговками («поссорившиеся перекупки перекидывались бранью и раками» [Гоголь 1937–1952, 1: 116]). Но никак нельзя пройти мимо посредников в куртках с одним рукавом, которые явно сшиты по тому

---

[33] Прекрасный обзор того, как описывался Бердичев в еврейской литературе на идише, см. у Крутикова [Krutikov 2000].

же фасону, что и свитка сорочинского черта. Более того, «Сорочинская ярмарка» Гоголя, которая поначалу тоже кажется лишь забавной историей, в конце открывает перед читателем неприглядную коммерческую сторону романтических отношений. Но если Параска охотно выходит замуж, то у Абрамовича Бейла, приезжающая в Глупск в поисках работы, совершенно не сознает того, что попадает в сексуальное рабство.

Невольничий рынок фантасмагорического Глупска, где на базарной площади пропадают сироты (и рукава), показывает сильное влияние Гоголя, Салтыкова-Щедрина и, возможно, Диккенса на творчество Абрамовича. Этот коммерческий пейзаж, который, как и другие ему подобные, является микрокосмом всей черты оседлости, дает писателю возможность изобразить, с каким бессердечием люди могут относиться друг к другу (особенно сильны те сцены, где эту жестокость проявляют к своим собратьям евреи). Однако этот рынок со всеми его содержательницами борделей, оскорблениями и секс-трафиком на удивление лишен обычных товаров. Торговля сама по себе редко является фактором, играющим в еврейской литературе существенную роль в развитии сюжета[34]. Гуманитарные ценности оказываются намного важнее любых удачно заключенных сделок. Эти ценности нередко формулируются в виде народных пословиц, которые тоже являются своего рода вербальным товаром. Например, предостережение о вреде суеверий: «Так уж устроен мир: все любят обманываться» [Abramovitsh 2002a: 212]; совет, как преуспеть в торговле: «Если хочешь творить добро, нужно быть мудрым и богатым» [Abramovitsh 2002a: 214]; и даже намек на то, что необходимо учиться жить в современном обществе: «Недаром говорят: лучше человек без бороды, чем борода без человека» [Abramovitsh 2002a: 216][35].

---

[34] Замечательный обзор художественной литературы на идише см. у Крутикова [Krutikov 2000: 22–56].

[35] Смысл этой фразы в том, что, с одной стороны, многие евреи, выбравшие европейский образ жизни, сбривали бороды, а с другой — во время погромов обычным делом было вырывание у евреев бород.

В первой своей редакции «Заветное кольцо» — это типичный образец маскилской литературы, вполне оптимистичная история о том, как рожденный в штетле юноша, начав с самых низов, получает современное образование. Полное название этой оды, восхваляющей светское образование: «Волшебное кольцо, с помощью которого каждый может добиться всего, чего захочет, и стать полезным для себя и для других» [Miron 1995: 113]. В расширенной версии роман по-прежнему остается историей о еврейском просвещении, но это уже далеко не только манифест в защиту светского образования, как в первоначальной редакции «Кольца», или язвительная критика еврейского провинциализма, как в «Вениамине Третьем», не говоря уж о беспримесном антиклерикализме «Кокошника» Аксенфельда. Поздний вариант «Заветного кольца» — это не просто призыв к евреям встраиваться в жизнь русского общества. Важнейшей фигурой в нем является повзрослевший Гершель, который отдает свою автобиографию Менделе-Книгоноше (то есть по сути это книга в книге). В конце романа Гершель, ставший солидным господином по имени Гирш Ротман, возвращается в 1880-е годы в родной Капцанск и узнает, что его любимая Бейла была изнасилована и убита во время погромов. Эта трагедия еще больше укрепляет Гершеля в том, что он видит целью своей жизни: посвятить себя улучшению быта евреев. Однако он обнаруживает, что, став маскилом, он утратил общий язык с бывшими земляками. Не имея возможности вернуть доверие жителей местечка, Гершель обращается за помощью к торговцу Менделе, альтер эго Абрамовича, который может разговаривать как с маскилами, так и с обычными евреями[36]. Поместив своего рассказчика, легко находящего общий язык с традиционными обитателями штетла, рядом с превратившимся в чужака маскилом Гершелем, Абрамович указывает на пропасть, пролегшую между просветителями и остальным еврейским большинством, и объясняет, для чего ему так необходима маска Менделе.

---

[36] Эта важная мысль о Менделе как о маске, за которой скрывается Абрамович, принадлежит Дану Мирону [Miron 1995: 123].

В поздней редакции своего романа Абрамович открыто критикует маскилов за то, что те оказались неспособны защитить интересы еврейских общин и самих евреев от физической расправы, и это свидетельствует о том, что он стал ближе к своим читателям после погромов и последовавших за ними «Майских правил». Абрамович переписал «Заветное кольцо» по настоянию молодого Шолом-Алейхема, который хотел опубликовать этот роман в первом выпуске своей «Еврейской народной библиотеки». Шолом-Алейхем, только начавший литературную карьеру в 1880-е годы, создавал свой стиль в условиях кризиса, охватившего черту оседлости. В новом украинском коммерческом пейзаже евреи постоянно находились в опасности — как экономической, так и физической. Поэтика Шолом-Алейхема построена на сочетании украинского юмора Гоголя, провинциальных еврейских персонажей Абрамовича и заботы о социальном благополучии представителей рабочего класса, общей для всех прогрессивно настроенных интеллектуалов его поколения. Интерес Шолом-Алейхема к социальным взаимоотношениям внутри черты оседлости особенно явно виден в тех его произведениях, где идет речь о коммерческих неудачах.

Гоголевский пейзаж Шолом-Алейхема

«В русской литературе имена Гоголя и Тургенева будут жить вечно, так как первый был юмористом, а второй сатириком, и оба были великими поэтами, — писал Шолом-Алейхем в 1884 году. — В нашей бедной еврейской литературе тоже есть свой юморист (Абрамович) и свой сатирик (Линецкий) — конечно, в куда меньшем масштабе» [Rabinovitsh, Berkowitz 1958: 326][37]. Портре-

---

[37] Дан Мирон пишет об этих словах Шолом-Алейхема: «Несмотря на оговорку о бедности и скромном масштабе еврейской литературы, он говорит о ней как о достойной сравнения с великими литературами и содержащей произведения различной жанровой направленности и эстетической ценности» [Miron 1995: 28].

ты Гоголя и Абрамовича висели рядом в кабинете киевской квартиры Шолом-Алейхема [Frieden 1995: 103]. Настоящее имя писателя было Шолом Рабинович, но одно время он использовал свой псевдоним даже в личной переписке (включая письма к семье), и это говорит о том, что он воспринимал свое альтер эго с той же ироничной любовью, с какой относился к Менделе — рассказчику Абрамовича[38]. Шолом-Алейхем хотел работать рука об руку с Абрамовичем, в котором видел пример для подражания, однако образцом народного писателя он все же считал Гоголя, и говорят, что на его коробке с незаконченными произведениями было написано «Гоголь»[39]. Как Гоголь подчеркивал свое украинское происхождение при помощи вышитой одежды и чуба, так и Шолом-Алейхем, выбрав гоголевское каре, обозначал свою связь с великим русским писателем[40] [Gregg 2004: 63]. Продолжая традицию, заложенную Абрамовичем, он сопровождает еврейских торговцев в их путешествиях по Украине. А продолжая гоголевскую традицию, он описывает коммерческий пейзаж как микрокосм украинской провинции и место памяти восточноевропейских евреев[41]. Для русских читателей Гоголя украинская ярмарка — это сцена, на которой идеализированные провинциальные персонажи сталкиваются с опасностями, пришедшими из реального внешнего мира. А для еврейских читателей Шолом-Алейхема, которые массово эмигрировали из царской России или переезжали жить в большие города, украинская ярмарка превра-

---

[38] Согласно Кену Фридену, он поступал так примерно в течение года, начав в 1908 году, а позднее обычно подписывался «Соломон» или «Соломон Рабинович» [Frieden 1995: 105].

[39] Дэвид Роскис писал, что у Рабиновича «на столе была коробка, помеченная "Гоголь", в которой он хранил свои недописанные работы; он часто цитировал Гоголя в личных письмах и даже носил прическу как у Гоголя» [Roskies 1995: 154]. Об этой коробке см. также у Ашера Бейлина [Beilin 1959: 55].

[40] Рут Виссе в одном месте называет Шолом-Алейхема «еврейским Гоголем» [Wisse 2000: 48].

[41] Дэвид Роскис, заимствуя у Пьера Нора концепцию *lieu de memoire* (место памяти), пишет о том, что Восточная Европа является местом памяти американских евреев [Roskies 1999: 12].

щалась в священное место коллективной памяти[42]. Однако если Гоголь в своих поздних текстах видит Украину и Великороссию как единое целое, то Шолом-Алейхем чем дальше, тем настойчивее проводит мысль о том, что евреи должны покинуть если не Россию, то хотя бы штетл. Именно об этом его грустная (хотя и юмористическая) серия зарисовок «Новая Касриловка» — пародийный путеводитель, состоящий из семи разделов, каждый из которых оказывается для путешественника хуже предыдущего: «Трамвай», «Гостиницы», «Рестораны», «Вина», «Театр», «Пожары» и «Бандиты»[43].

Тот, кому суждено было стать Шолом-Алейхемом, родился в обеспеченной и просвещенной семье. Его отец, Нохум Рабинович, не только получил хорошее образование, но и был состоятельным человеком — большая редкость для нищего местечка[44]. Благодаря браку с Ольгой Лоевой Шолом-Алейхем стал наследником колоссального состояния. Хотя серия неудачных инвестиций на Киевской фондовой бирже в итоге серьезно ухудшила финансовое положение писателя, приобретенный в коммерции опыт позднее позволил ему создать таких классических персонажей, как неудачливый коммерсант Менахем-Мендл и его сельский родственник Тевье. Интерес, который Шолом-Алейхем испытывал к мировой экономике, виден даже в его описаниях коммерческого пейзажа украинской провинции. В конце концов, это он

---

[42] Я не согласна с такими исследователями, как Гарольд Клепфиш, который писал, что «невозможно в полной мере понять Тевье-молочника и проникнуться к нему сочувствием, если читатель хотя бы в какой-то мере не знаком с историей украинских евреев» [Klepfisz 2003: 209]. Как раз наоборот: благодаря произведениям Шолом-Алейхема жизнь украинского штетла — и еврейская жизнь вообще — стала явлением мировой литературы, доступным для понимания любому читателю.

[43] В ранней версии речь шла о Бердичеве. Этот цикл входит в первый из двух томов, которые Шолом-Алейхем посвятил исключительно Касриловке [Sholem-Aleichem 1959, 2: 63; Шолом-Алейхем 1959, 4: 489].

[44] Как писал Сол Гитлман, Рабинович-отец «был не только человеком с широкой эрудицией, но и *ногидом* — городским богачом, что делало его очень важной фигурой в постоянно нищем штетле, где большинство жителей балансировали на грани нищеты» [Gittleman 1974: 23].

однажды написал в письме к своему другу Равницкому: «Даже поэт должен изучить Адама Смита и Джона Стюарта Милля»[45].

Шолом-Алейхем говорил дома по-русски и опубликовал на этом языке часть своих рассказов. В 1881–1883 годах он был казенным раввином в городе Лубны, а после начал писать не только на русском и иврите, но и на идише [Frieden 1995: 98–101]. По сравнению с ивритом идиш не только давал писателю возможность охватить большую читательскую аудиторию, но и позволил ему обратиться к тому самому пейзажу, который так сильно повлиял на развитие русской литературы. Как и просветители, начавшие писать на идише в 1840-е годы, Шолом-Алейхем стремился достучаться до тех самых простых евреев, которых он описывал в своих книгах. Подобно Абрамовичу, он с годами возвращался к своим старым произведениям и переписывал их, отражая изменения в политическом климате.

Важным мотивом раннего творчества Шолом-Алейхема является иллюзорность (и желанность) материальных вещей. В первом его успешном рассказе, «Ножике» («Dos meserl»), юный герой крадет ножик у живущего в его семье квартиранта, просвещенного еврея по имени Герц Герценгерц, который «ходил с непокрытой головой, брил бороду и не носил пейсов». Герценгерц, чьи имя и манера поведения создают гротескный образ маскила (Германия была центром Гаскалы), выглядит чужаком в штетле, где все говорят на идише. «Я вас спрашиваю, — говорит мальчик, — как мог я сдерживаться и не помирать каждый раз со смеху, когда этот еврейский немец или немецкий еврей заговаривал со мной по-еврейски?» [Sholem Aleichem 1959, 4: 14; Шолом-Алейхем 1959: 5: 344]. Подобно французским мылу и ресторанам у Гоголя, которые затронуты скверной потому, что связаны с европейским Просвещением, вожделенный ножик некошерен (и потому особенно желанен), так как связан со страной, породившей Гаскалу. Герой рассказа, который в свои десять лет ненавидит жестокого учителя в хедере и уже заслужил прозвище «безбожник», произ-

---

[45] Письмо к Равницкому № 5 от 30 декабря 1887 года. Цит. по книге Дэвида Роскиса [Sholem Aleichem 1887; Roskies 1995: 148].

носимое его отцом со смесью раздражения и гордости, связан
с маскилом не только благодаря похищенному у того ножику.

После того как ножик оказывается похищен, он, как нос май-
ора Ковалева, начинает жить своей жизнью. Герой наблюдает за
тем, как учитель в хедере жестоко наказывает его несчастного
соученика, укравшего деньги из кружки для пожертвований,
и решает выбросить ножик в воду.

> Я достал ножик и помчался к колодцу, но мне казалось, что
> в руках у меня не ножик, а что-то отвратительное, гадюка, от
> которой надо поскорее избавиться. А все-таки было жаль! Такой
> чудный ножик! Минуту я стоял в раздумье и мне казалось, что
> я держу в руках живое существо. Сердце щемило [Sholem
> Aleichem 1959, 4: 27; Шолом-Алейхем 1959, 5: 353].

Страдая от угрызений совести, мальчик заболевает лихорадкой
и бредит; он исцеляется и избавляется от груза вины только тогда,
когда сознает, что причиной всех бед был сам ножик. Мораль этой
истории, обращенная к юным читателям Шолом-Алейхема, вроде
бы очевидна: нельзя красть или лгать. Скрытое же послание, однако, обращено к взрослым читателям и основано на появившей-
ся у мальчика способности более глубоко проникать в суть добра
и зла. Те, кто заботится о нем — родители и маскил, — находятся
у его постели, когда мальчик приходит в себя; жестокость учителя
из хедера, решившего преподать ученикам урок нравственности,
становится известна взрослым благодаря словам, произнесенным
мальчиком в бреду. Ножик «немца», способный «резать, что захо-
чу» («*un vos ikh vil, zol dos mir shnayden*») [Sholem Aleichem 1959,
4: 7; Шолом-Алейхем 1959, 5: 341], имел две стороны: инструмен-
ты просвещения могли открыть перед рассказчиком возможности,
которых он был лишен, живя традиционной еврейской жизнью,
но вместе с тем он всегда рисковал утрать связь с общиной и доверие соплеменников, если пользовался ими слишком охотно.

Украденный ножик был заменой предыдущему ножу, приоб-
ретенному отчасти в кредит: «Я копил деньги, которые мне давали на завтрак, и на них купил ножик у Шлеймеле за десять полу-
шек, семь — наличными (*ziben groshen mezumen*), а три в долг»

[Sholem Aleichem 1959: 4: 10; Шолом-Алейхем 1959, 5: 342][46]. Недостающие три полушки и выброшенный в колодец ножик являются долгом, который так и не оказывается уплачен до конца рассказа, и это намекает на то, что история еще не завершена и у героя впереди новые поиски. Рассказы Шолом-Алейхема часто начинаются с того, что какие-то вещи приобретаются в долг. В его популярном цикле о Менахеме-Мендле, написанном в период между 1892 и 1913 годами, заглавный герой путешествует по миру и придумывает все новые и новые схемы быстрого обогащения. Странствия Менахема-Мендла начинаются с того, что он взамен обещанного приданого получает небольшую сумму наличными, два векселя и оказавшееся необеспеченным долговое письмо, по которому должен получить деньги в Одессе. Эти бумаги становятся центральным элементом всего повествования, которое постоянно возвращается к ним, подобно гоголевскому нарративу с его зацикленностью на рукавах и воротниках. Менахему-Мендлу Одесса представляется огромным коммерческим пейзажем, в котором видимо-невидимо любых товаров. Вот что он пишет своей жене:

> Представь себе, стоит мне выйти с тросточкой на Греческую (так в Одессе называется улица, где заключаются всякие сделки) — и у меня двадцать тысяч дел! Хочу пшеницу — пожалуйста! Отруби? — Отруби! Шерсть? — Шерсть! Мука, соль, перья, изюм, мешки, селедки, — в общем, все что ни назови, можно найти в этой Одессе! [Sholem Aleichem 1972: 34; Шолом-Алейхем 1959, 1: 333].

Как и у Гоголя, эти рассыпанные по базару богатства сбивают героев Шолом-Алейхема с пути истинного.

«Менахем-Мендл» — это роман в письмах, которыми обмениваются заглавный герой и его жена Шейне-Шейндл[47]. Лишенный

---

[46] О теме двойной бухгалтерии в художественной литературе см. книгу Элиф Батуман [Batuman 2007].

[47] Как писал Дэвид Роскис, «в своем первом цикле историй о Менахем-Мендле (1892) Рабинович возродил к жизни *brivn-shteler* (эпистолярный жанр) со всеми присущими ему архаичными формулами приветствия и завершения письма и помпезным стилем изложения» [Roskies 1995: 154].

коммерческой сметки Менахем-Мендл ест и пьет, но в сделках успеха не имеет[48]. Обладая аппетитом и разборчивостью Чичикова и красноречием и беспечностью Грицько, Менахем-Мендл отлично разбирается в формальном устройстве рынка, но не в его содержании. Он большой специалист в написании оптимистичных писем своей жене Шейне-Шейндл, с помощью которых ему удается на время задобрить ее, даже не обещая вернуться домой или раздобыть для нее пропитание. Шейне-Шейндл остается дома в Касриловке, ругая мужа за то, что тот игнорирует семейную жизнь, посылая ему деньги, когда его очередные авантюры оканчиваются крахом, и сообщая ему местные новости. «Менахем-Мендл» — это история, рассказанная двумя отчетливо слышными, но взаимозависимыми в нарративном отношении голосами, которые соревнуются между собой за симпатии читателей. Диалог, происходящий в этом эпистолярном романе, позволяет сопоставить перемены, происходящие в большом мире, с переменами в жизни штетла, как их видят простой еврей и его жена.

Хотя Шолом-Алейхем довольно редко описывал базарную площадь во всех деталях — с перекрикивающими друг друга торговцами и ревом скота, — он часто обращался к этому образу, используя его и в буквальном значении, и как метафору. Менахем-Мендл пишет свой жене Шейне-Шейндл:

> Тут, у Семадени, и есть самая биржа. Сюда собираются маклеры со всех концов света. Здесь всегда крик, шум, гам, как — не в пример будь сказано — в синагоге: все говорят, смеются, размахивают руками. Иной раз ссорятся, спорят, затем судятся, потому что при дележе куртажа вечно возникают недоразумения и претензии; без суда посторонних лиц, без проклятий, кукишей и оплеух никогда ни у кого — в том числе и у меня — не обходится [Sholem Aleichem 1972: 122; Шолом-Алейхем 1959, 1: 398].

---

[48] Как замечает Дан Мирон, Менахем-Мендл «нашел в Одессе "все, что ни назови"; поскольку предметом сделок обычно были продукты, можно представить, что все это сжиралось в буквальном смысле слова» [Miron 2000: 167].

Кафе в Киеве, принадлежавшее итальянскому швейцарцу Семадени, стало настоящей биржей, где игроки за чашкой кофе или порцией мороженого проворачивали большие сделки. По воспоминаниям дочери писателя Марии Вайфе-Голдберг, ее отец «никогда не ходил к Семадени, но из интереса, который был, разумеется, чисто литературным, часто разговаривал с биржевыми дельцами на улице» [Waife-Goldberg 1968: 102]. Проклятия и кукиши, которыми отмечен этот импровизированный рынок, являются типичными атрибутами полноценной ярмарки. Герой «Менахема-Мендла» путешествует по огромному коммерческому пейзажу, вступая в разнообразные финансовые отношения. В письме из Егупца Менахем-Мендл объясняет жене: «Здесь, когда встречаются, первым долгом спрашивают: "Как сегодня с 'Транспортом'?" Зайдешь в ресторан, хозяйка спрашивает: "Почем сегодня 'Транспорт'?" Покупаешь коробок спичек, — лавочник спрашивает: "Почем сегодня 'Транспорт'?"» [Sholem Aleichem 1972: 70; Шолом-Алейхем 1959, 1: 358–359]. У Шолом-Алейхема обмен финансовой информацией необязательно предполагает немедленное заключение сделки; скорее, это повод для диалога.

Как и Вениамин из романа Абрамовича, Менахем-Мендл склонен раздувать свои беды до библейских масштабов. Сожалея в одном письме о потере небольшого состояния, уже в следующем послании он вновь полон оптимизма. И только встретив его в другом цикле Шолом-Алейхема, мы понимаем, насколько ненадежен наш горе-коммерсант. Один из рассказов про Тевье-молочника («Химера») повествует о том, как покладистый Тевье доверяет своему дальнему родственнику (со стороны жены) Менахему-Мендлу крупную сумму денег, которую тот обещает выгодно вложить; заканчивается все, разумеется, крахом. Но несмотря на все свое донкихотство, Менахем-Мендл вызывает у читателя симпатию: он куда менее безумен, чем Вениамин Третий, и в нем меньше черт антигероя, чем у любого персонажа Гоголя.

Менахем-Мендл пишет жене о том, что происходит с ним на рынке нового типа: «Курсы прыгают вверх и вниз, как сумасшедшие, депеши летят туда и сюда, а люди носятся, как на ярмарке *(yidn loyfn arum, vi oyf a yarid)*, делают дела, получают прибыль, а среди них и я» [Sholem Aleichem 1972: 39; Шолом-Алейхем 1959, 1: 337]. При всей суматошности этого процесса единственные слова, которыми Менахем-Мендл может описать происходящее, относятся к провинциальной лексике штетла. Хотя ни Менахем-Мендл, ни Шейне-Шейндл не обращают особого внимания на полученные друг от друга письма, событиям, о которых они пишут, намеренно придается некоторое сходство, и читатель видит между ними связь. Возникает ощущение, что базар в Касриловке отзывается и бурно реагирует на малейшие изменения ситуации в Думе, на фондовом рынке или на Всемирном съезде сионистов. За счет этого еврейское мировоззрение высвобождается из узких рамок захолустного штетла и встраивается в глобальную картину быстро меняющегося современного еврейского мира. Менахем-Мендл — местечковый еврей и коммерсант — все еще напоминает гоголевского Янкеля, вечного торговца и посредника, но благодаря своим письмам он становится человеком, определяющим судьбу всей своей общины.

Персонажи Шолом-Алейхема так же растеряны и выбиты из привычной среды обитания, как и его читатели, видевшие, как быстро меняется мир вокруг них. Однажды судьба забрасывает Менахема-Мендла на собрание сионистов: «Я посетил пару заседаний сионистов *(bay di hige tsionistn oyf di zasednaies)*, потому что хотел понять, что все это значит. Но они все время говорили по-русски — и подолгу. На мой взгляд, никому бы не стало хуже, если бы евреи говорили между собой на идише» [Sholem Aleichem 1972: 136; Sholem Aleichem 1969: 120]. Менахем-Мендл не может разобрать, о чем говорят русскоязычные просвещенные евреи, и единственный доступный его пониманию мир — это мир еврейской торговли. Хотя диалог между Менахемом-Мендлом и Шейне-Шейндл звучит наивными голосами простых мужчины и женщины, на самом деле он отображает куда более сложные отношения между традицией и современностью, штетлом и большим городом, чертой оседлости и сионизмом. Между 1892 и 1913 годами (последняя дата имела особое значение для русских евреев — это год, когда в Киеве проходил процесс по делу Бейлиса) Менахем-Мендл странствует по миру, посещая Одессу, Варшаву, Америку и Палестину. Шолом-Алейхем адресовал этот цикл тем читателям, которые, как и сам Менахем-Мендл, интересовались переменами, происходившими в еврейском мире, но не могли увидеть их своими глазами.

Как и Абрамович в «Заветном кольце» (в редакции 1888 года), Шолом-Алейхем показывает разлом, пролегший между просвещенным писателем и жителями провинциального штетла. Импульсивный Менахем-Мендл, как и рассказчик Абрамовича Менделе-Книгоноша, предлагает читателю представить себе еврейский мир, не ограниченный одной Касриловкой. Такой призыв включить воображение чем-то напоминает диалог из рассказа Шолом-Алейхема «Семьдесят пять тысяч», происходящий между Янкевом-Иослом и его женой Ципойрой, когда Янкев-Иосл решает (ошибочно), что выиграл по облигации 75 000 рублей:

> — Сколько же мы выиграли? — спрашивает она и смотрит мне прямо в глаза, будто хочет сказать: «Пусть только это окажется враньем, получишь ты от меня!»
> — К примеру, как ты себе представляешь? Сколько бы ты хотела, чтоб мы выиграли?
> — Я знаю? — говорит она. — Несколько сот рублей, наверное?
> — А почему бы не несколько тысяч?
> — Сколько это — несколько тысяч? Пять? Или шесть? А может быть, и все семь?
> — А о большем ты, видно, не мечтаешь? [Sholem Aleichem 1917–1923, 16: 82; Шолом-Алейхем 1959, 4: 59].

Противопоставляя Касриловку остальному огромному миру, Шолом-Алейхем хотел, чтобы его читатели начали мечтать о чем-то большем, даже если шансы на это были не очень велики.

Если Менахем-Мендл (как и многие другие мужские персонажи Шолом-Алейхема) олицетворяет мечту о чем-то большем, то Шейне-Шейндл является голосом приземленной реальности и здравого смысла. Развивая эту метафору, можно сказать, что Менахем-Мендл с его заседаниями сионистов и путешествиями по неведомым местам напоминает образованного еврейского писателя, возможно даже, маскила-идеалиста из числа литературных предшественников Шолом-Алейхема. А Шейне-Шейндл, остающаяся в штетле с их детьми, символизирует еврейского читателя. Как и маскилы, которые, по большому счету, провалились в том, что считали своей главной задачей, — изменении образа жизни обитателей штетлов, Менахем-Мендл, как мы видим из его писем, постоянно терпит неудачу в делах. Для Шейне-Шейндл деньги становятся проблемой в буквальном смысле слова. Вот что она пишет мужу:

> Пришла я с базара, — это было в пятницу, купила рыбу, свежую, еще трепетавшую, а ребенок кричит, надрывается! Я его бью, колочу, а он не перестает кричать! «Чего тебе надо? Наказание божие! Тварь противная! На, возьми мои горести! Колики в животе! На тебе копейку! *(Na dir tsures mayne! Na dir a kopike! Na dir boykhveytik!)*» [Sholem Aleichem 1972: 71; Шолом-Алейхем 1959, 1: 359–360].

Все это перерастает в панику, когда монета пропадает и Шейне-Шейндл думает, что ребенок ее проглотил. Копейка оказывается причиной всех бед семьи. Если бы не деньги, не было бы опасности, что дети могут их проглотить, муж перестал бы гнаться за богатством, и в Касриловке не стало бы коррупции.

Шейне-Шейндл больше всего напоминает ярмарочных персонажей Гоголя. Вообще гоголевские герои иногда появляются в Касриловке. Так, в одном из писем Шейне-Шейндл пишет, что в местечко приезжал ревизор выяснять, что произошло с деньгами, выделенными на благотворительность. Шолом-Алейхем заимствует у Гоголя два характерных типа коммерческого пейзажа: бесконечные разъезды, сомнительные сделки и покупка эфемерного товара роднят Менахема-Мендла с Чичиковым, а с помощью Шейне-Шейндл читатель возвращается в украинское пространство памяти — в Сорочинцы с их атмосферой провинциальной ярмарки. Шейне-Шейндл — это автор, чей острый взгляд отмечает все детали повседневной экономики и развеивает иллюзии, питаемые ее непрактичным мужем. Вот что она пишет Менахему-Мендлу:

Я могу рассказать это тебе в трех словах, если только у тебя есть время дослушать меня до конца, если ты можешь хоть на минуту забыть о своих больших сделках, о своих турках, о своих королях и о своих миллионерах и вспомнить, что у тебя есть жена — до ста двадцати лет, которая не умеет писать так красиво, как ее муж-писатель, хотя рассказывать истории может любой крестьянин [Sholem Aleichem 2001: 73].

Как гоголевский рассказчик в «Вечерах...» сравнивал *писак* с нечистыми на руку барышниками, так и Шейне-Шейндл прямо называет своего мужа-писателя самозванцем и говорит о том, что ей тоже есть что рассказать. Голос женщины в произведении Шолом-Алейхема выполняет очень важную функцию: даже если Шейне-Шейндл говорит от имени тех, кто сохраняет верность еврейским обычаям, она, безусловно, не выступает за сохранение традиционных патриархальных порядков. Через Шейне-Шейндл Шолом-Алейхем раскрывает мудрость и эстетический потенциал, которые есть в штетле и в идише, при этом не романтизируя традиционный еврейский быт. Лирическому герою Шолом-Алейхема необходима жена, живущая в штетле: и как читатель, и как источник сведений о еврейской жизни.

Истории для мачехи

В автобиографии «С ярмарки» Шолом-Алейхем описывает проявившуюся у него в детстве склонность к записыванию повседневной речи. «Герой этой биографии должен признаться, что немалое количество проклятий и острых словечек в своих произведениях он позаимствовал из лексикона мачехи». Архетипичная мачеха юного Шолома напоминает гневливую Хиврю, мачеху Параски из «Сорочинской ярмарки». Дети терпеть не могут новую жену отца, которая постоянно их ругает. Шолом-Алейхем рассказывает, как он день за днем записывал эти ругательства, а потом, «когда их собралось немалое количество, рассортировал их по алфавиту; попотев две ночи подряд, Шолом составил довольно любопытный словарь (*tsunoyfgeshtelt a gants faynem leksikon*), который он здесь восстанавливает по памяти» [Sholem Aleichem 1917–1923, 27: 11]. Поймав сына за этим занятием, отец, к ужасу мальчика, читает словарь вслух своей жене, что приводит к неожиданным последствиям:

> И произошло чудо. Трудно сказать, случилось ли это в хорошую минуту, когда мачеха была в добром расположении духа, или ей неловко было сердиться, но на нее неожиданно напал безудержный смех. Она так хохотала, так визжала, что казалось, будто с ней вот-вот случится удар. Больше всего ей понравились слова «пупок» *(pupik)* и «каскетка» *(kashkashes)*. «Пупком» у нее назывался не кто иной, как герой этого жизнеописания, а «каскеткой» она обозвала одного из старших ребят по случаю того, что он надел новую фуражку. Кто же мог предвидеть этот смех? [Sholem Aleichem 1917–1923, 27: 12–13; Шолом-Алейхем 1959, 3: 430].

Писателя и его мачеху объединила любовь к живой яркой речи, которая оказалась сильней, чем неприязнь, которую женщина средних лет испытывала к озорному мальчику. Эта история повествует о том, как Шолом-Алейхем начал собирать коллекцию идишских эпитетов и жаргонных словечек, ставших отличительной чертой его стиля[49]. Великолепная цветистая речь, которой так искусно владеет его мачеха, вызывает у юного пасынка искреннее восхищение и пробуждает в нем чувство симпатии к ней, что он прекрасно сам осознает. Вспомним, что свою собственную эпитафию Шолом-Алейхем начал с таких строчек: «Здесь лежит простой еврей, и он писал на идише для женщин» (*«Do ligt a yid, a posheter / geshribn yidish-taytsh far vayber»*). Женщины *(vayber)* были его целевой аудиторией, а также неиссякающим источником материала. И. Л. Перец, с которым у Шолом-Алейхема существовало соперничество, сатирически охарактеризовал то, что воспринимал как «мещанскую притягательность» рассказов последнего: «Мелкобуржуазный еврей *(der balabos)* катается *(shmelst zikh)* в книгах Шолом-Алейхема, как клецка в масле» [Peretz 1920, 10: 128].

---

[49] Тевье-молочник, например, вошел в литературную классику как персонаж, который постоянно неточно цитирует Тору на смеси древнееврейского и арамейского языков [Frieden 1997: 11].

Здесь Перец подмечает у Шолом-Алейхема то, что часто оставалось незамеченным из-за его популярности в СССР. Шолом-Алейхем отличался от большинства писателей своего поколения тем, что для него политика всегда была менее интересна, чем жизнь конкретного человека. Персонажи его книг — это в первую очередь посетители базаров, а не городские пролетарии.

Хотя пародийное воспроизведение Шолом-Алейхемом речи малообразованных еврейских женщин служит прежде всего для создания комического эффекта, идиш его мачехи был тем самым языком, благодаря которому он обрел собственный голос, и это очевидно следует из его писем, где он призывал женщин заниматься литературным трудом и самим выступать от собственного имени. Для него идиш был не только языком, но и воплощением мира штетла, в котором этот язык звучал. Для зарождающейся литературы на иврите идиш был языком бабушкиных сказок, а иврит — языком возвращения в Землю обетованную [Frieden 1997: 10][50]. В личной переписке Шолом-Алейхема, которую Шмуэль Нигер называл «импровизированным словотворчеством» (*«improvizirte vortkunst»*), писатель прибегал к той же цветистой речи, которую использовали его персонажи. Из сохранившихся писем для нас представляет интерес переписка на идише между Шолом-Алейхемом и женой его коллеги по писательскому цеху Д. Я. Айзмана[51]. В открытке от 8 марта 1909 года Шолом-Алейхем пишет жене Айзмана: «...так как вы не гойка *(keyn goye)*, мы можем переписываться на идише». Замечание о том, что госпожа Айзман «не гойка», является добродушной насмешкой над ее мужем, с которым он поддерживал выдержанную в более формальном стиле переписку на русском. Шолом-Алейхем называет идиш жены Айзмана *«Loshen-Koydesh»* (священным языком), тем самым подчеркивая важность сохранения

---

[50] Наоми Сайдмен находит в этом функциональном разделении еврейских языков гендерный аспект. Идиш символизировал привычную среду обитания, а иврит — идеализированный мир [Seidman 1997].

[51] Д. Я. Айзман — русско-еврейский прозаик, помогавший переводить Шолом-Алейхема на русский язык.

еврейской языковой традиции: повседневный идиш восточноевропейских евреев почитается здесь так же свято, как и древнееврейский язык Библии[52].

Сорочинское эхо

Главный герой рассказа Шолом-Алейхема «Заколдованный портной» (1901) — это еще один горе-коммерсант с благими намерениями[53]. Шимен-Эли-Шеме-Колейну, чье полное имя вместе с прозвищем переводится как Шимен-Господи-Внемли-Нашему-Гласу, такой же растяпа и подкаблучник, как гоголевский Солопий Черевик. Накопив немного денег на покупку дойной козы для своей жены, Шимен-Эли отправляется на рынок в село с говорящим названием Козодоевка. Попав в незнакомый коммерческий пейзаж, он первым делом слышит разговор по-украински между несколькими женщинами, спорящими из-за пола цыпленка, — это прелюдия к той путанице, которая ожидает его самого:

> — Чуешь? Чуешь? А що тоби за курку?
> — Яка курка? Це пивень, а не курка!..
> — Нехай буде пивень! А що тоби за курку? [Sholem Aleichem 1917–1923, 16: 22–23; Шолом-Алейхем 1959, 4: 17][54].

Подобно тому как картины и звуки ярмарки завораживают гоголевских Черевика и Параску, увиденное и услышанное на рынке в Козодоевке производит гипнотический эффект и на Шимена-Эли:

---

[52] Эта санктификация идиша оказалась пророческой: сто лет спустя у религиозных евреев-мужчин идиш является языком изучения священных текстов, а их женщины говорят на языке страны проживания (английском, французском или иврите) с использованием большого количества слов на идише. См. об этом у Митчелла [Mitchell 2006].

[53] Первоначально рассказ назывался «Сказка без конца». Прекрасный анализ этого рассказа, включая историю его публикации, содержится у Роскиса [Roskies 1995: 160, 377].

[54] Дэвид Роскис пишет об этой сцене: «Как можно надеяться найти дойную козу в местечке, где крестьянки на рынке не могут отличить курицу от петуха и где прозвища людей скрывают их истинную сущность?» [Roskies 1995: 163].

> В двух шагах отсюда — синагогальный двор. Здесь сидят стару-
> хи, торгующие мелкими грушами, подсолнухами и бобами; здесь
> же меламеды обучают ребят... Дети кричат, козы — бесконечное
> количество коз! — прыгают, таскают солому с крыш, либо лежат
> на земле, трясут бородками, греются на солнце и жуют жвачку
> [Sholem Aleichem 1917–1923, 16: 23; Шолом-Алейхем 1959, 4: 17].

Рынок с бесчисленным количеством коз оказывается тем местом, где Шимон-Эле попадает под действие злых чар *(kishuf)*,
которые приведут его к печальному концу. Дойная коза, куплен-
ная горемычным портным, приобретает над ним слишком большую власть. По пути домой в Злодеевку Шимен-Эле останавливается отдохнуть в шинке, где распоряжается его дальний
родственник Додя, который хотя и не смыслит ничего в религиозных текстах и обычаях, зато хорошо разбирается в козах.
Подобно Грицько из «Сорочинской ярмарки», с помощью цыгана подменившего кобылу Черевика на красный обшлаг свитки,
Додя, напоив Шимона-Эле, вместо дойной козы подсовывает ему
козла, мстя портному за его хвастовство. То, что в Козодоевке
было «ангелом, а не козой», в Злодеевке оборачивается демоном,
неспособным давать молоко. Когда портной пытается вернуть
козла обратно, он снова заглядывает в шинок, и Додя производит
обратную подмену, из-за чего Шимен-Эле попадает в еще более
нелепое положение.

Как и гоголевский Черевик, Шимен-Эле становится жертвой
собственных суеверий. Видения преследующей его козы очень
напоминают страхи Черевика, спасающегося бегством от черта
со свиной личиной:

> Шимен-Эле пробует пройти вперед, а он за ним; Шимен-Эле сво-
> рачивает вправо, и тот вправо; Шимен-Эле — влево, и тот туда же...
> — «Шема, Исроел!» — не своим голосом кричит Шимен-Эле
> и пускается бежать куда глаза глядят. И чудится ему, что кто-то
> гонится за ним, блеет тоненьким козлиным голоском и говорит
> по-человечьи, и поет, как кантор в синагоге:
> — Владыка смерти и живота нашего! Дару-у-у-у-ющий жизнь
> усо-о-о-пшим *(une'eman atah leheklayos meysim)!..* [Sholem Alei-
> chem 1917–1923, 16: 61; Шолом-Алейхем 1959, 4: 44].

В отличие от Черевика, чье помрачение рассудка было временным, безумие, охватившее портного, приводит к его преждевременной смерти. В соответствии с еврейской традицией, Шимен-Эле успевает произнести «Шема, Исроел!» («Услышь, Израиль!») — слова, которые должны быть на устах еврея в момент его смерти. Однако прозвище Шимена-Эле — Внемли-Нашему-Гласу, — в котором присутствует множественное «нашему», заставляет предположить, что эта молитва (и, соответственно, смерть) относится ко всей общине. И действительно, не зная о проделке Доди, злодеевские соседи Шимена-Эле вооружаются, чтобы отомстить козодоевцам:

> Собралось человек шестьдесят: портные, сапожники, столяры, кузнецы, мясники — народ боевой, парни здоровые, один в одного, вооруженные: кто деревянным аршином, кто утюгом, кто сапожной колодкой, кто топором, а кто молотком... Иные взяли с собой кое-что из хозяйственной утвари: скалку, терку или секач... Решено было немедленно идти в Козодоевку войной убивать, уничтожать, истреблять! [Sholem Aleichem 1917–1923, 16: 66; Шолом-Алейхем 1959, 4: 48].

Юмористическая история заканчивается трагической войной между двумя еврейскими местечками, чьи жители вымещают свое отчаяние друг на друге.

Однако у этого рассказа есть еще один предшественник в русской литературе со схожим коммерческим пейзажем. Максим Горький, как известно, очень не любил крестьянство, и поэтому в его произведениях нечасто можно встретить описания коммерческого пейзажа[55]. Одним из редких исключений из этого правила является рассказ «Ярмарка в Голтве», опубликованный

---

[55] Вот что пишет о Горьком Дональд Фэнгер: «Это был писатель, который действительно вышел из народа, писал про народ и для народа, совершенно не испытывая того трепетного сочувствия к народным страданиям, которое было присуще русской интеллигенции; он ненавидел того самого русского крестьянина, которого обожествляли Тургенев, Толстой и Достоевский, и был ницшеанцем-самоучкой — энергичным, непокорным, ни на кого не похожим» [Gorky, Fanger 2008: 2].

в 1897 году, всего за несколько лет до того, как Шолом-Алейхем написал «Заколдованного портного»; действие его разворачивается в местечке Голтва Полтавской губернии, совсем рядом с гоголевскими Сорочинцами[56]. В коммерческом пейзаже Горького противопоставление друг другу базарной площади и нависающей над ней церкви отображает еще и непростые отношения между представителями различных народов на этой ярмарке:

> Местечко Голтва стоит на высокой площади, выдвинувшейся в луга, как мыс в море. <...> Из-за хат вздымаются в небо пять глав деревянной церкви, простенькой и тоже белой. Золотые кресты отражают снопы солнечных лучей и, теряя в блеске солнца свои формы, — похожи на факелы, горящие ярким пламенем [Горький 1968–1976, 3: 187].

Если у Гоголя центральными персонажами повествования были украинцы, а цыгане и евреи проникали в историю извне, чтобы развивать сюжет и заключать сделки с чертями, то у Горького все народы сходятся в одной и той же точке и конкурируют друг с другом, причем украинская речь местных крестьян служит маркером их особенной провинциальности:

> Всюду толкутся, спорят и «регочуть» «чоловіки», горохом рассыпаются бойкие речи «жінок». Десять хохлов в минуту выпускают из себя столько слов, сколько, в то же время, наговорят трое евреев, а трое евреев скажут в ту же минуту не более одного цыгана. Если сравнивать, то хохла следует применить к пушке, еврея — к скорострельному ружью, а цыган — это митральеза [Горький 1968–1976, 3: 187–188].

В первой сцене рассказа цыган облапошивает нерасторопного украинца на сделке с лошадьми. Нависающая над площадью церковь лишает украинцев конкурентного преимущества, так как они вынуждены каждый раз креститься на нее, прежде чем ударить по рукам, и цыгане пользуются этим в полной мере, чтобы

---

[56] С. М. (Серж) Перский писал, что Горький был «продолжателем дела Гоголя: это особенно хорошо заметно в "Ярмарке в Голтве"» [Persky 1913: 158].

запутать их. «"Мне человек нравится, и я хочу человеку доброе сделать! Дядько! Молитесь господу!.." Хохол снимает шапку, и они оба истово крестятся на церковь» [Горький 1968–1976, 3: 188]. Как и растяпа Шимен-Эле из «Заколдованного портного», украинец слишком благочестив и недостаточно хорошо разбирается в скоте, чтобы отстоять свои интересы в торге с ловким соперником. Вполне вероятно, что этот рассказ Горького послужил Шолом-Алейхему одним из источников вдохновения. В пользу этой гипотезы говорит и тот факт, что в обоих произведениях содержатся отсылки к «Сорочинской ярмарке» Гоголя.

Молодой Горький произвел на Шолом-Алейхема сильнейшее впечатление. Писатель Ашер Бейлин, покинувший Россию в 1903 году, в 1904-м приезжал в Киев и увидел, что кабинет Шолом-Алейхема стал выглядеть совершенно иначе:

> Со стены исчез портрет Гоголя, его любимой «гоголевской коробки» (Gogol-kestl) тоже уже не было на столе, а там, где раньше стояли «Мертвые души», я обнаружил книги современных русских писателей, главным образом Максима Горького. Шолом-Алейхем изменился и внешне: он стал выглядеть намного моложе и демократичней. Раньше он старался походить на Гоголя, теперь — на Горького [Beilin 1959: 55][57].

Из многих других воспоминаний и фотографий начала 1900-х годов мы знаем, что Шолом-Алейхем тогда одевался «под Горького»: в длинную крестьянскую косоворотку[58]. В рассказах о Тевье-молочнике Хава пытается убедить отца в исключительности своего православного Федьки, называя его «вторым Горьким» [Sholem Aleichem 1917–1923, 5: 124]. Шолом-Алейхем познакомился с Горьким в Петербурге в 1904 году, и это был важный период в жизни обоих писателей. Кишиневский погром, случившийся годом ранее, вынудил Шолом-Алейхема обратиться за

---

[57] Цит. по книге Майзеля [Meisel 1965: 195].

[58] Вольф Рабинович, брат Шолом-Алейхема, посвятил отношениям Шолом-Алейхема и Горького одну из глав своих воспоминаний [Meisel 1965: 196; Rabinovitsh 1939: 131–140].

поддержкой к русским писателям и публицистам, прежде всего к Горькому и Короленко, а самого Горького побудил обратить внимание на писателей еврейских. Во время их первой встречи Горький, возглавлявший тогда издательство «Знание», предложил Шолом-Алейхему опубликовать сборник своих рассказов на русском. В одном из писем к детям того времени Шолом-Алейхем назвал Горького кумиром *(an opgot)*[59].

«Ярмарка в Голтве» — далеко не самое бунтарское произведение Горького, но социальный подтекст этого рассказа совершенно ясен: глупые суеверия мешают простым людям получать материальные блага. Простофили-крестьяне являются послушными рабами бесполезной церкви. Фарс с цыганом, облапошивающим украинца, напоминает одну из сценок в нижнем ярусе вертепного ящика. В коммерческом пейзаже Горького есть и другие архетипические ярмарочные персонажи: рассказчик, продавец книг и старик, который в окружении сочувствующей толпы пытается исцелить больную корову с помощью молитвы: «Толпа поснимала шапки и молча ждала результатов моления, изредка крестясь» [Горький 1898: 146]. Первые критики Горького писали, что Горький пришелся по вкусу русским читателям, считавшим украинских крестьян легковерными простаками. В 1901 году критик В. Ф. Боцяновский писал: «Будучи сам великороссом, Горький прекрасно пишет "хохлов", пишет их такими, как они есть на самом деле, со всеми их национальными особенностями» [Боцяновский 1901: 38]. Здесь важно отметить, что, хотя Гоголь сам называл себя «хохлом» в письмах, он не использовал это пренебрежительное название украинцев в «Вечерах...». Если «Сорочинская ярмарка» обычно интерпретируется литературоведами как идеализация сельской жизни, то Горький, обращаясь практически к тому же самому коммерческому пейзажу, останавливает свой взгляд на глупости и суевериях крестьян и использует гоголевскую ярмарку для того, чтобы показать язвы общества, порожденные в значительной степени церковью.

---

59 Согласно Майзелю, этот проект так и не был реализован [Meisel 1965: 197].

Самого архетипического персонажа, позаимствованного у Гоголя, Горький просто называет гоголевским именем:

> Молоденький еврей с ящиком на груди ходит и кричит:
> — Роменский табак! Панский табак! Крепчайший табак! Черт курил — дымом жінку уморил.
> — От це добрый табачино, коли з его жінки мрут! — замечает какой-то Солопий Черевик [Горький 1968–1976, 3: 195].

Солопий Черевик, добродушный и глуповатый отец Параски (который, как мы помним, в результате обмана цыгана был обвинен в краже собственной лошади), забредает на ярмарку Горького в поисках средства от своей сварливой жены Хиври. Реклама, выкрикиваемая евреем-зазывалой, напоминает об эпиграфе из «Энеиды» Котляревского, который Гоголь использует в одной из глав «Сорочинской ярмарки»: *«Из носа потекла табака»* [Котляревський 1989: 111; Гоголь 1937–1952, 1: 127]. Н. Я. Стечкин в своей работе 1904 года высоко оценивает «Ярмарку в Голтве» в сравнении с остальным творчеством Горького:

> Рассказ этот дает понять, чем мог бы быть автор, если бы не посвятил себя тенденциозной проповеди босячества и разрушения. Взяться описывать малороссийскую деревенскую ярмарку на берегах Псела, после гоголевской «Сорочинской ярмарки», — смело. Выйти удачно из этого испытания — делает писателю большую честь [Стечкин 1904: 91].

Очевидные заимствования, которые Шолом-Алейхем делает из Гоголя и Горького, помещают его творчество в литературный континуум, включающий в себя также вертепные фарсы, Тору, украинских романтиков, русских позитивистов и писателей Гаскалы. То, как в «Заколдованном портном» евреи Козодоевки обвиняются жителями соседнего местечка в преступлении в результате проделки шинкаря Доди, очень напоминает существовавшую в русской провинции традицию объявлять евреев виновниками всех бед. Тем самым Шолом-Алейхем протестует против практики делать целый народ козлами отпущения. Шимен-Эле, как две капли воды похожий на Солопия Черевика, ошибочно возводит вину на козодоевцев. Жители этого местечка с говорящим названием становятся козлами отпущения в глазах прочих евреев и в других рассказах Шолом-Алейхема. Действие рассказа «Великий переполох среди маленьких людей», который, как и гоголевские «Мертвые души», назван автором «поэмой», происходит в местечке Касриловка, чьи жители верят, что в Козодоевке у коз вместо рогов «спереди какая-то необыкновенная загогулина, подобие наголовного филактерия, простите за сравнение» [Sholem Aleichem: 1917–1923, 6: 205; Шолом-Алейхем 1959, 4: 439]. Оказывается, не только сами повинные во всех грехах козодоевцы похожи на коз, но и их козы похожи на евреев: занятная деталь повествования, речь в котором идет, пусть и очень осторожно, об украинском антисемитизме. Встревоженные слухами о надвигающихся погромах, жители Касриловки и Козодоевки поспешно бегут из своих местечек в сторону соседского штетла и встречаются посреди пути. Читатель Шолом-Алейхема, бывший свидетелем новой волны погромов, понимает, что у этой истории не будет счастливого финала. Если и есть место, где касриловцы и козодоевцы могут укрыться от беды, то оно точно находится не на Украине.

Шолом-Алейхем писал в основном про евреев и для евреев[60]. Однако взаимоотношения между различными еврейскими общинами отображают связи, существующие в сложном и многонациональном мире, окружающем их. Если в гоголевских повестях евреи находятся на периферии повествования, то у Шолом-Алейхема это место отведено русским и украинским персонажам[61].

---

[60] Слова Дана Мирона о том, что в мире Шолом-Алейхема совершенно нет места христианам, являются явным преувеличением: достаточно прочитать рассказы из цикла о Тевье, чтобы увидеть, какую важную роль играли в штетлах священники. Однако мир, показанный нам Шолом-Алейхемом, действительно является в первую очередь миром еврейским [Miron 2000: 2].

[61] Вот что пишет Дан Мирон о штетле, описанном в повести «С ярмарки»: «Мы не можем представить, чтобы в его местечке были церковь, священник, церковный староста или вообще какая-то ни было организованная христианская деятельность» [Miron 2000: 2].

И если гротескные евреи Гоголя являются отличными коммерсантами, которые тесно связаны со свиньями и другими рыночными товарами и извлекают выгоду даже из сделок с чертом (в «Сорочинской ярмарке») или во время войны (в «Тарасе Бульбе»), то герои Шолом-Алейхема, как и их создатель, обычно терпят неудачу в делах, особенно если это сделки со скотом. Тем самым еврейский писатель развенчивает популярный в русской литературе миф о том, что евреи наживаются на своих славянских соседях. Шимен-Эле может цитировать Тору, но не умеет отличить козу от козла. Менахем-Мендл днюет и ночует на рынках, но ни разу даже не дотрагивается до тех животных, которые являются предметом его сделок[62]. Имея страсть к занятию коммерцией, но боясь соприкоснуться с суровой реальностью, Менахем-Мендл терпит неудачи во всех своих начинаниях; единственный товар, с которым он имеет успех на рынке, — это его остроумные послания жене. Как и в коммерческом пейзаже Квитки, реальные товары постоянно одерживают верх над героями Шолом-Алейхема, убивая их задор и разоряя горе-спекулянтов.

В наши дни «Сорочинская ярмарка» и «Тарас Бульба» находятся в тени «Мертвых душ» и «Петербургских повестей», но во времена Шолом-Алейхема это были самые известные произведения Гоголя. Между 1886 и 1892 годами «Сорочинская ярмарка» по количеству изданий и проданных экземпляров уступала только «Тарасу Бульбе» и оставалась в числе трех наиболее популярных произведений Гоголя вплоть до 1903 года [Moeller-Sally 2001: 87–95]. Если для Гоголя проклятая свитка в «Сорочинской ярмарке» была в значительной степени олицетворением его страхов перед миром капитализма (где евреи, само собой разумеется, чувствовали себя как рыба в воде), угрожавшим славянской душе, то для Шолом-Алейхема украинская ярмарка, где все чаще происходили акты насилия, направленные против евреев, была местом, пред-

---

[62] Менахем-Мендл торгует ценными бумагами, потому что, как отмечает Дан Мирон, «благодаря этому он не вступает в контакт с упоминаемыми им товарами в их физическом, реальном воплощении — а все они связаны либо с землей, либо со скотом» [Miron 2000: 166].

ставлявшим угрозу уже не духовному благополучию, а физическому существованию еврейского народа. Хотя Гоголь совершенно не предполагал, что его проза послужит просвещению российских евреев, его произведения, пользовавшиеся особой популярностью в те годы, когда Шолом-Алейхем взял в руки перо, оказали огромное влияние на его самопровозглашенного еврейского ученика. Более того, обратившись к темной стороне гоголевского коммерческого пейзажа, Шолом-Алейхем оказался одним из первых, кто заметил тот инфернальный страх, который присутствует даже в веселых украинских повестях Гоголя.

О чем не говорилось напрямую, но что было очевидно всем читателям Шолом-Алейхема — это то, что базарная площадь, как и все, что имеет отношение к смеховой культуре, была опасным местом. Поведав о печальном конце, постигшем портного, рассказчик Шолом-Алейхем прощается с читателем на такой трагикомической ноте:

> Началось все очень весело, а кончилось, как и большинство веселых историй, очень печально...
>   А так как вы знаете, что автор этого рассказа по натуре не меланхолик *(moyreshkhoyredik)* и плачевным *(klogedike)* историям предпочитает смешные, и так как вы знаете, что он не терпит «морали», что читать нравоучения не в его обычае, то сочинитель прощается с вами, добродушно смеясь, и желает вам, чтобы и евреи, и все люди на земле больше смеялись, нежели плакали [Sholem Aleichem 1917–1923, 16: 68; Шолом-Алейхем 1959: 4: 50].

Этот отрывок очень напоминает слова Гоголя о «смехе сквозь слезы» в «Мертвых душах»: «И долго еще определено мне чудной властью итти об руку с моими странными героями, озирать всю громадно-несущуюся жизнь, озирать ее сквозь видимый миру смех и незримые, неведомые ему слезы»[63] [Гоголь 1937–1952, 6: 134].

---

[63] Эту мысль мы встречаем не только у Гоголя. Знаменитые слова Аристотеля о том, что «никто из других животных не смеется», были обыграны в эпиграфе Рабле к «Гаргантюа и Пантагрюэлю»: «Милей писать не с плачем, а со смехом, / Ведь человеку свойственно смеяться» («Mieux est de ris que de larmes ecrire. / Par ce que rire est le proper de l'homme»). Бергсон пишет об этом

Горький не столько вытеснил Гоголя из литературного пантеона Шолом-Алейхема, сколько занял место рядом с ним. Есть свидетельства, что Шолом-Алейхем хранил на своем рабочем столе переведенную на идиш фразу Гоголя про смех сквозь слезы [Berkowitz 1958: 188–189]. 15 мая 1916 года, когда писатель был похоронен на кладбище Маунт-Нево в Куинсе, на его надгробии была начертана эпитафия, написанная им самим. В последних ее строчках опять возникает этот гоголевский мотив:

> И пока весь мир
> смеялся, хохотал и аплодировал,
> он плакал — это только Богу известно —
> втайне, чтобы никто не видел.

> Un davke demolt ven der oylem hot
> gelakht, geklatsht un fleg zikh freyen,
> hot er gekrenkt — dos veyst nor got —
> besod, az keyner zol nit zeyen.

Если для еврейского просвещения литература на идише могла стать полезным инструментом, то для самой этой литературы просвещение могло обернуться смертью. Страх этой утраты преследовал Шолом-Алейхема всю жизнь, и, как мы видим, он в буквальном смысле унес его с собой в могилу. Став писателем, чье имя превратилось едва ли не в синоним еврейской литературы, он уже не воспринимал идиш просто как средство для достижения каких-то важных целей, которые ставили перед собой просвещенные еврейские националисты; скорее, само сохранение идиша стало для него первостепенной задачей, хотя его читатели, как и герои его книг, покидая свои штетлы, вскоре отказывались и от этого языка. И если ярмарка для него символизировала собственную жизнь и творчество, то неоконченная автобиография «С яр-

---

в своей статье о смехе: «Затем отойдите в сторону, посмотрите на жизнь как равнодушный зритель: много драм превратится в комедию. Достаточно заткнуть уши, чтобы не слышать музыки в зале, где танцуют, и танцующие тотчас же покажутся нам смешными» [Aristotle 1984, 1: 1049 (673a); Рабле 1981: 23; Leggatt 2002: 5, Бергсон 1999: 1281].

марки» («Funem yarid»), написанная в Нью-Йорке, означала для него прощание не только, как он говорил, с профессией писателя, но и с той огромной ярмаркой, какой была Российская империя, где обитали почти все его персонажи.

Шолом-Алейхем, писавший на идише с 1880-х годов и почти до Октябрьской революции, описывал быстро менявшуюся ситуацию в черте оседлости. Когда Менахем-Мендл начинает свои странствия по литературному еврейскому пейзажу, где Вениамин Менделе Мойхер-Сфорима мог сколько угодно путешествовать в свое удовольствие, идиш уже начинает утрачивать свои позиции. Шолом-Алейхем не дожил до большевистской революции, которая принесла с собой новую волну насилия и положила конец черте оседлости. Шолем-Янкев Абрамович, «дедушка» идишской литературы, умер в декабре 1917 года, успев застать самое начало новой эпохи.

Шолом-Алейхем был «канонизирован» в СССР как классик еврейской литературы, и шеститомное собрание его сочинений, переведенных на русский язык, стало непременным атрибутом библиотеки каждой еврейской семьи (во многих нееврейских семьях оно тоже присутствовало), как и книги Льва Толстого [Шолом-Алейхем 1959]. Однако еще при жизни Шолом-Алейхема представители нового поколения еврейской литературы трансформировали его коммерческий пейзаж в соответствии с реалиями новой эпохи. Давид Бергельсон (1884–1952), родоначальник импрессионизма в литературе на идише, которой в своей глубоко психологичной импрессионистической прозе использовал многие мотивы и нарративные средства, свойственные Шолом-Алейхему, полностью отказывается от веселого фасада Гоголя и Шолом-Алейхема и изображает коммерческий пейзаж во всем его безысходном отчаянии.

Повесть Бергельсона «Вокруг вокзала» («Arum Vokzal»), написанная в 1907–1908 годах и опубликованная в 1909 году, является примером того, как изменилась литература на идише в целом и представленный в ней коммерческий пейзаж в частности. Местом действия является железнодорожный вокзал — коммерческий центр города. Постоянно прибывающие и уходящие поезда служат необычным сменяющимся фоном, высвечивающим неподвижность героев повести, жизнь которых проходит в убожестве и обмане. Главный герой — это бывший ученый, чей интеллектуальный потенциал угасает в мещанской среде местечка: «Не все живут одинаково... и не все одинаково понимают, в чем смысл их жизни» («*Nit alemen lebt zikh glaykh, un der iker... nit ale farshteyen glaykh, vi azoy zey lebn*») [Bergelson 1961: 51]. Для Бергельсона то, что коммерческий пейзаж может лишить человека возможности реализоваться в жизни, является ужасной трагедией. Вскоре после Октябрьской революции с рынками и ярмарками произошло множество изменений, о которых мы поговорим в последних двух главах этой книги. Для революционных писателей коммерческий пейзаж был уже скорее не микрокосмом Украины, а символом той жизни, которой, ради всеобщего блага, следовало положить конец. Об этих революционных течениях в литературе на идише пойдет речь в следующей главе.

Глава 5

Распятый рынок: Гражданская война Переца Маркиша (1917–1921)

> Эй, приходите на этот ночной базар тишины,
> где торгуют бородами и костями.
>
> *Перец Маркиш. Куча*[1]

В 1917 году прошлое символически замерло в неподвижности, а будущее казалось пугающе непредсказуемым. Этот миг революции, когда жизнь одного человека перестает обладать какой-либо ценностью, и попытался передать в написанном в тот год стихотворении двадцатидвухлетний еврейский поэт Перец Маркиш:

> Сними эту рваную рубаху,
> лохмотья — прочь с тела!..
> Я тоже здесь хороший гость,
> купи мою голову за грошик!..
>
> Tu zikh oys, di hemd tsekhraste,
> shmates funen leyb arop!..
> Ikh bin oykh a sheyner gast do,
> far s groshn koyf mayn kop!.. [Shmeruk 1964: 383].

Гость-странник — образ, который и ранее часто встречался в еврейской литературе, — стал символом этого нового времени и начал играть еще более важную роль. Поэты-футуристы облачились в одежды, наилучшим образом соответствующие выбран-

---

[1] «Hey, kumt oyf baynakhtishn mark do fun shtilkayt, / oyf nakhtishn handl mit berd un mit beyner!» [Markish 1922: sec. 16]. Впервые Маркиш опубликовал эту поэму в Варшаве в 1921 году.

ному ими образу бродяги. Несколькими годами ранее В. В. Маяковский сшил себе «черные штаны из бархата голоса моего и желтую кофту из трех аршин заката», чтобы фланировать в этом по Невскому проспекту [Маяковский 1955–1961, 1: 62]. Перец Маркиш, в раннем творчестве которого сильно ощущалось влияние Маяковского, не только обращает внимание читателя на свою «рваную рубаху» *(hemd tsekhrastet)*, но и переносит материальную сельскую культуру украинского коммерческого пейзажа в поэзию авангарда. Ветхая одежда и мертвые тела, представленные в виде разложенного на базаре товара, снова появятся в начале посвященной жертвам погромов на Украине поэмы Маркиша «Куча» («Di kupe»), которую Сет Волиц назвал «модернистской поминальной молитвой» Маркиша [Woliz 1987: 56–72]. Речь в поэме идет о высящейся на рыночной площади куче из человеческих тел. Куча устремлена в небо, а над площадью звучат слова о распродаже одежды для субботы (теперь уже ненужной):

> ...Пусть вам долго послужат эти субботние рубашки!
> Носите их на здоровье, все, все!
>
> ...Aykh tsu lange yor di shabesdike hemder!
> Un trogt gezunterheyt, in nakhes, ale, ale! [Markish 1922: sec. 1].

За те три года, что прошли между его короткими и пафосными стихотворениями 1917 года и «Кучей», Маркиш сформировался как поэт-авангардист. Для еврейских местечек это было время катастрофы. Погромы 1880-х, 1903 и 1906 годов померкли по сравнению с бедами, с которыми евреи столкнулись в Первую мировую войну, когда тысячи человек лишились жизни или были изгнаны из родных домов. В годы Гражданской войны (1918–1920) на еврейское население Западной Украины, Галиции и Польши обрушилась еще более страшная волна насилия: в течение нескольких месяцев в штетлах было убито свыше 60 тысяч евреев[2].

---

[2]   Точные цифры неизвестны, высказываются разные точки зрения. Детальный анализ того, как происходила эскалация обращенного против евреев насилия с конца XIX по начало XX века, содержится в книге «Pogroms» [Klier, Lambroza 1992]; см. также работу Абрамсона [Abramson 1999].

В своей поэме Маркиш рисует картину одного из многих погромов, случившихся на Волыни в 1920 году; в разных редакциях «Куча» была напечатана в 1921 и 1922 годах.

На рубеже 1910–20-х годов Маркиш принимал активное участие в работе еврейских модернистских групп, в частности «Культур-Лиги» и «Халястры» («Банды»). Тем не менее до 1930-х годов он не принадлежал к элите советских еврейских писателей[3]. (В 1939 году он получил орден Ленина — награду, которую, как правило, присуждали хорошим литераторам, вошедшим в круг «придворных» поэтов Сталина.) В стихах 1920-х годов, хотя их стиль и претерпевал изменения, Маркиш в неповторимой модернистской манере описывал украинский коммерческий пейзаж. Если ассимилированные авторы променяли метафорический еврейский рынок на столь же метафоричный храм высокой культуры, то Маркиш объединил в своем творчестве рафинированный модернизм и местечковость и вновь обратился в фигуре базарного торговца, сделав его голосом, говорящим от имени всего обездоленного еврейского народа. Привычный коммерческий пейзаж становится у Маркиша местом, где заново осмысляются и сталкиваются представления автора о самом себе, религии, насилии и модернизме. Маркиш деконструирует базарную площадь, вплетая ее элементы и лексику во фрагментированную поэтику войны. Будучи последователем футуристов, он с восторгом относился к низвержению святынь, верил в очистительную силу страдания и часто объединял фундаментальные элементы иудаизма с христианской иконографией. Для раннего творчества Маркиша характерна некая зацикленность на том, что происходит здесь и сейчас; его поэтика во многом представляет собой типичное для футуристов обособление настоящего времени и отказ от норм и ценностей прошлого. Обращаясь к христианской иконографии, Маркиш изображает страдания, вызванные

---

[3] Рубенштейн и Наумов приводят свидетельства того, что Маркиш считал себя чужаком в советской литературной среде, ссылаясь, среди прочего, на письмо, написанное им Моше Литвакову в 1926 году. Маркиш писал: «Они практически исключили меня из еврейских литературных кругов Советского Союза» [Rubenstein, Naumov 2001: 109; Markish 1926].

войной, погромами и революцией. Подлинным шедевром этого периода его творчества, в котором его экспрессионистский голос достигает небывалой силы, является поэма «Куча», построенная на использовании привычного языка и реалий базарной площади. Для того чтобы лучше понять этот авангардный коммерческий пейзаж, давайте попробуем разобраться, в чем заключалось главное различие между поэтикой Маркиша и творчеством его современников.

«Незначительное сейчас» Маркиша

Давид Бергельсон, чья импрессионистская проза являлась полной противоположностью экспрессионистской поэзии Маркиша, не испытывал к своему коллеге теплых чувств; это соперничество продолжалось вплоть до 1952 года, когда оба они были казнены[4]. В своей статье 1919 года «Dikhtung un Gezelshaftlekhkayt» («Поэзия и общество») Бергельсон проанализировал роль поэзии в послереволюционной еврейской культуре. Сравнивая в этой рецензии творчество Маркиша с произведениями русских футуристов, Бергельсон был весьма резок в своих оценках: «Лишенная завершенности формы, его поэзия может быть постигнута только интеллектуально, но не интуитивно — ее можно скорее угадать, но не почувствовать (zi vet darfn zikh mer onshtoysn eyder derfiln)» [Bergelson 1919: 15].

Поводом для написания Бергельсоном этой статьи стал вышедший в 1918 году сборник «Eygns» («Свое»), где были опубликованы произведения литераторов, которые в то время еще только определялись со своим отношением к большевистской революции, но впоследствии стали крупнейшими советскими

---

[4] Дата 12 августа 1952 года вошла в историю как «день казненных поэтов». Тринадцать еврейских ученых, актеров, писателей и переводчиков были расстреляны. Среди прочих были казнены Маркиш, Бергельсон, Давид Гофштейн, Исаак Фефер и Лев Квитко. Материалы этого дела, а также разбор обвинений, предъявленных Маркишу, можно найти у Рубенштейна и Наумова [Rubenstein, Naumov 2001].

еврейскими писателями[5]. Хотя и Бергельсон, и Маркиш, будучи революционными писателями, оба считали коммерческую деятельность причиной многих социальных проблем, Бергельсон высказывает претензии к дерзкому языку Маркиша, утверждая, что его поэзия слабее «полновесного и дарованного Богом таланта *(zaftige gotgebenshte talantn)* таких авторов, как Гофштейн и Квитко»:

> В нынешнем хаотичном мире огромную роль играет не смысл восклицания, а его сила *(nit der inhalt fun geshray, nor der koyekh zayner)*. Поскольку наше время само по себе исполнено смысла, то если до нас просто доносится чей-то крик *(fun ergits a geshray)*, мы уже сами готовы придать ему какое-то значение *(zaynen mir glaykh greyt im dem inhalt ontsuhengen)* [Bergelson 1919: 11].

Сейчас нам легко рассуждать о сходстве между различными авангардистскими течениями 1910-х годов, но в то время, когда Бергельсон писал свою статью, разница между ними была колоссальной. Итальянский футуризм с его преклонением перед прогрессом, войной, массовостью и словом, освобожденным от синтаксиса, был весьма далек от левых русских футуристов, которые, хотя и исповедовали разные подходы к языку и тематике своего творчества, в массе своей пытались лишить слова их привычного смысла с помощью такого приема, как заумь. Русские футуристы также пытались выйти за границы литературного импрессионизма — жанра, который В. Ф. Марков в своем классическом труде о русском футуризме связал с «литературным реализмом». В импрессионизме зачастую центральной является фигура нарратора или протагониста, который пропускает сквозь себя явления окружающего его мира[6]. Немецкие (а вслед за ними

---

5   Как писал Хоне Шмерук, «по общему мнению, эти сборники первых послереволюционных лет и, возможно, даже те, что выходили в первой половине 1920-х годов, представляли собой исключительный литературный феномен. В них в полной мере отражены результаты деятельности "Киевской группы"» [Shmeruk 1970: 238].

6   Первая глава книги Маркова как раз посвящена анализу связей между футуризмом и импрессионизмом [Markov 1968: 1–28].

и еврейские) экспрессионисты прибегали к обратному приему, ставя во главу угла субъективность творческого акта и выражение собственных эмоций. Хотя к 1920 году Маркиш уже сформировался как экспрессионист со своим особым голосом, важно иметь в виду, что в значительной степени он шел по стопам русских авангардистов, особенно футуристов, у которых он позаимствовал литературные приемы для выражения своих революционных идей[7].

Первый сборник стихов Маркиша «Shveln» («Пороги») вышел в Киеве в 1919 году. В него вошли несколько стихов, в которых лирический герой обращался к современности, как, например, в этом стихотворении[8]:

> Я прощаюсь с тобой,
> потрепанное, уходящее время,
> я не знаю тебя, мое прошлое,
> вы мне не принадлежите —
> вы мне только приснились!..
>
> Ikh zegn zikh mit dir
> fargeyendike tsayt,
> ikh ken dikh nit, fargangenhayt,
> ir kert nit mir, —
> ikh hob zikh aykh gekholemt!.. [Shmeruk 1964: 375].

Все это стихотворение почти целиком состоит из одних местоимений и глаголов. Здесь нет никаких описаний, и Маркиш, следуя футуристическому обращению с синтаксисом, использует очень мало прилагательных и вообще не употребляет наречия.

---

[7] Стоит отметить, что в 1919 году еврейская литературно-художественная группа «Юнг идиш» разработала особый образно-пластический язык, близкий к эстетике футуризма и дадаизма. См. об этом у Волица [Wolitz 1991: 26–51].

[8] Кеннет Мосс пишет, что 1917-й не был годом радикального перелома в еврейской культуре, скорее «еврейская интеллигенция почти единодушно (хотя и различными способами) воспользовалась этим моментом, чтобы пересмотреть, расширить и осознать культурные тренды, которые возникли задолго до этого времени» [Moss 2008b: 198].

Филиппо Томмазо Маринетти в «Техническом манифесте футуристической литературы» (1912) призывал к намеренному разрушению языка. Вот некоторые пункты этого манифеста:

> 1. Синтаксис надо уничтожить, а существительные ставить как попало, как они приходят на ум.
> 2. Глагол должен быть в неопределенной форме.
> 3. Надо отменить прилагательные.
> 4. Надо отменить наречие[9].

Хотя в стихотворении Маркиша нет полного отказа от синтаксиса, как в самых радикальных футуристских произведениях, все же использование поэтом аллитерации отвлекает внимание читателя от буквального значения слов в этом тексте. В этом стихотворении повторяющееся долгое *i* в «ikh» (я) и «dir» (тебя), а также фонетическое сходство между глухим *kh* и увулярным *r* создают эхо между субъектом («я») и объектом («тебя»). В четвертой строчке обращение Маркиша к «прошлому» меняется с неформального «du / dir» на формальное «ir / aykh», и это, по-видимому, в первую очередь делается для того, чтобы сохранить фонетическую связь «ikh / ir» даже за счет нарушения грамматической целостности текста и в меньшей степени объясняется охлаждением отношений между поэтом и «прошлым». В «du kerst nit mir» эта аллитерация была бы потеряна, в «ir kerst nit mir» она сохраняется. Маркиш не до конца следует лозунгу Маринетти «Слова на свободе!» *(parole in libertà)*, но используемые им сбивчивый ямб и смешанная схема рифмовки являются разновидностью асимметрии, которая была в ходу у русских футуристов.

Перенося прошлое в область сна, Маркиш перенимает провозглашенный Маринетти и его последователями культ настоящего

---

[9] Ф. Т. Маринетти. Технический манифест футуристической литературы (первоначально был написан по-французски и по-итальянски и раздавался на листовках 11 мая и 11 августа 1912 года. Также он являлся предисловием к антологии «Поэты-футуристы» («I poeti futuristi»), Милан, 1912) [Marinetti 2006: 107].

(в манифесте 1909 года звучали такие слова: «Старая литература
воспевала леность мысли, восторги и бездействие»)[10]. В 1912 году, через три года после того, как манифест итальянских футуристов был напечатан в «Фигаро», и за пять лет до того, как
Маркиш написал «Я прощаюсь с тобой», группа русских футуристов «Гилея» опубликовала свой манифест «Пощечина общественному вкусу», в котором грозилась «бросить Пушкина, Достоевского, Толстого и проч. и проч. с Парохода Современности»
[Марков 1967: 50–51].

Еврейский поэт отделяет себя не только от прошлого, но и от
будущего, которое тоже видится ему только в мечтах:

> А ты — кто ты, мое будущее,
> проросшее седыми волосами?
> Я тебе не принадлежу,
> ты еще появляешься в моих снах!
>
> Un du ver bist, mayn tsukunft,
> farvaksene in groye hor?
> Kh'geher nit dir,
> du kholemst zikh mir nokh! [Shmeruk 1964: 375].

Не отдавая будущему предпочтения перед настоящим, Маркиш
тонко уклоняется от прямого курса русских футуристов, четко
изложенного в таких выражениях, как, например, «кто не забудет
своей первой любви, не узнает последней» [Марков 1967: 50].
В 1917 году Маркиш использует в своей поэтике не торжествен-
ное «мы», а обособленное «я»; его выступающий от первого лица
лирический герой не связан ни с оптимистичным будущим, ни
с тяжелым прошлым. И даже это гипотетическое будущее, «про-
росшее седыми волосами», принадлежит только самому поэту.
Прошлое, будущее и обладающее особым статусом настоящее —
все это является субъективной интерпретацией автора. Вместо

---

10 «Манифест футуристов» был опубликован в «Фигаро» и сразу был подверг-
   нут жесточайшей критике. Этот текст был переводом с итальянской версии,
   тоже опубликованной в 1909 году [Marinetti 1909a; Marinetti 1909b; Le Figaro
   от 20 февраля 1909; Marinetti 2006].

того чтобы вместе со своими русскими и итальянскими современниками возвещать об устройстве будущего мира, Маркиш все
внимание уделяет наблюдению за одной-единственной точкой во
времени — постоянно обновляющимся настоящим:

> Я твой, «незначительное сейчас»,
> слепой!
> И в своей слепоте я богат!
> Мы оба умрем в одно мгновение
> и мгновенно родимся вновь!..
>
> Kh'bin dayner, «nishtiker atsind»,
> blind!
> Un blinderhayt kh'bin raykh!
> Mir shtarbn beyde glaykh
> un vern glaykh geboyrn!.. [Shmeruk 1964: 375].

Смерть, за которой следует новое рождение, происходит
в одной и той же точке на прямой, ведущей из прошлого в будущее, и все, кроме «незначительного сейчас», отбрасывается прочь:
это лишь туманные мечты.

Если в своем субъективном восприятии времени автор предстает слепым, то для его восприятия пространства характерно
одиночество.

> С открытыми глазами, в рваной рубахе,
> с раскинутыми в стороны руками, —
> я не знаю, есть ли у меня дом,
> есть ли у меня чужбина,
> начало ли я, конец ли...
>
> Mit oygn ofene, mit a tseshpiliet hemd,
> mit hent tseshpreyte, —
> veys ikh nit, tsi kh'hob a heym,
> tsi kh'hob a fremd,
> tsi kh'bin an onheyb, tsi a sof... [Shmeruk 1964: 375].

Судя по всему, в «Я прощаюсь с тобой» Маркиш до некоторой
степени следует тем принципам разрушения синтаксиса, о кото-

рых говорил Маринетти в своем «Техническом манифесте». Хана Кронфельд находит подтверждение этому в том, как Маркиш по-новому использует прилагательное «fremd»:

> В обычной ситуации *fremd* является прилагательным и субстантивируется только в таких выражениях, как in *der fremd* (во второй строчке, «на чужбине»). Таким образом, фраза *kh'hob a fremd* (которую можно приблизительно перевести как «есть ли у меня на чужбине») режет читателю глаз как в отношении грамматики, так и по смыслу; она дает возможность отождествить бродягу с его современным аналогом — революционным поэтом, наполняя новым смыслом такие понятия, как дом и собственность, начало и конец [Kronfeld 1996: 208].

Однако прежде, чем назвать это стихотворение футуристским, давайте еще раз заглянем в манифест Маринетти и прочтем в нем правило № 11: «Полностью и окончательно освободить литературу от собственного "я" автора, то есть от психологии» [Marinetti 2006: 110]. Знакомый образ одинокого человека с разведенными в стороны руками, одетого в ту самую рваную рубаху и не имеющего представления о начале и конце, остается характерным для еврейских поэтов на заре новой литературной эпохи. Этот образ бестелесного бродяги явно перекликается со строчками из «Песни о себе» Уолта Уитмена: «I too am not a bit tamed, I too am untranslatable» («Я такой же непостижимый и дикий» (пер. К. Чуковского)) [Whitman 2001: 54; Чуковский 1914][11].

Приведенное выше стихотворение является типичным образцом того, что Маркиш называл «stam in velt arayn», что образно можно перевести как «ни рифмы, ни смысла», а дословно это

---

[11] О влиянии творчества Уитмена на еврейских экспрессионистов в целом и на Маркиша в частности следует поговорить особо. О связи между Уитменом и русскими футуристами писал еще Корней Чуковский. Если говорить о критике, которая ближе к нам по времени, то вот что писал Геннадий Эстрайх: «Русский и украинский символизм оказали сравнительно слабое влияние на поэзию [Маркиша], в отличие от других поэтов "Киевской группы". Гораздо больше на Маркиша повлияли Эмиль Верхарн и Уолт Уитмен» [Estraikh 2005: 34].

значит «просто выйди в мир»[12]. Маркиш очень любил это выражение, в основе которого лежала важная для авангардистов идея о разделении слова и его значения. Как и провокационное утверждение Тристана Тцара «Дада ничего не означает» (1918), «stam in velt arayn» Маркиша предполагает высказывание или действие, лишенное каких-либо прежних связей [Tzara 2002: 13][13]. Однако, в отличие от дадаистов, Маркиш создал лирического героя-одиночку, и мы можем интерпретировать его «stam in velt arayn» не только как отрицание какого-либо смысла, но и как субъективное поэтическое «я». По словам еврейского поэта Моше (Моисея) Шульштейна, в юности Маркиш стремился создать себе образ поэта-одиночки, чтобы написать то, что в другом стихотворении 1917 года он называл «темновидными песнями» *(shvartszeerishe gezangen)*[14]. Чтобы у читателя исчезли все сомнения в том, что поэт без дома — это также поэт без прошлого и без будущего, достаточно обратиться ко второй строфе:

> Мое тело — это пена,
> и оно пахнет ветром,
> мое имя — «сейчас»!

> Mayn guf iz shoym,
> un s'shmekt fun im mit vint;
> mayn nomen iz: atsind! [Shmeruk 1964: 375–376].

Если у «незначительного сейчас» Маркиша нет ни прошлого, ни будущего, то его «stam in velt arayn» лишено и известного, и неизвестного. Мы слышим только деконтекстуализированный голос, расположенный на пересечении двух осей; это своего

---

[12] Кеннет Мосс вслед за Моше Литваковым трактует это выражение так: «Впервые увидь этот мир; посмотри на этот мир, не зная, что к чему» [Moss 2008b: 215–216; Litvakov 1918: 24].

[13] Первоначально [Tzara 1918].

[14] Далее Шульштейн пишет: «Он призывает их [темные песни] ближе к себе, и они будут его почетными гостями» *(«Er farbet zey neenter tsu zikh un zey veln zayn zayne ongeleygte orkhim»)* [Schulstein 1971: 276].

рода крест, на котором распято тело поэта, и его положение во времени и пространстве определяется декартовой системой координат.

По мнению Давида Бергельсона, сходство между этими пересекающимися линиями христианским крестом свидетельствует о том, что поэзии Маркиша недостает широты. Бергельсон сравнивал лаконичные образы Маркиша с «голыми линиями», из которых зародилось искусство христианства. «Сейчас, как и в раннем христианстве, наступило то время, когда на первый план вышли *голые линии (nakete linyes)*, и мы с чистой совестью можем также вложить в голые линии Маркиша новое содержание *(kon men oykh in Markishes nakete linyes araynlegn a nayem toykhn)*» [Bergelson 1919: 14]. Однако лишенная времени и места точка отсчета, в которой Маркиш размещает свой поэтический голос, обретает символическое значение благодаря тому, что она намекает на постоянно повторяющиеся смерть и возрождение. Этот христианский мотив, так не нравившийся Бергельсону, был ключевым элементом поэтики Маркиша, к которому он осознанно возвращался в будущем. Таким образом, пересекающиеся линии Маркиша образовывали идеальную геометрическую форму, которая, с одной стороны, позволяла поэту поместить свой голос в нулевую точку на декартовой плоскости, а с другой — символизировала распятие.

В своих ранних стихах Маркиш, как писал его современник Нахман Майзель, «словно запутывается в собственных сетях *(farplontert in eygene netsen)* и не может выбраться из них. Однако Перец Маркиш быстро и торопливо проживает свою поэтическую юность, скоро он становится *более зрелым поэтом* и вырастает из своих ранних поэтических рамок и форм» [Mayzil 1942: 11]. Эти линии, на пересечении которых находилось лишенное связи с прошлым и будущим поэтическое «я» Маркиша, вскоре привели к появлению более сложных образов и тем. Маркиш помещает на это перекрестье пейзаж, основными характеристиками которого в рамках его поэтики и христианской идеи о смерти и воскресении являются мимолетность и быстротечность. Этот постоянно умирающий и возрождающийся коммерческий пейзаж является тем привычным топосом, который позволяет Маркишу показать крах как восточноевропейского еврейства, так и христианства:

> Эй, что вы продаете с лотка — печаль?..
> Что вы там покупаете — отчаяние?..
> Я покупатель, я и торгую,
> я и торгую, да и брожу я.

> Hey, vos handlt ir dort — umet?..
> Vos farkoyft ir dortn — yiesh?..
> Kh'bin a koyne un ikh handl,
> un ikh handl, un ikh vandl [Shmeruk 1964: 382].

В этом стихотворении 1917 года рассказчиком выступает торговец, а его товары — это последствия политических и общественных потрясений. Рынок — место обитания классического еврейского персонажа (бродячего торговца) — помогает осуществить передачу объекта от продавца к покупателю; этот переход воплощает в себе мимолетность «незначительного сейчас» Маркиша. Далее идут такие строчки:

> Дни и ночи, даже мгновения,
> на весах радости я взвешиваю это...
> Я их покупаю и перепродаю.

> Teg un nekht, afile reges,
> oyf a shol fun frayd ikh veg es...
> Koyf ikh op un ikh farkoyf es [Shmeruk 1964: 382].

Время, разделенное на дни, ночи и мгновения *(teg, nekht, reges)*, проходит через руки поэта-торговца, который взвешивает его и определяет его ценность в единицах счастья. Подобно бездомному и находящемуся вне времени герою предыдущего стихотворения, этот одинокий торговец-нарратор находится вместе со своими весами в начале декартовой системы координат. Мимо него проносятся время и товары, но сам он прочно закреплен в постоянно возрождающемся моменте «здесь и сейчас». В по-

следних строчках товарами становятся уже не неодушевленные
объекты, а части человеческих тел:

> Что вы покупаете? Трупы? Лохмотья?
> Или давно уже мертвых отцов?
> Эй, мы потеряли покупателя —
> он умирает и рождается снова!..
>
> Vos zhe koyft ir — meysim? Shmates?
> Tsi geshtorbene shoyn tates?
> Hey, a koyne geyt farloyrn —
> shtarbt un vert fun s'nay geboyrn!.. [Shmeruk 1964: 382].

Идея о том, что эти тела будут вечно возрождаться, так как
опустошенный рынок снова наполнится людьми, является издев-
кой над самой концепцией воскресения. Однако базар, который
всегда возвращается на прежнее место, волей-неволей вызывает
в воображении читателя картину чудесного перерождения мертвецов. Заново родившийся покупатель из этого стихотворения
Маркиша напоминает о сцене воскресения в «Я прощаюсь с тобой»: «Мы оба умрем в одно мгновение / и мгновенно родимся
вновь!» («*Mir shtrabn beyde glaykh / un vern glaykh geboyrn!*»)
[Shmeruk 1964: 375]. Умирающий покупатель (а вместе с ним
и читатель) смешивается с покупаемым им товаром, оказываясь
среди тел, выставленных на продажу. Как и отрешение поэта от
прошлого в «Я прощаюсь с тобой», намекающая на историю
Эдипа строчка про убитых отцов (*geshtorbene shoyn tates*) рисует
совершенно революционный образ, однако будущее сулит не
появление нового победного поколения, а лишь еще больше
смертей. Маркиш комбинирует слова, имеющие древнееврейское,
немецкое и славянское происхождение, и возникающее из-за
этого у читателя ощущение дискомфорта только усиливается
благодаря тому, что в этих строчках перемешиваются понятия
сакральные (*meysim*) и бытовые (*shmates*).

Маринетти писал, что «война — единственное, что может
очистить мир» («*guerra sola igiene del mondo*»). Русские футуристы,
хотя и менее восторженно прославляли войну, испытывали

восхищение перед эстетикой насилия. Как пишет Марков, Маяковский в своем отношении к войне колебался между эстетическим восторгом и ужасом.

> В июне 1916 года Маяковский в телефонном разговоре с Блоком говорил, что «уж очень много страшного написал про войну, надо бы проверить, говорят — там не так страшно». В любом случае, Маяковский как поэт и футурист видел в войне непочатую поэтическую сокровищницу, предлагающую ему куда более разнообразные, действенные и современные темы и средства, чем используемый до сих пор большой город [Markov 1968: 208; Блок 1965: 306].

Отношение Маркиша к насилию не столь однозначно. В отличие от Маяковского, Перец Маркиш сражался на Первой мировой войне. Одно время даже ходили слухи о том, что он погиб во время погрома[15]. Будучи романтиком-антикапиталистом, Маркиш пишет стихотворение о смерти и использует образ рынка, полного насилия, для того чтобы заявить о необходимости радикальных перемен в устройстве общества. Однако в своих стихах он умоляет читателя проникнуться чувствами простого человека, пойманного в капкан войны. В отличие от рыночной площади у Рабле, которая, согласно Бахтину, выражает волю народа, рынок Маркиша — это место, где люди ведут себя и говорят не как их душе угодно, а механически[16]. Размещая на такой знакомой для читателя сцене, как рынок, части человеческих тел, Маркиш призывает его оплакать жертвы войны и вместе с тем винит в их смерти (по крайней мере, отчасти) устаревшую сельскую экономическую систему.

---

[15] Маяковский пытался уйти на войну добровольцем, но его не взяли, так как он считался неблагонадежным [Markov 1968: 307; Roskies 1984: 98].

[16] Бахтин писал, что все выступления на площади позднего Средневековья и Возрождения «были проникнуты одной и той же атмосферой свободы, откровенности, фамильярности» [Бахтин 1990: 170].

Кощунственное распятие

В русском авангарде христианская иконография использовалась для метафорического изображения гибели и преображения общества. 1920-е и 1930-е годы в Советском Союзе были временем культурного перелома и перерождения, старая система сменялась новой, и для отображения всех этих перемен христианские аллегории подходили как нельзя лучше. Катерина Кларк назвала этот период «Великим экспериментом» и предположила, что его «господствующий нарратив, связанный с историей о том, как Иисус выгнал торговцев из храма, подразумевал новое очищение и переосвящение мира» [Clark 1995: 3]. Для советского поэта-авангардиста, вне зависимости от его культурных и религиозных взглядов, коммерческий пейзаж тоже был пространством, которое требовалось переосмыслить заново, поскольку все это являлось частью общего нарратива очищения и установления нового порядка.

У русских футуристов узнаваемые христианские мотивы, вписанные в новый контекст, могли символизировать революционное движение в будущее. Уже в первом сборнике стихов Маяковского «Я», вышедшем в 1913 году, перекресток городских улиц соотносится со сценой распятия:

> иду
> один рыдать,
> что перекрестком
> распяты
> городовые [Маяковский 1981, 1: 47].

В. Б. Шкловский считал, что богохульное видение Маяковского было сознательной попыткой поэта совершить культурную деконструкцию: «Маяковский, ища самой простой, самой доходчивой мифологии, ища нового образа... взял религиозный образ, разрушая его» [Шкловский 1966: 285].

По словам Шкловского, это были «строки нападения на существующего врага, отнятие у него эмоций, связанных с ним» [Шкловский 1966: 287]. Здесь важно отметить тонкое различие между гротескным использованием христианских образов у Маяковского и подлинным интересом к христианской символике, который испытывали многие русские модернисты. Если неоклассицист (и ассимилированный еврей) Осип Мандельштам открыто восхищался христианской архитектурой, музыкой и даже литературой, то Маяковский осуществляет десакрализацию различных религиозных образов, поскольку считает, что этот процесс необходим для перестройки общества. Маркиш принадлежал к тому же поколению еврейских модернистов, что и Марк Шагал с Элем Лисицким, которые воспринимали религию сквозь призму революции и культурной трансформации и охотно смешивали в своем экспрессионистском творчестве религиозную иконографию с бытовыми предметами, рисуя картину революционного апокалипсиса.

Было на удивление много еврейских писателей-модернистов, использовавших образ христианского креста, для того чтобы обозначить наступление новой эры для евреев Восточной Европы и одновременно с этим деконструировать священные символы русского (и европейского) прошлого. Так, в рассказе Ламеда Шапиро «Der tseylem» («Крест») говорится о человеке, который получил во время погрома шрам в виде креста и сам стал после этого творить насилие. Рассказ Шапиро был напечатан в 1909 году в выходившем на идише нью-йоркском журнале «Dos naye lebn» («Новая жизнь») [Shapiro 1909]. В том же году в этом журнале был опубликован рассказ Шолома Аша «In a karnival nakht» («В карнавальную ночь»), где речь шла о том, как Иисус стал жертвой погрома во время карнавала в средневековом Риме [Asch 1909]. Из-за этих рассказов разразилась оживленная дискуссия по так называемому вопросу о кресте *(di tseylem frage)*. Хаим Житловский, издатель «Dos naye lebn», утверждал, что любое литературное произведение, если оно написано на идише, является по сути своей еврейским [Zhitlovsky 1909]. Ему возражал писатель и этнограф С. А. Ан-ский, который считал, что евреи должны обращаться к собственной фольклорной традиции, а не к культуре народов-угнетателей [Ansky 1909][17].

Активно протестовавший против использования евреями христианский символики Ан-ский во время Первой мировой

---

[17] Превосходный анализ этой дискуссии см. в книге Сафран [Safran 2010: 159–164].

войны занимался исследованиями, из которых становится ясно, какой именно смысл несли эти символы для еврейских писателей и художников. В передовице, опубликованной в «Haynt» (варшавской ежедневной газете на идише), Ан-ский совместно с И. Л. Перецом и еще одним еврейским писателем Янкевом Динезоном обратился к евреям с призывом собирать материалы, относящиеся к войне. «Горе тому народу, — говорилось в этой статье, — чья история пишется руками чужаков и чьим писателям не остается ничего другого, как уже после всех событий сочинять поминальные песни и молитвы» [Ansky 1992: 109–110]. Те, кому удалось пережить погромы (особенно жители штетлов), видели в иконах и распятиях религиозные символы, которые христиане выставляли в окнах своих домов для защиты от разгоряченной толпы. Ан-ский приводит свидетельство одного солдата, который «в конце концов сошел с ума от всего пережитого им в Галиции»: всякий раз, когда в местечко входили русские войска, христиане выставляли в окнах иконы. Если икон в окнах не было, значит, дом был еврейским, и его можно было безнаказанно грабить [Ansky 2002: 8–9]. Таким образом, иконы, которые были для неевреев не только символом единства, но и защитой от физической расправы, однозначно ассоциировались с антисемитизмом.

Крест в сочетании с предметами еврейского культа, например со свитком Торы или с молитвенным покрывалом, вырывает эти предметы из обеих религиозных традиций и превращает их в обычные товары; получившаяся комбинация воплощает собой хаос. У Марка Шагала кресты, изображенные, как правило, рядом с еврейскими обрядовыми предметами или революционными символами, являются экспрессионистским воплощением страданий еврейского народа на перепутье новой эпохи. Ури Цви Гринберг, писавший и на идише, и на иврите, зашел так далеко, что в 1922 году напечатал свою поэму о крахе восточноевропейского еврейства «Uri Tsvi farn tseylem» («Ури Цви перед крестом») в форме креста[18].

---

[18] Ури Цви Гринберг (р. 1896, Бялый Камень, Галиция (совр. Украина) — ум. 1981, Тель-Авив, Израиль). Мэтью Хоффман объясняет переезд Гринберга историей с публикацией этой поэмы в «Альбатросе»: «Польские цензоры

Крест Гринберга, составленный целиком из еврейских букв, напоминает страницу из Талмуда, где в центре расположен текст Мишны и Гемары, а на полях — комментарии. Такое бросающееся в глаза сочетание формы и содержания приводит к тому, что читатель, еще не прочтя ни одного слова, сразу понимает замысел автора, соединившего еврейский текст с христианской символикой.

Сапог на голове

В распоряжении авангардиста помимо обычных всегда было еще два жанра. Во-первых, манифест, с помощью которого провозглашалось (как правило, с изрядной долей иронии) представление того или иного художественного направления об искусстве будущего. Во-вторых, массовое зрелище, которое лишало привычные жанры свойственной им эстетики и служило средством восхваления «уродливого» и «абсурдного». В еврейском экспрессионистском течении «Халястре» («Банда») нашлось место и для национализма Гринберга, и для все еще формирующейся революционной поэтики Маркиша. Маркиш также издавал журнал «Khalaystre», два номера которого вышли в 1922 и 1924 годах в Варшаве и Париже. Обложку парижского номера нарисовал Марк Шагал. По словам Беньямина Харшава, «идея о том, что поэзия должна порождать "хаотические", а не складные и гармоничные стихи, витала в воздухе. Экспрессионисты считали, что это будет честно по отношению к реальной жизни». Харшав ссылается здесь на манифест, опубликованный Гринбергом в его варшавском журнале «Альбатрос», в котором тот писал: «Категорически необходимо писать такие стихи. Ужасающие. Хаотичные. Кровоточащие» [Harshav 1990: 180; Grinberg 1922: 4].

увидели в этом номере "Альбатроса" (ноябрь 1922 года) богохульство и запретили его публикацию, тем самым вынудив Гринберга переехать в Берлин, где он и издал два последних выпуска этого журнала. Главным образом это решение было связано с поэмой "Uri Tsvi farn tseylem", набранной в печать в виде креста» [Hoffman 2007: 272].

В первом выпуске «Альбатроса» также были напечатаны отрывки из написанной между 1919 и 1921 годами большой поэмы Маркиша «Veyland» («Земля горя»), в которой фигурировал похожий на Христа ребенок, оказавшийся в телеге с мертвыми телами. Хотя Маркиш и не призывает искать выход в сионизме, как Гринберг в «Королевстве креста» («In malkhes fun tseylem»), он безусловно проклинает этот пейзаж, насыщенный христианской и военной символикой. Вальсовый ритм этой поэмы напоминает о колыбельной, что явно связано с постоянно возникающим в тексте Маркиша образом убитого ребенка, которого везут в телеге по разоренному войной пейзажу. «И кто этот ребенок из телеги с мусором? / Кто его купил, и кто его убил?» (*«Un vu iz dos kind funem mistikn vogn? Ver hot es gekoyft un ver hot es gekoylet?»*) [Shmeruk 1964: 407]. Само название поэмы, «Veyland», аллитерационно и силлабически намекает на слово *Viglid*, означающее «колыбельная». Нежная детская мелодика, вплетенная в порожденную войной эстетику «Халястры», производит особенно сильный эффект. Эти стихи Маркиша нельзя охарактеризовать иначе как ужасающие, хаотичные и кровоточащие.

Судя по всему, еврейские экспрессионисты прониклись презрением к красоте в ее традиционном понимании из манифестов итальянских футуристов и их ближайших русских собратьев — эгофутуристов[19]. Маринетти писал в своем «Техническом манифесте футуристической литературы»: «Да, мы используем все эти уродливые звуки, все грубые крики, которыми полна настоящая, полная насилия жизнь вокруг нас. Мы смело приносим уродство в литературу и убиваем ритуальную помпезность везде, где ее находим» [Marinetti 2006: 113]. Манифест Гринберга, вышедший в 1922 году в «Альбатросе», был одним из множества воспевавших эстетику уродства текстов, которые публиковались в те годы

---

[19] В 1913 году И. В. Игнатьев выпустил брошюру «Эго-футуризм», в которой перечислил теоретические обоснования этого течения: индивидуализм, урбанизм, отрицание канонизированного синтаксиса [Игнатьев 1913; Markov 1968: 86–87].

в Восточной Европе и Советском Союзе. Мы находим схожие мысли и в напечатанном в том же году манифесте еврейского художника Эля Лисицкого, который вместе с Маркишем входил в объединение «Культур-Лига»:

> Гниющие души со слепыми глазами гневаются в бурю на современное искусство и стонут: «Мир прекрасного тонет! Мир прекрасного тонет!» То, что они видят в современном искусстве, кажется им диким и абсурдным. Но почему они не осуждают с такой же силой достижения современной науки и современной инженерной мысли? Там революционные идеи проникают еще глубже и жалят еще больней! [Lissitzky 2002: 184][20].

Восхищение, которое художники и писатели испытывали перед наукой и прогрессом, было связано не только с войной. В мире быстро происходили необратимые изменения, и для того, чтобы отобразить эти перемены, поэзии приходилось следовать за революцией, наступившей в самых различных областях жизни — искусстве, религии, политике и даже физике. Советский режиссер Дзига Вертов так сформулировал свое видение кино будущего в статье «МЫ: вариант манифеста», написанной в том же 1922 году: «Рисунки в движении. Чертежи в движении. Проекты грядущего. Теория относительности на экране» [Вертов 2008: 451]. Ссылаясь на работу Эйнштейна 1905 года, в которой тот сформулировал теорию относительности, Клара Орбан пишет о том колоссальном эффекте, который оказала физика на итальянских футуристов с их культом скорости:

> Что думали футуристы о важнейших понятиях теории относительности, пространстве и времени? Эйнштейн был первым из физиков, заявившим, что время связано с пространством. До его работ считалось, что время не зависит от положения тела, находящегося в движении. В релятивистской модели Эйнштейна время было объединено с измерениями пространства [Orban 1997: 59].

---

[20] Впервые напечатано под заголовком «Die Überwindung der Kunst» [Lissitzky 1922].

Роман Якобсон вспоминал, как весной 1920 года вернулся в Россию с последними книгами о научных достижениях. «М[а-яковский] заставил меня повторить несколько раз мой сбивчивый рассказ об общей теории относительности и о ширившейся вокруг нее в то время дискуссии» [Jakobson 1979: 367]. Маяковский был уверен, что наука находится на пороге открытия секрета бессмертия и ему всего лишь надо разобраться в теории относительности: «Я найду физика, который мне по пунктам растолкует книгу Эйнштейна» [Jakobson 1979: 367]. Логично предположить, что Маркиш тоже был знаком с этими теориями, по крайней мере с 1919 года, когда Эйнштейн приобрел всемирную известность, и тот акцент на субъективном восприятии времени и пространства, который мы наблюдаем в его стихах, является попыткой интегрировать в поэзию новые представления о движении — безотносительного того, насколько сам Маркиш действительно во всем этом разбирался[21].

Модернизм — в широком понимании этого слова — изменил отношение поэта к языку и к физической реальности. Если говорить конкретно об экспрессионизме, то он требовал от поэта переосмысления его субъективного восприятия времени и пространства, причем как эстетического, так и физического. Маркиш в своей статье 1922 года «Farbaygeyendik» («Проходя мимо») оценивает красоту с позиций релятивизма: «Сколько сердец — столько и идолов. Сколько глаз — столько и прекрасных вещей. Все они являются лучшими для тех, кто их воспринимает» (*«Vifil hertser — azoyfil opgeter. Vifil oygn — azoyfil sheynkaytn. Un ale zaynen di beste far di, vos filn zey»*) [Markish 1921: 7]. Говоря о том, как много ранее неизвестных средств описания имеется в распоряжении художника, Маркиш приводит в качестве иллюстрации такой образ, который по сути является пародией на его собственное творчество:

---

[21] Эйнштейн стал всемирно известен в 1919 году, после того как экспедиция Эддингтона для наблюдения солнечного затмения подтвердила сделанные им предсказания.

> Лишенный шерсти пес, как тряпка, которая поджаривается на куче мусора, и кровавый закат, с которого черные тучи, как ученики Христа, — пьют тайный вечерний напиток.

> A oysgekrakhener hunt vi a shmate, vos preglt zikh oyf a kupe mist, un a blutike shkie, fun velkher shvartse khmares, vi kristos talmidim — trinken a geheymen ovnt-trunk [Markish 1921: 8].

Искусство, согласно Маркишу, должно резонировать не с классическими представлениями о красоте, а с чем-то другим. Оно должно помогать наблюдателю или читателю воспринимать что-то во всей полноте и ценой тяжелых усилий. Это «что-то другое» перекликается с концепцией «остранения», предложенной критиком-формалистом и поэтом В. Б. Шкловским в 1917 году:

> И вот для того, чтобы вернуть ощущение жизни, почувствовать вещи, для того, чтобы делать камень каменным, существует то, что называется искусством. Целью искусства является дать ощущение вещи, как видение, а не как узнавание; приемом искусства является прием «остранения» вещей и прием затрудненной формы, увеличивающий трудность и долготу восприятия [Шкловский 1929: 13].

Слова, которые использует Маркиш в приведенном выше отрывке, были хорошо знакомы его читателям в 1922 году. Сочетание таких слов, как «shmate» (тряпка), «kupe» (куча) и «khristos» (Христос), воссоздает хаотичный, фрагментированный и абсурдистский нарратив его собственных стихов. Рваные рубахи и мертвые тела, которые Маркиш помещает в перекрестье «голых линий» своих ранних стихов, продолжают соперничать между собой за внимание читателей.

Говорят, в письме украинского поэта Михайля Семенко к отцу были такие слова: «Когда я сделался футуристом, все на меня набросились. Это залог дальнейшего успеха»[22]. Маркиш создавал себе образ, не уступавший по части перформативности его современникам: Семенко, Маяковскому и даже Маринетти. Как

---

[22] Цит. по: [Ільницький 2003: 54].

писал Мойше Шульштейн, «в то время стихи Маркиша были синонимом бессвязности и даже бессмыслицы» («*vi a shemdover fun unfarshtendlekhkayt un afilu umzinikayt*»). Шульштейн упоминает далее о карикатуре на Маркиша, сделанной известным художником Харцке Голдшлогом, которая висела на стене Союза еврейских писателей в доме 13 по Тломацкой улице в Варшаве; поэт был изображен обутым в пару цилиндров, а «на копне его прекрасных волос» («*af zayn sheyner vilder tshuprine*») красовался сапог [Schulstein 1971: 274]. В карикатуре обыгрывались эти эксцентричные строчки Маркиша:

> Пара черных цилиндров на моих ногах!
> А на голове сапог с красными шпорами!
>
> A por tsilindres shvartse oyf di fis!
> Un oyfn kop a shtivl mit a roytn shtern! [Schulstein 1971: 274].

Маркиш, с его точеными скулами и гривой черных волос, постоянно обращал на себя внимание других людей, особенно женщин. Есть известный анекдот о том, что в 1920-е годы в Париже Маркиш на спор принял участие в мужском конкурсе красоты и выиграл его (много лет спустя вдова Маркиша Эстер отрицала это)[23]. Маркиш усердно работал над созданием своего импозантного литературного образа, во многом следуя примеру Маяковского, который тоже любил облачать своих героев в странную одежду. В поэме «Облако в штанах» (1915) Маяковский писал, что «в терновом венце революций грядет шестнадцатый год»[24]. Судя по всему, с помощью этого образа, как и с помощью своих

---

[23] Впрочем, по ее словам, Маркиш мог бы выиграть такой конкурс, если бы принял в нем участие. Она сказала мне это во время нашей беседы, состоявшейся в Израиле в январе 2005 года.

[24] Марков напоминает нам о том, что «Хлебников более точно предсказал революцию еще в 1912 году». Здесь важно отметить, что отношения между русскими и еврейскими поэтами не были однонаправленными. Грета Слобин убедительно показала влияние поэзии на иврите на профетические стихи русских модернистов, особенно отметив связь между Бяликом и Маяковским [Markov 1968: 310; Slobin 2002: 408].

стихов, Маркиш стремился стать пророком-нигилистом вроде Маяковского. И ему это отлично удавалось. Мелех Равич вспоминал, как Залман Рейзен называл Маркиша «юным пророком» и описывал толпы его поклонников, приходивших на литературные вечера в Варшаве, чтобы услышать о «новом искупительном мире» [Ravitch 1975: 90][25].

Эстер Маркиш вспоминает о беседе, состоявшейся между ее мужем и русским писателем и литературным критиком И. Г. Эренбургом в парижском кафе в 1924 году[26]. Эренбург и Маркиш только что услышали хасидскую легенду о том, как Бог в Судный день простил грешников одного местечка благодаря мальчику, заигравшему на грошовой дудочке. Дослушав, Маркиш грустно сказал: «Это ведь история об искусстве. Только сейчас нужна не дудочка — нужна труба Маяковского!» [Маркиш 1989: 104][27]. Влияние русского футуризма на восточноевропейский авангард было огромным. Марси Шор пишет, что в 1920-е годы для польских поэтов, состоявших в марксистских литературных кружках, «революция говорила языком не Маркса или Ленина, но Владимира Маяковского» [Shore 2006: 58]. Невероятная популярность Маяковского в Варшаве была только на руку подражавшему ему Маркишу, который жил некоторое время в польской столице, переехав туда из Киева в 1921 году. Г. Я. Эстрайх пишет, что в 1920-е годы «Маркиш жил в Польше и много ездил по Европе, где его воспринимали как рупор революции, своего рода еврейскую версию русского поэта Владимира Маяковского» [Estraikh 2005: 70].

Сходство Маркиша с Маяковским не ограничивалось яркой внешностью, звучной декламацией и авангардистскими истока-

---

[25] Как пишет Хоффман, «эта история, рассказанная Равичем, показывает, что еврейская модернистская литература — особенно поэзия — воспринималась как своего рода светская Библия» [Hoffman 2007: 147].

[26] См. также рассказ об этой встрече у Эренбурга [Эренбург 2005: 503].

[27] Говоря о «трубе Маяковского», Маркиш, несомненно, имеет в виду строчки «А вы ноктюрн сыграть могли бы на флейте водосточных труб?» из стихотворения Маяковского «А вы могли бы?» (1913) [Маяковский 1955–1961, 1: 40].

ми. Оба поэта со временем перешли от поэтических эксперимен-
тов к более явному следованию политической повестке советского государства, хотя Маяковский, ушедший из жизни в 1930 году,
не дожил до полного триумфа институционализированного
соцреализма[28]. Маркиш сохранил свою эффектную внешность
а-ля Маяковский вплоть до 1940-х годов; Эдвард Станкевич
вспоминал о состоявшемся в 1941 году собрании еврейских
поэтов, где он встретил Маркиша, «который двигался и говорил,
как киноактер»:

> Он уже не был молод, но по-прежнему обладал копной черных
> волос и изящным греческим профилем. Он, безусловно, был
> самым красивым и талантливым советским еврейским поэтом,
> несмотря на буйную футуристскую молодость и готовность
> служить власть имущим [Stankiewicz 2002: 27].

Все то, что Маркиш взял у футуристов в первые годы своей
литературной карьеры — лишение слов их привычного смысла,
отказ от форм прошедшего времени, авангардистские приемы
для создания образа лирического героя, — все это к началу 1920-х
годов уже выполнило свою задачу. Маркиш, который к тому
моменту уже сформировался как самостоятельный поэт со своим
хорошо узнаваемым голосом, мог теперь экспериментировать
только с тем, что стало частью его собственной поэтики, и отбросить все остальное. Важно иметь в виду, что русский футуризм
и сам по себе давно уже не представлял собой единого течения.
Максим Горький, посетивший в 1915 году вечер футуристов
и похваливший молодых поэтов, был вынужден под воздействием критики умерить свой восторг:

---

[28] Хоне Шмерук пишет, что «нельзя сравнивать растерянное приятие революции, которое мы видим в их стихах 1920-х годов, с той декларативной поэ-
зией, которая по сути представляла собой версификацию решений партии.
Маркиш, Квитко и Гофштейн, впоследствии ставшие виднейшими представителями советской еврейской литературы, уехали из страны в начале
1920-х годов и вернулись только во второй половине этого десятилетия»
[Shmeruk 1970: 240].

Русского футуризма нет. Есть просто Игорь Северянин, Маяковский, Бурлюк, В. Каменский. Среди них есть несомненно талантливые люди, которые в будущем, отбросив плевелы, вырастут в определенную величину. Они мало знают, мало видели, но они несомненно возьмутся за разум, начнут работать, учиться [Горький 1915: 3].

То же самое несколько лет спустя можно было бы сказать и о Переце Маркише, и в этом отношении еврейский поэт был продуктом своего времени. Вместо того чтобы выкристаллизоваться во что-то целостное и важное, футуризм вскоре оказался на обочине советской литературы и умер еще до того, как Маяковский покончил с собой в 1930 году. То, что Бергельсон называл «пустым криком», было — по крайней мере, в 1919 году — отголоском превозносимой Маркишем «трубы Маяковского». А то, что Бергельсон назвал «голыми линиями» Маркиша, вполне вероятно, являлось грубым наброском того революционного перекрестья, которое вскоре наполнится еще более узнаваемыми символами страдания и воскресения. Базарный торговец, чьи эфемерные товары напоминают о малой цене человеческой жизни и скором конце революции, превратится в толпу жителей штетла, где жизнь каждого человека стоит не больше, чем его товар. К моменту написания «Кучи» (первое издание — в Киеве в 1920 году, второе — в Варшаве в 1921-м) Маркиш уже выработал собственный поэтический язык и был готов применить его для создания куда более масштабного произведения, чем все написанное им ранее.

Х.-Н. Бялик и И.-Л. Перец

Прежде чем перейти к разговору о виртуозном сочетании мотивов коммерции, смерти и мессианства в «Куче» Маркиша, давайте коротко обсудим два произведения, предшествовавших этой поэме. Первое — это «Сказание о погроме» (также известное как «В городе резни») Бялика. Второе — символическая драма Переца «Ночь на старом рынке». Хотя ни в одном из этих текстов действие не происходит на Украине, оба они оказали огромное влияние на Маркиша, который, соединив ужасы погрома с карнавальной атмосферой ярмарки, сумел создать полный насилия коммерческий пейзаж «Кучи».

Написанная на иврите поэма Хаима-Нахмана Бялика «Сказание о погроме» («Ba'Ir Ha-Haregah») сразу была признана шедевром. В этом созданном после Кишиневского погрома 1903 года произведении показан разоренный городской пейзаж. «Сказание о погроме» начинается с описания городской площади, с которым, безусловно, перекликается и текст Маркиша. Первые строчки поэмы Бялика являются своего рода приглашением: «...Встань, и пройди по городу резни... пройди к развалинам, к зияющим проломам». За ними следует описание уничтоженных предметов культа и быта: «Ступи — утонет шаг: ты в пух поставил ногу, / в осколки утвари, в отрепья, в клочья книг»[29]. Стоявший на позициях сионизма Бялик осуждает в этой поэме евреев за их слабость и призывает их переселяться в пустыню для укрепления тела и духа. Маркиш, который находился под очевидным влиянием Бялика и Гринберга, тоже помещает действие своих посвященных страданиям евреев стихов в пейзаж разгромленного штетла. Однако, будучи революционным поэтом, Маркиш ратует не за расставание со штетлом (как сионисты), а за его трансформацию. Выбирая в качестве места действия хорошо узнаваемый коммерческий пейзаж, он обвиняет в страшных погромах Первой мировой войны не население Восточной Европы само по себе, а экономическую систему того времени. Любопытно отметить, что, несмотря на всю колоссальную разницу между политическими повестками коммунистов и сионистов, представители обеих идеологий иногда использовали поразительно схожие поэтические образы.

Ицхок-Лейбуш Перец (1852–1915), остававшийся главным авторитетом в еврейской литературной среде Варшавы с 1890-х годов и до самой своей смерти, оказал огромное влияние на со-

---

[29] Текст приведен в переводе В. Жаботинского. Оригинал на иврите см.: [Bialik 1990: 168].

ветских модернистов, писавших на идише. Пьеса «Ночь на старом рынке: Сон в ночь лихорадки» («Bay nakht afn altn mark: Der troym fun a fibernakht») была написана между 1907 и 1908 годами, вскоре после волны погромов, прокатившейся по черте оседлости в 1903–1906 годах, и провала революции 1905 года. С 1909 по 1922 год она многократно переиздавалась[30]. Хотя Перец и не жил на Украине, в его пьесе, как и в остальном его творчестве, поэтическом и прозаическом, прослеживается влияние русских символистов. В «Ночи на старом рынке» коммерческий пейзаж является сценой, на которой происходит диалог между вроде бы непримиримыми противниками; кроме того, это еще и потустороннее пространство, где евреи и христиане (живые и мертвые) становятся свидетелями брачного союза между женихом и его почившей невестой. В пьесе безжалостно высмеиваются несбывшиеся политические и культурные надежды евреев Восточной Европы начала XX века[31].

Делая местом действия пьесы базарную площадь, Перец противопоставляет друг другу два мира: материальный и духовный [Nowersztern 1992: 85]. Его указания к оформлению сцены включают в себя план площади, на которой стоят церковь, синагога и ратуша и куда выходят Синагогальная и Кладбищенская улицы. Перец населяет эту площадь странными героями и предметами:

---

[30] До того как начать публиковаться на идише, Перец писал по-польски и на иврите. «Ночь на старом рынке», вероятно, была написана под впечатлением от чрезвычайно популярной пьесы польского драматурга Станислава Выспяньского «Свадьба» (1901), в которой польские национальные мотивы были вплетены в общий контекст мировой литературы и мифологии. Как писал в своем исследовании о литературе разделенной Польши Станислав Эйле, «интерес Выспяньского к истории и политике не ограничивался Польшей, и рассуждения о судьбе польского народа часто сопровождались параллелями из жизни древних греков и римлян и из Библии» [Eile 2000: 165].

[31] По словам Кеннета Мосса, Перец включил в эту пьесу прямые отсылки к революции 1905 года и погромам, упомянув «достиженцев в высоких окнах (hoykhe fenster), которым противостоят рабочие на улице и псевдогерой, за которым следуют жертвы погрома». Достиженцами (dergreykhers) называли еврейских либеральных сионистов, штаб-квартира которых находилась в Петербурге [Moss 2008a: 193, 291n37]. Мосс также ссылается на книгу Френкеля [Frankel 1981: 161–163].

персонажами повседневной еврейской и христианской (в данном случае — католической) польской жизни, людьми, пребывающими на различных стадиях загробного существования, а также горгульями, статуями, жестяным петухом и церковным колоколом; у всего этого есть в спектакле своя важная роль. Еврейские и католические персонажи словно застряли друг против друга в патовой позиции в партии, в которой не может быть победителя[32]. Синагога разговаривает с церковью полным сарказма голосом нарратора: «Ты — будь большой! Будь яркой и сверкающей! Только убери свою тень с моего порога, потому что она вытягивает из меня душу» [Peretz 1971: 233]. Соединяя воедино различные голоса, Перец создает полифонию, свойственную как рыночному пейзажу, так и фрагментации — одному из самых популярных приемов европейского модернизма[33].

В коммерческом пейзаже Переца язык обретает новый смысл: на закате, когда наступает конец базарного дня, девушки поют детскую песенку, и тут из тени *бесмедреш* (молитвенного дома) на площадь выходит *бадхен* (тамада на еврейской свадьбе), который ищет потерянное слово: «Кажется, я потерял одно слово» (*«kh'hob epes a vort fargesen»*). Он замечает, что «должно же быть слово для переделывания и перевертывания всего» [Peretz 1971: 242]. Не в силах найти слово, которое бы обладало достаточной силой для того, чтобы вызвать революцию или конец света, и проигнорировав предостережение проходящего мимо священника, бадхен захватывает власть над площадью, просвистев в дудку ночного сторожа. Тем самым он пробуждает от вечного сна души мертвых, заставляя их восстать из могил и присоединиться к нему на площади:

---

[32] Как пишет Кеннет Мосс, «Перец изобразил свое любимое религиозное и "фольклорное" прошлое... как царство полного упадка, в то время как агрессивные фигуры польских фигур — рыцарей, священников и прочих — намекают на безрадостное будущее польского еврейства» [Moss 2008a: 193].

[33] Более того, как заметил Михаил Крутиков, «Перец описывает реальность с помощью набора определенных оппозиций, позволяющего ему вставлять в готовую модель любое новое явление» [Krutikov 2001: 207].

Все, что было мертво, будет жить...
Будем здоровыми и сильными!
Приходите на старый рынок, на старый рынок!
Приходите, я буду командовать!

Alts, vos toyt un blaybt, es lebt...
Gezunt zayn mir un shtark!
Kumt tsum altn mark, tsum altn mark!
Kumt, ikh vel komandirn! [Peretz 1971: 258].

Чем ближе подходят мертвые к рыночной площади, тем больше обрывков псалмов и молитв всплывает в их памяти. Однако их воспоминания отрывочны, и священные тексты возвращаются к ним в виде фрагментов. Показывая жертв насилия, совершенного по религиозным и национальным причинам, Перец иронически вспоминает христианскую заповедь. Один из персонажей пьесы, Старый Мученик (видимо, жертва погромов 1903–1906 годов), следуя завету Иисуса (Мф. 5: 39), подставляет врагу обе щеки: «Сначала правую, потом левую. Как часы: тик-так, так-так». Времена меняются, но история повторяется. Один мертвец поет «Кол Нидрей»[34], другой отвечает ему ханукальной песнью. В пьесе Переца мученики выглядят комично, и их незавидная участь, включая потерю памяти и смысла существования, является еще одним свидетельством в пользу того, что надо выбирать жизнь, а не мистический духовный мир.

В конце пьесы наступает рассвет, и бадхен сообщает сторожу, что «ночью кто-то умер» (*«es iz bay nakht geshtorben ver»*) [Peretz 1971: 316]. Таким образом, все, что произошло на этом странном полуночном рынке, можно интерпретировать как смерть одного человека. По такой логике этим человеком оказывается Носон-пьяница (единственный персонаж, имеющий имя), чьи переживания и являются господствующим нарративом пьесы. Даже будучи живым, Носон находится в состоянии перманентного опьянения, балансируя на грани сознания: смерть мало что

---

[34] «Кол Нидрей» — молитва, исполняемая в канун Йом-Кипура.

меняет как для него, так и для других апатичных героев пьесы[35]. Смерть Носона происходит во время его женитьбы на мертвой невесте. В этот щемящий миг воссоединения они подмечают происшедшие друг с другом перемены: его возраст и холод ее тела, его красное лицо и ее изгрызенную червями щеку. Идут приготовления к свадьбе — к долгожданному союзу двух любящих душ, а бадхен наконец-то должен выступить в своей привычной роли тамады. Действие заканчивается тем, что Носон выскальзывает из рук своей невесты и падает замертво. Как емко сформулирует впоследствии Исаак Башевис Зингер: «Мессия — это смерть. В этом все дело» [Singer 2007: 611].

За этой сценой следует танец мертвых, который является танцем забвения. Спор между хасидами и Философом заканчивается хороводом, в котором мертвые и живые мужчины и женщины кружатся вместе с церковными статуями. Эта сцена напоминает невеселый финал «Сорочинской ярмарки» Гоголя, в котором «все обратилось, волею и неволею, к единству и перешло в согласие», включая «старушек, на ветхих лицах которых веяло равнодушие могилы» [Гоголь 1937–1952, 1: 135]. У Переца рынок тоже превратился в волшебный проницаемый пейзаж, в котором взаимодействуют самые разные люди и где феноменальное пространство повседневного быта встречается с ноуменальным «миром вне опыта». Танцующие на площади фантомы представляют собой описанную Элиасом Канетти «двойную массу», где противники соревнуются или угрожают друг другу:

> Во всем, что происходит вокруг умирающего и мертвого, важную роль играет представление о том, что по ту сторону действует мощное полчище духов, к которому в конце концов примкнет умерший. Живущие неохотно отдают им своего человека. Это их ослабляет, а если к тому же речь идет о мужчине во цвете лет, потеря воспринимается особенно болезненно. Пока могут, они обороняются, зная при этом, что особой пользы сопротивление не принесет. Масса по ту сторону многочисленнее и сильнее и перетянет его к себе во что бы то ни стало [Канетти 1997: 77].

---

35 Шмуэль Нигер трактовал эту пьесу Переца как поэтическое изображение трагедии жизни и смерти [Niger 1952: 437–440].

По ходу танца, когда различия между живыми и мертвыми размываются еще сильнее, бадхен начинает испытывать все больший гнев оттого, что его подданные не могут сломать преграду между и смертью, чтобы сражаться: «Он должен засыпать ваши могилы *(zol er ayere keyvrim farshitn)* и дать вам новые души *(naye neshomes aykh gebn)*» [Peretz 1971: 308]. Негодование бадхена передает отчаяние самого Переца: погромы и обернувшиеся крахом надежды, связанные с революцией, продемонстрировали бесполезность всех прежних идеологий. Из последних сил бадхен укоряет героев в том, что их мессианские идеи оказались ложными:

> Эй, что же стало со всеми вами,
> Просвещателями и Понимателями,
> Мессианскими Стучателями в двери *(moshiyakhs toyern-klaper)*,
> Ломителями головой об стену *(shleger kop-on-vant)*,
> Футуристичными ловцами мух *(tsukunfts-flign-khaper)* [Peretz 1971: 310].

Каждое из упоминаемых бадхеном прозвищ отсылает к тому или иному мессианскому течению. Одним махом он высмеивает маскилов, сионистов, ассимиляционистов и большевиков. Бадхен, как и сам Перец со своей верой в еврейскую диаспору, бессилен против надвигающейся зари революции. Для бадхена рынок является не столько буржуазным символом, которому необходимо противостоять, сколько раблезианской карнавальной площадью, где можно разрушить устоявшийся порядок вещей. Однако, хотя в ночном коммерческом пейзаже все традиции оказываются нарушенными, к утру порядок снова оказывается восстановленным и всем надеждам на прогресс приходит конец.

Шепоты из кучи

Рыночная площадь является точкой великого перелома и для Маркиша. Однако у него этот перелом оказывается насильственным и необратимым. Первые намеки на связь между коммерцией и смертью появляются в его стихах еще в 1917 году: «Что вы покупаете — трупы, лохмотья?.. Купи мою голову за грошик» [Shmeruk 1964: 382]. «Куча» начинается с посвящения жертвам погрома, случившегося в 1920 году:

Вам, жертвы Украины,
где земля полна вами,
а также вам, закопанным в «кучу»
в Городище-на-Днепре,
Кадиш!

Nokh aykh, harugim fun Ukraine,
vu ful mit aykh di erd iz,
un oykh nokh aykh, geshakhtene in «kupe»,
in Horodishtsh der shtot baym Dnieper,
kadesh! [Markish 1922: epigraph].

Центральное место в поэме Маркиша занимает груда тел — жертв недавнего погрома — на центральной площади штетла. «Куча» датирована 11 тишрея 5681 года (23 сентября 1920 года) — это следующий день после Йом-Кипура. Эта куча в ходе состоящего из 24 частей повествования будет как объявлена «новой молельней» (отсылка к еврейской литургической традиции), так и распята на кресте, являющемся для евреев символом одновременно и мученичества, и погрома. После большевистской революции и Гражданской войны на Украине образ местечка и его центральной площади наполнился новым смыслом, и в произведениях того времени отчетливо прослеживается идея о том, что самым ходовым товаром теперь стало насилие. В «Куче» раскиданные по всей площади товары метонимически изображают весь разрушенный еврейский мир. Итальянские футуристы и в какой-то степени их русские и восточноевропейские собратья с восторгом приветствовали провозглашенную Ницше «гибель богов», но Маркиш описывает здесь гибель прихожан. Хотя, являясь революционным поэтом, Маркиш был поборником воинствующего атеизма, как еврей он оплакивает это местечко и выражает скорбь со всей силой своего поэтического дарования.

Куча тел находится в самом центре городской площади, где звучат обычные фразы и восклицания базарного дня, вот только самих торговцев больше нет. Для изображения этого пейзажа Маркишу не нужно было ехать в само Городище, где произошел описанный им погром. Достаточно было представить обычный пейзаж штетла: базарная площадь в центре местечка, на которой продают текстильные и скобяные товары и местные сельскохозяйственные продукты. Даже сейчас, сто лет спустя, в Украине есть 24 населенных пункта, носящих название Городище. Слово «городище» может относиться к любому местечку без конкретной географической привязки, поэтому можно предположить, что Маркиш имел в виду не какой-то отдельный погром, а всю их совокупность. Известен краткий отчет о погроме в местечке Городище Черкасской области, сделанный на заседании Еврейской секции ВКП(б) (Евсекции) в октябре 1919 года: возможно, Маркиш писал именно о нем[36]. Эпиграф поэмы, в котором содержится посвящение жертвам погрома, тоже свидетельствует в пользу предположения, что на написание «Кучи» Маркиша подвигло какое-то конкретное событие.

Свою длинную поэму Маркиш начинает с обращения к «небесному жиру» (*«kheylev himlsher»*): «Не лижи, небесный жир, мои всклокоченные бороды» (*«lek nit, kheylev himshler, mayne farparte berd»*) [Markish 1922: sec. 1]. Повествование ведется от имени самой кучи, которая иногда звучит как хор голосов, иногда же из нее доносятся слова молитвы или обычные для базара фразы. Подобно зданиям и статуям, беседующим друг с другом в «Ночи» И.-Л. Переца, пейзаж, предметы и мертвые тела в «Куче» тоже вовлечены в общий диалог. Образ «небесного жира» (то есть свечи) может относиться к звездам, — и действительно, «небесный жир» (*«kheylev himlsher»*) Маркиша является отсылкой к его же «небесным звездам» (*«shtern himlshe»*), которые «гасят себя»

---

[36] Запись о погроме в Городище (Черкасская область) была сделана 1 октября 1919 года. В ней сообщалось о восьми жертвах. См. «Документы и материалы по погромам в Украине» (ЦДАГО. Ф. 1. Оп. 20. Д. 126. С. 59). По другой версии, Маркиш писал о погроме в Гадяче, который также иногда назывался Городищем и где тоже в 1919 году случился погром.

(«*leshn zikh oys*») в цикле «Без цели» («Pust-un-pas»). После погрома на площадь опускается ночь. Звезды, как и свечи, ничем не могут помочь телам на земле[37].

Маркиш описывает груду трупов во всех ее страшных деталях. Растерзанные тела сливаются в единую массу:

> Из моих ртов хлюпают коричневые реки дегтя,
> О, коричневая лепешка из крови и расставания,
> нет! Не трогай рвоту на черной ляжке земли.

> Fun mayne mayler khlupen broyne ritshkes dzhiegekhts,
> O, broyne roshtshine fun blut un fun gezegekhts,
> nit! Rir nit dos gebrekh oyf shvartser dikh fun drʼerd [Markish 1922: sec. 1].

Совмещая такие образы, как небесный свод с происходящим на нем ритуалом поминовения и картину бойни и рвоты, Маркиш сливает воедино две перпендикулярные друг другу линии, одна из которых устремлена в небо, а другая пролегла по черной земле, которая, как он предполагает в эпиграфе к поэме, уже начала поглощать тела погибших. Куча существует на пересечении двух осей, обозначающих не столько время и пространство (как в его ранних стихах), сколько земную и небесную сферы. Катарина Хансен-Леве в своей работе, посвященной концепции пространства в русской литературе, называет такое совмещение «модернистским двоемирием», «в котором все зримое обретает смысл и значение только в сопоставлении с "другим, более высоким" уровнем существования»[38]. Эта вертикаль, представленная в тексте Маркиша фигурой Бога, призрачными голосами мертвецов и библейскими персонажами, пересекается в куче мертвых тел с земной горизонталью, элементами которой являются разлагающиеся тела, реалии базарной площади и оскверненные

---

[37] Дэвид Роскис предполагает, что слово «жир» может также обозначать поминальную свечу, зажженную на небе. «Свечи, зажженные, вероятно, в память о погибших, горят на небе, в то время как слипшиеся от крови бороды мертвых евреев остаются внизу» [Roskies 1984: 99].

[38] Хансен-Леве пишет: «Вертикальная ось — это один из способов пространственного воплощения этой идеи» [Hansen-Löve 1994: 165].

предметы культа, принадлежавшие религиозной общине, ранее жившей в этом штетле.

Церковь — земное воплощение христианства — сравнивается с вонючим хорьком и находится на горизонтальной оси рядом с кучей:

> Куча грязного тряпья — снизу и доверху!
> На! Все, что хочешь, безумный ветер, выкопай и забирай!
> Напротив сидит церковь, как хорь, у кучи с задушенной птицей.
>
> A kupe koytik gret — fun untn biz aroyf iz!
> Na! Vos dir vilt zikh, dul-vint, krats aroys un nem dir!
> Antkegn zitst der kloyster, vi a tkhoyr, bay kupe oysgeshtikte oyfes [Markish 1922: sec. 1].

Обычные товары, которые можно купить на базаре, сливаются в единую массу с телами людей, еще недавно шивших эту одежду и евших этих птиц. «На! Забирай все, что хочешь» звучит как привычное зазывание торговца, но фрагментирование и перемешивание предметов и слов выворачивает эту обычную и относящуюся к повседневной жизни (то есть горизонтальную) реплику наизнанку. Площадь выполняет свою функцию центра коммерческой и культурной жизни общины, поскольку груда мертвых тел изображается то как некая фантасмагорическая форма капитала, то как своего рода божество. Первую часть поэмы Маркиш заканчивает еще одним характерным для данного топоса восклицанием, обращенным к Богу: «И носите их на здоровье, все, все!» («*Un trogt gezunterheyt, in nakhes, ale, ale!*») [Markish 1922: sec. 1]. *Trogt gezunterheyt* (носите на здоровье) — это обычное напутствие торговца, который только что продал предмет одежды. Тела и их голоса заняли место товара и ждут, когда новый владелец заберет их с базара.

Маркиш вкрапляет христианские образы в текст, полный цитат из еврейской литургической традиции, и тем самым вульгаризирует одновременно и иудаизм, и христианство[39]. Когда происхо-

---

[39] Замечательный обзор того, как литургическая традиция представлена в современной еврейской литературе, см. у Роскиса [Roskies 1984].

дит трагедия с человеческими жертвами, особенно если она произошла в конкретном здании или городе, еврейская религия предписывает читать скорбные молитвы (*кинот*, в ед. ч. — *кине*), а также песни из «Плача Иеремии», и поэма Маркиша, как отмечают исследователи его творчества, безусловно находится в русле этой традиции[40]. И те и другие полагается читать в день Девятого ава, когда евреи оплакивают разрушение Первого и Второго храмов. Маркиш дает понять, что куча мертвых тел на рыночной площади штетла возвышается над этими трагедиями прошлого, потому что она осязаема и материальна.

В самом центре этого нарратива находится коллективное мертвое тело. Авраам Новерштерн утверждает, что, помещая лирический субъект «Кучи» в центр поэтического пейзажа, Маркиш прибегает к своему излюбленному экспрессионистскому приему. «Благодаря гиперболе, типичной для Маркиша как экспрессиониста, куча одновременно становится и "картиной мира" и "центром мира"» [Nowersztern 2003: 147]. Мэтью Хоффман замечает, что «и у немецких, и у еврейских экспрессионистов поэтическое "я" находилось в центре мироздания, и все вокруг преломлялось сквозь эту призму» [Hoffman 2007: 142]. В военной поэзии Маркиша коммерческий пейзаж становится братской могилой всего штетла, и религиозные образы, которые он использует, служат ему не только в качестве привычных метафор — они представляют собой те архаичные символы, которые необходимо обменять на новый порядок вещей.

Возможно, «Куча» следует литургической традиции в том, что касается тональности повествования, однако речь в ней идет прежде всего о происходящих на Украине трансформационных процессах, и особенно о взаимоотношениях в штетле между

---

[40] Сет Волиц считает даже, что поэму Маркиша можно причислить к *кинот* — молитвам, которые полагается читать в день траура еврейского народа — Девятого ава: «Подобно тому как смешение светских жанров западной литературы лишило их изначальной целостности, используемый Маркишем гротеск десакрализировал *кинот*, которые служили средством литургического общения с Богом» [Wolitz 1987: 57].

евреями и украинцами. Сцена бойни, описанная в поэме со всеми натуралистическими деталями, служит Маркишу для того, чтобы синекдохически связать жертвы погрома с товарами и заключаемыми на рынке сделками. Рынок, где покупают и продают одежду, продукты и части человеческих тел, является идеальной рамкой для полотна, на котором изображена фрагментация бога и людей. Неестественно пустой город похож на «перевернутую телегу в пустом болоте» (*«Vi in a zump a leydiker an iberkerter vogn»*) [Markish 1922: sec. 3]. Эта перевернутая телега напоминает о сломанном возе из «Сорочинской ярмарки» Гоголя: «Ломается воз, звенит железо, гремят сбрасываемые на землю доски» [Гоголь 1937–1952, 1: 115]. Коммерческий пейзаж, дающий нам возможность для таких интертекстуальных сопоставлений, позволяет наложить друг на друга эти тревожные образы. И словно для того, чтобы призвать литературные рынки прошлого, Маркиш пишет в следующих строках: «О, только бы кто-нибудь вернулся сюда с чем-то, только бы кто-нибудь пришел что-то сказать» [Markish 1922: sec. 3].

Связь между потерянными словами и утраченным товаром — это мостик между миром духовным и миром коммерции. Поэтический голос произносит слова молитвы, но потом вновь сбивается на базарную речь: «О мои перемоленные распростертые руки, десять раз обесчещенные — на тебе! на тебе!» (*«o mayne oysgedavnte gevendte hent / geshendt in tsentn — / na dir, na dir!»*) [Markish 1922: sec. 3]. «Перемоленные» руки означают здесь, что молитва окончена. Эти руки становятся частью странной сделки, видимо, с Богом, которому даются инструкции, как с ними обращаться: «И береги их, и облизывай, словно пес, их расцарапанную кожу и гнойные раны, я обещаю их тебе!» (*«un tsertl zey, un lek zey, vi a hunt / oyf fel tsekretsikter — an eyterdike vund, / ikh bin zey dir menander!»*) [Markish 1922: sec. 3].

Как убедительно показал Сет Волиц, Маркиш прибегает к традиционной литургической форме отчасти для того, чтобы еще сильнее продемонстрировать свой модернистский разрыв с этим каноном [Wolitz 1987]. Нарратор продолжает свой разговор с Богом: «Я построил для тебя в центре рыночной площади новую молельню, Боже, / черную кучу» («*ikh hob dir ufgeshtelt in mitn mark a nayem mishkn, Got, / a shvartse kupe*») [Markish 1922: sec. 3]. Этот образ кучи чрезвычайно похож на «памятник красному мясу» из пьесы Маяковского 1913 года «Владимир Маяковский. Трагедия», который воздвигается там, «где за святость распяли пророка» [Маяковский 1955–1961: 162]. Маркиш заново населяет опустевший рынок изрубленными телами из кучи — нового Ковчега Завета, покрытой грязью телегой со спящими пассажирами и новыми словами. Это заполнение пустоты базируется на памяти о нормальном рыночном пейзаже, где у товаров есть своя цена и где вещи часто ломаются и продаются по частям. Маркиш, показывая фрагментированные объекты, создает абстрактную картину штетла: этот художественный метод роднит его с Элем Лисицким и Казимиром Малевичем[41]. Такая же трансформация происходит и с языком: литургическое повествование смешивается с речью базарных торговцев, и за счет этого возникает кощунственная комбинация торга и молитвы. Здесь можно вновь вспомнить пьесу Маяковского, где «тысячелетний старик» видит в рассказчике «замученный крик», распятый «на кресте из смеха» [Маяковский 1955–1961: 156]. Так же и голосам из «Кучи» придана грубая телесность: они представляют собой жертвоприношение во славу новой, все еще не окрепшей эпохи.

Сочетание иудаизма и христианства начинается в «Куче» с физического насилия и завершается новым заветом (или «обещанием»). В диалоге, отсылающем к истории о предательстве Христа Иудой, груда мертвых тел выставляется на продажу:

Давай, перекрестись и пересчитай их!
Шекель за голову, шекель за голову,
и сбрасывай их, сбрасывай,
как всегда,
я обещаю их тебе,
я обещаю их тебе!..

---

41 Благодарю Роя Гринвальда, который помог мне провести эту аналогию.

Nem, tselem iber zikh un tseyl zey oys!
A shekel fun a kop, a shekel fun a kop,
un shtoys zey, shtoys
vi shtendik op,
ikh bin zey dir menander,
ikh bin zey dir menander!.. [Markish 1922: sec. 3].

Кажется, что рассказчик здесь говорит голосом еврейского торговца, который лишился рассудка из-за внезапного превращения товара в груду мертвых тел. Более того, то, что в качестве валюты упоминаются не украинские деньги, а библейские шекели, переносит эту сделку во вневременное Царство Израилево, где предполагаемым покупателем является Бог (вспомним стихотворение Маркиша 1917 года, в котором были такие строки: «Купи мою голову за грошик»). Еврейский обычай запрещает считать людей по головам, поскольку такой счет по жизненно важным органам приравнивает их к скоту. Также призыв из этого отрывка поэмы пересчитать головы отсылает читателя к истории из Библии, когда царь Давид велел Иоаву провести перепись народа Израиля, и Бог в наказание наслал на евреев моровую язву, погубившую 70 тысяч человек (2 Цар. 24; 1 Пар. 21). Вопрос о том, как правильно вести подсчет людей, является в иудаизме дискуссионным, но обычно считают по второстепенным частям тела, предметам одежды или полушекелям. В «Куче» Маркиша мы видим гротескную пародию на эту систему подсчета: Богу предлагаются головы по шекелю за штуку.

Библейские денежные единицы (шекели), упоминаемые Маркишем в одном ряду с головами, дополнили арсенал поэтических средств, использовавшихся для описания денег. После большевистской революции с деньгами возникла путаница, которая с течением времени становилась только сильней. Перенесемся, например, в Киев, который в мае 1920 года на пять недель захватили поляки. Вот что пишет об обмене советских денег в Киеве после прихода добровольцев летом 1919 г. А. Б. Гольденвейзер:

«Керенки», «украинки» и «Советские» шли совершенно наравне. Фавором пользовались «царские», которые почти не обращались на рынке. «Советские» были даже предпочтительнее, т. к. среди «керенок» и особенно украинских 50-рублевок было много фальшивых и рваных. Перед приходом добровольцев появился лаж (т. е. за них стали давать выше номинала деньгами других типов. — *М. В.*) на керенки и украинки; курс советских пал. А вскоре после переворота советские деньги были аннулированы особым приказом и большая масса населения, снабженная главным образом этими деньгами, оказалась в весьма тяжелом положении, что вызвало смятение и неудовольствие новой властью.

Для посетителей базаров и ярмарок, знакомых с различными языками, на которых велась торговля в XIX веке, сумятица, связанная с постоянно меняющими свою ценность валютами разных правительств, физически олицетворяла хаос, вызванный революцией и Гражданской войной. Непонятно чего стоящие денежные единицы враждующих между собой армий ввергли рынок в коммуникационный кризис, ставший отражением всего того, что происходило в политике.

Низведя сваленные в груду тела до подлежащего продаже на небо мяса, Маркиш заходит в своей десакрализации еще дальше и сравнивает эту кучу с публичным домом. В еврейской литургии Бог часто метафорически называется женихом еврейского народа. Здесь евреев, как проституток, может купить любой бог, какой захочет:

Аллах! Христос! Всемогущий! Кто еще? — Заходи сюда, странник,
заблудившийся пилигрим,
заходите сюда, потерявшие путь, это публичный дом!
От всего мира, от всех земель и небес
царицей над всеми горами, куча, я коронаю тебя!..

Allah! Kristos! Shaday! Ver nokh? — Aher, farbaygeyer,
farfirte pilgrimen,
aher, farblondzhete, s'iz a beys-zoyne!
Fun gor der velt, fun erdn un fun himlen,
far malke iber ale berg vel ikh dikh, kupe, kroynen!.. [Markish 1922: sec. 8].

Боги и люди призываются для того, чтобы почтить жертв и осквернить их еще сильнее. Куча, которая уже находится на пересечении вертикальной и горизонтальной осей Маркиша, становится высшей жертвой — альтернативным божеством (или антибожеством), соперничающим со всеми прочими религиями. Подвергнув кучу различным формам осквернения, поэт в итоге распинает ее:

> Здесь я защищаю твою распятую голову
> от собак, от ворон
> и от могилы!..
> Ни шага в сторону...
> по моим глазам плывут тяжело
> черви
> и кишки...
>
> Ikh hit do dayn gekreytstn kop
> fun hint, fun robn
> un bagrobn!..
> Keyn trot...
> Oyf mayne oygn shvimen shver um
> verim
> un gederim... [Markish 1922: sec. 11].

Как и в ранних стихах Маркиша, поэтическое «я», находящееся в центре повествования, здесь застывает во времени. Маркиш делает акцент на использовании аритмичного стиха, подчеркивая его анжамбманами и рифмами слов с ивритскими и немецкими корнями: *shver um* (тяжело по) рифмуется с *verim* (черви) и *gederim* (кишки). «Плывущие по глазам кишки» являются отсылкой к античной традиции предсказания будущего по внутренностям жертвенных животных и солдат, павших на поле боя. Момент смерти обрастает дополнительными иконографическими смыслами, поскольку представляет собой гротескное распятие восточноевропейского еврейства, осуществляемое христианами: этот мотив, как мы видели, стал тогда популярным в среде еврейских модернистов. Христианское представление об искуплении, которое дарует страдание, подменяется здесь идеей о вечной жертвенной роли евреев: «Спускайся, спускайся / мы хотим снова тебя распять» (*«arop, arop / mir viln nokh amol dikh kreytsn!»*) [Markish 1922: sec. 11].

Маркиш выворачивает наизнанку стереотипный образ еврейского торговца, встречающийся во многих произведениях русской и украинской литературы XIX века, изображая нарушителями еврейской традиции украинских торговцев с их товарами. Десятая часть поэмы начинается с описания самых обычных реалий базарной площади: «На рынках и ярмарках / смотрите / на развевающиеся ленты, бусы, пуговицы и бадьи» («*of markn un yaridn / zidn flaterdike, kreln, / knep un tsibres*») [Markish 1922: sec. 10]. Далее Маркиш описывает праздничную атмосферу базарного дня: «все лица отсвечивают счастьем». Однако посреди этого отрывка поэт напоминает нам, что конкретно этот воскресный базарный день пришелся на Йом-Кипур — то есть этот самый святой для евреев праздник был осквернен не только погромом, но и торговлей.

> Пришло время для «Неила»[42]! Скорей! Давай дукат!
> Торговцы молятся за всех на бандурах
> и меряют фальшивыми аршинами
> замаранный
> свиток Торы, чтобы порвать его и распродать по частям.
>
> S'iz neile-tsayt. Af gikh! Arop-aruf a rendl!
> Di betler davenen far yedn af bandures
> un mit arshine falshe af geris,
> farshmirte,
> mest men sefer-toyreshe yeries! [Markish 1922: sec. 10].

Эта сцена представляет собой оскверненную версию еврейской молитвы. Свиток Торы, очутившийся в одном ряду с лентами и бадьями, не только оказывается замаранным и продается кусками: продавцы еще и меряют его своими фальшивыми аршинами. При этом функцию еврейской молитвы выполняет здесь традиционный украинский музыкальный инструмент — бандура: «Торговцы молятся за всех на бандурах». На рыночной площади слышны теперь новые звуки и новая речь: память о еврей-

---

42 «Неила» — молитва, которая читается на исходе Йом-Кипура.

ской молитве еще свежа, но ее место заняла украинская народная музыка. Праздничная атмосфера базарной площади со всеми этими лентами и бадьями ассоциируется у читателя с комическим пейзажем Гоголя, а именно с Сорочинской ярмаркой и развешанными под ятками красными лентами. Однако «Куча», написанная после недавнего погрома, описывает рынок, отмеченный трагедией: раньше здесь были евреи, а теперь их нет.

В последней строфе этой части поэмы Маркиш вновь упоминает атрибуты ярмарки из первых строчек, а затем рисует картину еще более страшного осквернения святынь:

> «Эй, ленты, бусы, пуговицы и бадьи!
> Забирайте их на здоровье!»
> А где-то в канаве глупая свинья
> мочится на десять заповедей...
>
> «Hey, steynges, kreln, knep un tsibres!..
> Trogt gezunt!»
> Un ergets in a riv a khazer tamevate
> netst oyf di esres heylike hadibres... [Markish 1922: sec. 10].

Тора была разодрана в клочья, и свинья находит их, как гоголевский черт со свиной личиной находит куски своей свитки в «Сорочинской ярмарке». Свиньи и совершаемое ими осквернение у Маркиша отсылают к темной изнанке гоголевского фарса и противопоставляются веселому «забрасыванию калом», о котором писал Бахтин применительно к раблезианскому карнавалу [Бахтин 1990: 194]. Карнавальная ярмарка со всеми ее свиньями, лентами и поврежденными повозками — это место, где продают не только продукты, но и части сломанных вещей, и поэтому она является подходящим местом действия поэмы, в которой говорится о фрагментации Бога и народа. В описываемой Маркишем сцене орудием осквернения становится погром. Из разрушенного старого мира возрождается новый порядок, который должен заменить прежний уклад. Однако этот новый порядок оказывается всего лишь гротескной версией все той же старой истории про умирающего Бога.

Во второй половине «Кучи» Маркиш пишет: «Двадцать веков пройдут, на ковчег — новый крест — / выплюнь меня!» («*tsvantsik kumende yor hunderts / mikh oyf mishkn — tseylem nayet, / geyt bashpayen!*») [Markish 1922: sec. 19]. Слова «выплюнь меня» отсылают к обычаю плеваться во время утренней молитвы «Алейну», которым евреи выражают свое презрение к идолопоклонству. Очевидно, что в поэме Маркиша явно выражено отвращение к религии во всех ее формах. То, что иудейский Ковчег Завета может оказаться «новым крестом», означает решительный разрыв с еврейской традицией. Впрочем, это выплевывание символизирует также и возрождение. Голоса из кучи, просящие, чтобы их выплюнули, отсылают либо к истории проглоченного китом Ионы, и тогда это мольба о новом рождении после смерти, либо к истории Иисуса, и тогда речь идет о воскресении[43].

Новый Ковчег Завета, о котором пишет Маркиш, означает конец как прежней религии, так и прежней коммерции. Еврейский поэт оплакивает гибель не только того, что прежде было свято, но и всего, что когда-то имело ценность. Теперь место обоих этих миров заняла огромная куча — новый Синай и новая Тора. В полном драматизма финале длинной поэмы Маркиш бросает вызов горам и рынкам, предлагая им сравнить себя с новой молельней, воздвигнутой на базарной площади: «Эй, горы и рынки! Призываю вас своей поэмой принести клятву, / Куча истекает кровью на гору Синай и на Десять заповедей» («*Hey, berg un markn! Oyf a shvue ruf ikh mit mayn lid aykh, / Di kupe blutikit dem barg Sini op di tsen gebotn*») [Markish 1922: sec. 22]. Два центра местечка — синагога и рынок — поменялись местами. Свитки Торы стали товаром, а тела убитых рыночных торговцев — молельней.

Маркиш сводит вместе различные литературные и литургические традиции. Он знаком с украинским литературным каноном, в котором коммерческий пейзаж служит для изображения народных гуляний и праздников. В то же время Маркиш обращается и к еврейской литературе, в которой с 1880-х годов этот же

---

[43] Я благодарна Григорию Фрейдину, который обратил мое внимание на этот фрагмент «Кучи».

самый пейзаж выглядел источником все более явной физической угрозы. Как и его современники — сионисты, он сочетает эксперименты в области модернизма и формализма с еврейской традицией оплакивания. При этом, будучи революционером и антикапиталистом, немалую часть вины за гибель евреев Маркиш возлагает на мир коммерции. Гоголь, Квитка, Шолом-Алейхем — все они так или иначе показывали, что коммерческий пейзаж со всей его кажущейся праздничностью и изобилием на самом деле таит в себе угрозу душе, искусству или самому физическому существованию человека. Для Маркиша, творившего в разгар революции, исходящая от рынка смертельная опасность стала центральной темой всей его поэтики. Смешивая светские и религиозные топосы, объекты и высказывания, Маркиш лишает их силы. Остается только пустое пространство, где нет ни молящихся, ни торговцев. Именно из этого хаотического вакуума и взывает к Богу куча в последней строфе поэмы. Последние строчки «Кучи», как и финал ее первой части, являются возвращением к форме молитвы. Куча снова восклицает: «Мы все здесь», а затем вновь указывается дата резни. «О, небесный жир, мы все здесь, мы все здесь! / 11 тишрея 5681 года» [Markish 1922: sec. 24]. Этот день, пришедшийся на тишрей — самый святой месяц еврейского календаря, — как бы включается в число жертв погрома: еврейское время было убито вместе с самими евреями. Поэма заканчивается так же, как и любая молитва: «Во имя Господа, аминь». Ответное «аминь», которым традиционно отзываются все молящиеся в конце каждой литургии (это особенно важно, когда кто-то читает поминальную молитву «Кадиш»), исходит от опустевшего рынка.

Глава 6
Исаак Бабель и конец базара (1914–1929)

> Вот предо мной базар и смерть базара. Убита жирная
> душа изобилия. Немые замки висят на лотках, и гранит
> мостовой чист, как лысина мертвеца.
>
> *Исаак Бабель [Бабель 1991, 2: 29]*

> Пути Сиона сетуют, потому что нет идущих на праздник;
> все ворота его опустели.
>
> *Плач Иеремии 1: 4*

В «Сорочинской ярмарке» Гоголя страх перед смертью скрыт
и едва различим в карнавальном веселье базара. Первая мировая
война, Октябрьская революция и Гражданская война на Украине
сорвали со смерти все покровы, и в первую очередь это коснулось
рыночной площади, которая нередко становилась эпицентром
резни. Все это отражено в ранней советской литературе: «немые
замки» и «убитое изобилие» революционного базара Бабеля
принадлежат к тому же разоренному войной коммерческому
пейзажу, что и голоса, торгующиеся за «бороды и кости» в «Куче»
Переца Маркиша. Если в 1830 году, в период относительной
стабильности, Гоголь, введя в литературный канон мотив ярмарки, познакомил русского читателя с культурным и географическим разнообразием российской провинции, то Бабель анало-
гичным образом привнес в русскую прозу новые реалии, описав
стремительную трансформацию коммерческого пейзажа в период больших потрясений, обрушившихся на те же самые места сто
лет спустя.

Судьба Бабеля во многом была схожа с жизнью его современника Маркиша. Он родился в Одессе летом 1894 года, за год с небольшим до того, как осенью 1895 года в местечке Полонное на Волыни родился Маркиш. Оба они служили в русской армии во время Первой мировой войны, а Бабель также участвовал в Польской кампании в качестве военного корреспондента и политработника. Оба писателя стали жертвами сталинских репрессий: Бабель был арестован в 1939 году и расстрелян в 1940-м, а Маркиш был казнен в 1952 году. Архивы обоих писателей исчезли после их арестов и, вероятно, были уничтожены на Лубянке, где оба они встретили смерть.

И Бабель, и Маркиш постоянно обращались к творчеству предшественников, описывавших в своем творчестве украинский коммерческий пейзаж. Более того, оба они вышли из восточноевропейского модернизма и сочиняли сценарии для нового советского кино. Однако если писавший на идише Маркиш воплотил в своей экспрессионистской поэзии авангардные идеи 1920-х годов, то в русской прозе Бабеля экспрессионизм его поколения сочетался с натурализмом Гоголя, Квитки, Абрамовича и Шолом-Алейхема. В 1916 году 22-летний Бабель, начинающий писатель и выпускник Киевского коммерческого института, переехал в Петроград, где посвятил себя литературной карьере. Следуя по стопам Гоголя, который приобрел славу, сбывая русскому читателю свои сочные украинские истории, Бабель выставил на литературную витрину свое еврейское происхождение, знание украинского языка и знакомство с юго-западными провинциями Российской империи. Бабель фиксировал происходившие с коммерческим пейзажем перемены на протяжении всей своей писательской карьеры, но коренной перелом, произошедший в сельской экономике Украины, особенно ярко отображен в его текстах, относящихся к двум конкретным историческим периодам, свидетелем которых он был. Первый — это Польская кампания 1920 года, в которой он участвовал в качестве военного корреспондента и которая вдохновила его на написание в 1923–1926 годах сборника рассказов «Конармия». Вторым таким периодом стала коллективизация 1929 года, о которой Бабель начал писать роман (сохранилось только две главы). В этих главах, как и в «Вечерах...» Гоголя, звучит много украинской речи, и место действия в них то же, что и сто лет назад, но, в отличие от полного жизни коммерческого пейзажа гоголевских Сорочинцев, читатель видит разрушение украинского частного предпринимательства, производимое советской властью.

Уже в 1924 году Шкловский обратил внимание на то, что язык и тематика текстов Бабеля роднят его с Гоголем. В статье, посвященной публикации первых рассказов конармейского цикла, Шкловский писал следующее:

> Романтический пафос, достигаемый употреблением нарядных слов и перечислением нарядных предметов. Введение в литературу ряда запрещенных тем и образов «низкого характера». Включение этих образов в эмоциональные ряды, построенные иногда по образцу романтического Гоголя, и достижение этим расхождения смыслового и интонационного ряда во фразе [Шкловский 1990: 525][1].

Коммерческий пейзаж с его богатой материальной и этнографической культурой привнес в литературу то, что Шкловский назвал «нарядными» словами и предметами, не говоря уж об «образах низкого характера», свойственных сценам на базаре и на улице. Однако, в отличие от всех остальных писателей, о которых идет речь в этом исследовании, в творчестве Бабеля наблюдается удивительный парадокс, которым отмечены все его произведения: Бабель писал одновременно и как романтический антикапиталист, и как прирожденный торговец. Как отметили А. К. Жолковский и М. Б. Ямпольский, система эквивалентностей и обменов, на которой строится его повествование, в значительной степени определяет всю текстуальность бабелевской прозы [Жолковский, Ямпольский 1994]. Бабель в своих описаниях коммерческого пейзажа выглядит более самокритичным автором,

---

[1] Впервые опубликовано в статье «Исаак Бабель», вышедшей в журнале «Леф» [Шкловский 1924].

чем те писатели, о которых шла речь в предыдущих главах, потому что он видит самого себя внутри той системы отношений, которую стремится разрушить. Бабель постоянно перемещается между двумя различными, но связанными между собой рынками: на одном уровне коммерческий пейзаж является темой и местом действия его произведений, а на другом это мир взаимоотношений между автором и читателем. В своем творчестве Бабель обращался к этому второму рынку так часто, что, можно сказать, построил внутри коммерческого пейзажа своего рода дом для рассказчика, который тоже оказывается торговцем. Экономическое поведение этих авторов-торговцев, как я буду их называть, отображает происходящее в коммерческом пейзаже. Автор-торговец является беженцем с умирающего базара. По мере того как в произведениях Бабеля рынок все сильнее разрушается, автор-торговец обретает свободу, превращая коммерческий пейзаж в выставленный на продажу нарратив.

Типичный нарратив Бабеля с участием автора-торговца — это рассказы о проституции. Вера, героиня рассказа «Мой первый гонорар», написанного между 1922 и 1928 годами, продает свои услуги бедному молодому писателю, сочиняющему для нее полную трагических деталей историю о том, как он сам продавал свое тело различным мужчинам, для того чтобы выжить[2]. Утром, когда они пьют чай на базаре, Вера возвращает автору-«Шахерезаде» две золотые пятирублевки, который тот ей дал.

> — Расплеваться хочешь, сестричка?..
> Нет, я не хотел расплеваться. Мы уговорились встретиться вечером, и я положил обратно в кошелек два золотых — мой первый гонорар [Бабель 1991, 2: 253].

---

[2] «Мой первый гонорар» был впервые напечатан в русскоязычном нью-йоркском журнале уже после смерти писателя. Как показали Жолковский и Ямпольский, Бабель написал два варианта этого рассказа, второй из которых, под названием «Справка», был намного короче и, по их мнению, ближе к финальной авторской редакции, чем «Гонорар» [Бабель 1963; Жолковский, Ямпольский 1994: гл. 1].

Тот факт, что первая покровительница протагониста носит говорящее имя Вера, напоминает о том, что и в коммерции, и в литературе нужно уметь убеждать контрагента, будь то покупатель или читатель[3].

Еще более отвратительная торговля телом происходит в рассказе Бабеля «Ходя» (1918), действие которого разворачивается в Петрограде холодной зимой после большевистской революции. Проститутка Глафира мягкими уговорами добивается от легковерного с виду китайца ночлега в тепле для себя и для своего немолодого спутника Аристарха. Когда китаец настаивает, что заплатит ей всего один фунт хлеба, она просит его: «...со мной папаша крестный... Ты разрешишь ему поспать у стенки?» [Бабель 1991, 1: 98]. Однако когда посреди ночи китаец предлагает Глафиру ее «крестному папаше», становится понятно, кто является инициатором сделки, а кто наивным простаком. Покровитель получил женщину на ночь для себя и Аристарха всего за фунт хлеба. Глафира вынуждена обслужить обоих мужчин. Подлинными авторами-торговцами в этом рассказе оказываются мужчины [Бабель 1991, 1: 99].

Активное участие бабелевских нарраторов в коммерческих операциях обычно заключается в том, что они пропагандируют именно тот вид коммерческой деятельности, который подлежит уничтожению. Более того, то, как эти авторы-торговцы изображают самих себя (зачастую прибегая к обману), напоминает вешание лапши на уши доверчивому покупателю. Рынок Петрограда, как и Тифлиса, — это естественное место пересечения различных культур. Однако персонажи Бабеля используют коммерческие пейзажи для того, чтобы извлечь выгоду из этих культурных различий, сочиняя нарративы, которые можно обратить в деньги: Вера покупается на историю, рассказанную «мальчиком у армян»,

---

3   Александр Жолковский заметил, что «"документальный" отчет о первом литературном заработке оборачивается нарочито неправдоподобным и густо стилизованным литературным рассказом о тяжелом детстве, который завоевывает полное доверие слушателя — проститутки, погруженной в самую, казалось бы, "подлинную реальность" жизни» [Zholkovsky 1994: 675].

а Глафира считает своего китайского клиента простаком до тех пор, пока не оказывается, что это он ее перехитрил. Все эти истории о коммерции и притворстве намекают читателю на то, что и за нарраторской маской самого Бабеля, как и у его персонажей, может скрываться что-то совсем иное.

Погром как революционный катарсис

Бабель вырос в еврейской семье среднего достатка, вокруг него много говорили на идише, и он знал этот язык достаточно хорошо, чтобы отредактировать двухтомное собрание произведений Шолом-Алейхема в русских переводах и перевести на русский рассказ Бергельсона «Джиро-джиро» [Bergelson 1929; Бергельсон 1957: 296–310][4]. Бабель не был глубоко погружен в еврейскую литературную традицию. Тем не менее еврейская тема играла в его творчестве важную роль, особенно если говорить о ранних произведениях. В своем первом рассказе «Старый Шлойме» (1913) писатель изображает антисемитские реалии: заглавный герой кончает жизнь самоубийством, когда его дети после выхода царского указа о выселении евреев решают креститься. Рассказ «Шабос-Нахаму» (1918), ставший частью неоконченного цикла о герое еврейского фольклора шутнике Гершеле из Острополя, свидетельствует об интересе Бабеля к культурным архетипам, возникшим в еврейской литературе на рубеже веков и особенно ярко представленным у Шолом-Алейхема. Переехав в Петроград в 1916 году, Бабель познакомился с Горьким, который стал его учителем и покровителем до конца жизни. Горький опубликовал два рассказа молодого писателя в своем журнале «Летопись» и в 1918 году устроил его корреспондентом в «Новую жизнь».

---

[4] Шимон Маркиш писал, что Бабель также хотел перевести на русский «Тевье-молочника» Шолом-Алейхема, но сейчас такого перевода не существует [Маркиш 1997: 12].

Как мы видели в главе четвертой, встреча с Горьким в 1904 году произвела огромное впечатление на Шолом-Алейхема[5]. Горький активно искал русскоязычных еврейских писателей, которые были настроены революционно и своими глазами видели самые отвратительные проявления антисемитизма[6]. В 1901 году он резко выступил против насилия, которому подвергались евреи. Его статья «Погром» описывает избиение евреев возле Нижнего Новгорода, свидетелем которого он стал в 1887 году. Горький описывает все происходившее как сторонний наблюдатель: он не препятствует погромщикам, но и не возлагает часть вины на жертв. В более поздних статьях он выражал свое возмущение звериными («зоологическими») и антисемитскими явлениями в русской литературе [Горький 1929: 3][7]. Горький понимал, что писателем, который имел бы полное право выступать от имени российских евреев, мог быть только еврей.

За 15 лет до встречи с Бабелем Горький искал знакомства с Шолом-Алейхемом, чтобы ввести русского читателя в мир еврейской литературы. В Бабеле же он видел того, кто сможет рассказать историю дореволюционной России от лица угнетаемого еврейского народа. Однако если Шолом-Алейхем увидел в Горьком новый идеал народного писателя и образец для подражания, то Бабель захотел превзойти своего старшего товарища. Бабель, многообещающий молодой писатель, хорошо знакомый с еврейской тематикой, мог сделать то, что для Горького было недостижимо: показать читателям, среди всего прочего, первобытную сущность антисемитизма, увиденную глазами просвещенного нерелигиозного еврея. В своем дерзком эссе «Одесса» (1918) Бабель намекает на литературное превосходство над своим

---

[5] Как было сказано в главе четвертой, Горький надеялся опубликовать в издательстве «Знание» рассказы Шолом-Алейхема на русском [Meisel 1965: 197].

[6] Ту же мысль высказывает Габриэлла Сафран. Она пишет: «Еще до встречи с Бабелем Горький, который был очень энергичным и талантливым организатором, на протяжении нескольких лет уделял большое внимание еврейскому вопросу» [Safran 2002: 255].

[7] В этой статье Горький особенно активно возмущается антисемитскими настроениями в литературной среде.

наставником Горьким, отчасти обусловленное его одесским происхождением: «Горький — предтеча и самый сильный в наше время. Но он не певец солнца, а глашатай истины». Дерзкий финал «Одессы» говорит как о том, что Бабель не сомневался в горьковском чувстве юмора, так и о его вере в собственные силы: «Литературный Мессия, которого ждут столь долго и столь бесплодно, придет оттуда — из солнечных степей, обтекаемых морем» [Бабель 1991, 1: 64]. Вот что пишет об этой фразе Григорий Фрейдин в своей статье «Два Бабеля — две Афродиты: автобиография в петербургском мифе Марии и Бабеля»? («Two Babels — Two Aphrodites: Autobiography in Maria and Babel's Petersburg Myth»): «Безапелляционно провозглашая себя "литературным Мессией из Одессы", будущий создатель "Короля" заявляет о своем желании превзойти "предтечу" и оказаться в мире, где искусство — свободное от любых пристрастий — будет верховным правителем и истиной в последней инстанции» [Freidin 2009: 18]. Свои претензии на литературное превосходство Бабель подкрепляет такими аргументами, как национальность, место рождения и жизненный опыт. Горький, у которого была сильно развита эмпатия, согласился бы с тем, что Бабель, еврей из Одессы — города, где в 1905 году произошел страшнейший погром, — пережил такое насилие, какое он, русский, мог только наблюдать со стороны.

В 1925 году, спустя почти 10 лет после знакомства с Горьким, Бабель опубликовал в ленинградской «Красной газете» свой рассказ о погроме — «Историю моей голубятни». Рассказ начинается с редкого для Бабеля посвящения — Максиму Горькому. Словно бы после своего сделанного в «Одессе» предсказания о том, что он заменит Горького в качестве «литературного Мессии», Бабель решил, что пришло время выполнить свое обещание и озарить русскую литературу светом, исходящим прямиком из «солнечных степей, обтекаемых морем». Как и в «Погроме» Горького, где повествование ведется от лица рассказчика-ребенка, рассказ Бабеля представляет собой детское воспоминание о погроме, случившемся осенью 1905 года в Николаеве. Автор описывает, как после изнурительной подготовки он успешно сдал вступительный экзамен в гимназию, несмотря на суровую процентную квоту, ограничивающую количество еврейских учеников. Однако настоящий урок он получает уже потом, лицом к лицу столкнувшись с жестокостью и насилием погромщиков. Когда мальчик сдает экзамен после года усердной зубрежки, его успех воспринимается как еврейский триумф. На праздничном приеме в честь поступления его учитель древнееврейского поднимает бокал: «Старик поздравил родителей в этом тосте и сказал, что я победил на экзамене всех врагов моих, я победил русских мальчиков с толстыми щеками и сыновей грубых наших богачей» [Бабель 1991, 2: 146]. Эта речь, в которой говорится о продолжающейся войне между русскими и евреями и между представителями среднего класса и богачами, войне, где юный протагонист является солдатом, — предвещает потерю невинности, которую переживет герой в грядущем погроме.

Вскоре после экзамена герой отправляется на птичий рынок, чтобы купить голубей для своей новой голубятни — заслуженной тяжким трудом награды за поступление в гимназию, — и вдруг начинается погром. Рынок пустеет, и мальчик во время торга за пару крюковских голубей слышит, как проходящий мимо человек говорит продавцу живности, что пора собирать вещи и уходить, добавляя: «На Рыбной бабелевского деда насмерть угостили» [Бабель 1991, 2: 148]. Рассказчик уже познакомил к тому моменту читателя со своим двоюродным дедом Шойлом: «Я любил хвастливого этого старика за то, что он торговал рыбой на рынке... Шойл отличался от обыкновенных людей еще и лживыми историями, которые он рассказывал о польском восстании 1861 года» [Бабель 1991, 2: 145]. Хотя новость о гибели двоюродного деда, безусловно, достигает ушей юного героя, он продолжает торговаться с голубятником и не убегает с рынка: «Напрасно, — пробормотал Иван Никодимыч ему вслед, — напрасно, — закричал он строже и стал собирать кроликов и павлина и сунул мне крюковских голубей за сорок копеек» [Бабель 1991, 2: 148]. Непонятно, относилось ли это «напрасно» к смерти Шойла или к тому, что ему пришлось уступить голубей мальчику всего за сорок копеек.

Рассказчик убегает с площади и с облегчением влетает в пустынный переулок, где видит безногого инвалида Макаренко, торговавшего с лотка папиросами: «Мальчики с нашей улицы покупали у него папиросы, дети любили его, я бросился к нему в переулок. "Макаренко, — сказал я, задыхаясь от бега, и погладил плечо безногого, — не видал ты Шойла?"» [Бабель 1991, 2: 148].

Однако герой ошибся с выбором собеседника. Макаренко, который вместе со своей женой разбирал вещи, похищенные во время погрома, вытаскивает из-за пазухи мальчика торбу с птицами и бьет его наотмашь ладонью с зажатой в ней голубкой. Не слушая проклятий Макаренко и его жены, которая, склонившись над грудой награбленных чепцов, говорит: «Семя ихнее разорить надо» [Бабель 1991, 2: 148], герой ощущает только то, как по его лицу стекают голубиные кишки: «Я лежал на земле, и внутренности раздавленной птицы стекали с моего виска. Они текли вдоль щек, извиваясь, брызгая и ослепляя меня» [Бабель 1991, 2: 149].

После своей метафорической гибели (в виде голубя) юный герой символически возрождается как пророк посреди разоренного коммерческого пейзажа, на котором высится груда награбленного Макаренко барахла. Растерзанная птица, подобно кишкам и червям из «Кучи» Маркиша, отсылает к Античности и предсказанию будущего по внутренностям. Глядя на мир сквозь стекающие по лицу внутренности голубя, мальчик наблюдает окончание христианской эры: голубя мира ждет апокалиптический конец.

Максим Горький в своем «Погроме» 1901 года пишет о том, как в толпу бросается девушка в изорванном платье, «как голубь в тучу дыма». Девушка исчезает в толпе под крик «бей жидовку!». Страшная масса поглощает ее без остатка. Горький снова использует связанную с птицами метафору, когда описывает мальчишку, который «подпрыгивает, желая поймать летающее в воздухе перо» [Горький 1968–1976, 6: 288].

Трудно сказать, содержит ли рассказ Бабеля о голубях сознательные отсылки к этому тексту Горького. Пух и перья (как правило, из разгромленных еврейских домов) являются типичной метафорой погрома. Однако и у Горького, и у Бабеля голубь — это религиозный символ. В Торе голубь предстает вестником мира, когда возвращается к Ною с оливковой ветвью — знаком примирения человека с Богом. В Книге Левит сказано, что тот, кто не может принести в жертву скот, «пусть принесет жертву свою из горлиц, или из молодых голубей» (Лев. 1: 14). У ранних христиан голубь из священной жертвы превратился в знак Божественного волеизъявления. Форму голубя принял Святой Дух в момент крещения Христа. Иисус изгнал из храма торговцев голубями вместе с менялами. Для католиков голубь — это воплощение Святого Духа. В Евангелии от Иоанна сказано: «И свидетельствовал Иоанн, говоря: я видел Духа, сходящего с неба, как голубя, и пребывающего на Нем» (Ин. 1: 32). Голубь, размазанный рукой погромщика по лбу юного героя, — это одновременно и потомок жертвенных горлиц, и указание на избранность этого ребенка. Сцена с раздавленным голубем мира является явной аллюзией на обряд помазания и указывает на близкое родство (или даже тождество) между мальчиком из рассказа Бабеля и Христом.

Если Горький наблюдал за нижегородским погромом и его похожей на голубя жертвой с безопасного расстояния, то насилие, с которым Бабель столкнулся в Николаеве, было столь близким и личным, что в буквальном смысле застило глаза рассказчика. Посвящая «Историю моей голубятни» Горькому, Бабель заявляет о том, что, в отличие от русского писателя, он может показать погром изнутри. Горький многое сделал для того, что тема погрома зазвучала в русской литературе, но только человек с таким опытом, как у Бабеля, мог раскрыть ее во всей полноте. Впрочем, образ юного мессии изображен Бабелем с изрядной долей иронии. Бабелевский рассказчик олицетворяет собой угнетаемый еврейский народ, о котором писал Горький, — но не совсем. Да, ему нужно преодолеть процентную квоту, чтобы поступить в гимназию. Но, в отличие от своих отца и двоюродного деда, которым приходится испытывать трудности ассимиляции, он уже является продуктом русской культуры со всеми вытекающими отсюда преимуществами. В отличие от безногого Макаренко, он здоров и успешен в жизни. И хотя погром обернулся для него огромной личной трагедией, наш хорошо образованный русско-еврейский протагонист остался цел и невредим. При этом необходимо отметить, что описываемый Бабелем тип героя встречался в молодой советской литературе довольно часто. В 1920-е годы еврейский юноша, вырвавшийся из мещанской среды, проникшийся культурой и обычаями местного населения и осознавший свой интеллектуальный потенциал, стал своего рода архетипом. В частности, такой образ ассимилированного еврея шутливо описывается в вымышленной биографии сатирика Остапа Вишни — писателя, чья национальная принадлежность вызывала преувеличенно большой интерес у украинских читателей:

> Остап Вишня по национальности еврей. Он родился под Киевом на станции Казатин, а его отец был мелким торговцем. Остап Вишня продавал ириски на перроне станции Казатин и тем добывал себе пропитание. Общаясь с беспризорниками, он узнал много их песен, но бродячий образ жизни не привлекал его, так как он любил работать и сам зарабатывать себе на кусок хлеба своим трудом [Капустянський 1929: 192].

Ироничное изображение украинского еврея, которое мы видим в этом отрывке, пожалуй, чересчур гротескно, но оно остается в рамках того же самого советско-еврейского нарратива, что и образ героя «Истории моей голубятни» до момента погрома. История, предшествующая перелому в судьбе героя, повествует о том, как он долго и с религиозным усердием готовился к экзамену в гимназию. Его способность выучить наизусть стихи Пушкина, самого знакового русского поэта, дала ему возможность проникнуть в чертоги высокой русской культуры. Сцена, где герой встречается с Макаренко посреди коммерческого пейзажа, хоть и шокирует читателя изображением человеческой жестокости, при этом вполне вписывается в привычный нарратив «проблемы еврея-интеллектуала с западной окраины Российской империи». Как и Гоголь за сто лет до него, Бабель охотно использует уже существующий нарратив, позиционируя себя как русского писателя с необычным жизненным опытом и свежим взглядом на мир.

Впрочем, протагонист Бабеля хоть и юн, но отнюдь не невинен. В этом рассказе мы четко видим оба бабелевских рынка. Тот рынок, где начинается погром (а вместе с ним и переулок, где мальчик сталкивается с Макаренко), является классическим литературным коммерческим пейзажем, и здесь Бабель в своей привычной манере изображает его трансформацию. А десятилетний герой рассказа — это типичный бабелевский автор-торговец, персонаж, который, даже парализованный страхом, временно извлек выгоду из этих трагических событий. Таким образом Макаренко, дважды говорящий о себе, что его «Бог сыскал», выступает своего рода орудием Божественного возмездия, наказывающим мальчика за то, что тот купил заветных голубей, хотя ему уже было известно о смерти Шойла. По пути домой рассказчик становится свидетелем еще одного акта поэтического возмездия: какой-то крестьянин разбивает раму в доме Эфрусси — богатого еврейского купца, который дал взятку, чтобы его сына годом ранее взяли в гимназию. Григорий Фрейдин интерпретирует эту сцену и убийство голубей как доказательство того, что «погром стал явным орудием Божественной справедливости. Это орудие карает не только еврейских мальчиков, которые добиваются успеха, играя по правилам ненавистной империи, но и еврейского купца Эфрусси, который играл не по правилам и давал взятки» [Freidin 1990]. Герой рассказа лишился своего двоюродного деда, сказочника Шойла (это единственная жертва погрома) и голубятни, но погром принес очищение. Идя домой, рассказчик «плакал так горько, полно и счастливо, как не плакал больше во всю мою жизнь» [Бабель 1991, 2: 150]. Это счастье, перемешанное со скорбью, делает сцену с Макаренко не столь ужасной, показывая, что образ жертвы никогда не бывает однозначным. Дома он застает дворника Кузьму, который хлопочет вокруг мертвого Шойла и говорит мальчику: «Ты бы ему пятаков на глаза нанес...» [Бабель 1991, 2: 150]. Эти две пятикопеечные монеты, плата за перевоз через Стикс, вполне могут оказаться разницей между той ценой, которую продавец птиц хотел получить за своих голубей, и тем, что мальчик в итоге ему заплатил — ценой сделки, условием которой оказалась смерть Шойла. А еще их можно считать комиссией, полагающейся старику за рассказ, который (о чем известно взрослому Бабелю) дал право его автору заслуженно называться литературным мессией из Одессы[8]. Предложение Кузьмы вызывает удивление у юного рассказчика: «Но тогда, десяти лет от роду, я не знал, зачем бывают надобны пятаки мертвым людям» [Бабель 1991, 2: 150]. То, что рассказчик — юный автор-торговец — был обязан своему двоюродному деду и этими деньгами, и много чем еще, стало ясно впоследствии.

Революция Бабеля

Именно Горький добился для Бабеля места военного корреспондента при Первой Конной армии под командованием С. М. Буденного во время Советско-польской войны 1920 года. Война между Красной армией и польскими частями началась в 1919 году и вышла на новый виток в апреле 1920 года, когда Симон Петлюра заключил союз с Пилсудским и граница с Польшей передвинулась на восток [Snyder 2003: 139]. После кровопролитного лета 1920-го, стоившего тяжелых потерь как полякам, так и большевикам, за Польшей остались большая часть Волыни и Галиция, а Советы получили остальную часть Украины и Беларусь [Snyder 2003: 140]. Введение военного коммунизма и ставшие следствием войны разорение и нищета украинских земель привели к полному коллапсу местной экономики. Все, что крестьянам удавалось вырастить, немедленно реквизировалось, и люди больше не могли продавать излишки сельскохозяйственной продукции, чтобы было на что жить. Как мы видели в пятой главе, коммерческий пейзаж, который раньше

---

[8] Элиф Батуман показала, что весь рассказ Бабеля построен вокруг числа «пять». Действие рассказа происходит в 1905 году. Нарратор должен получить две пятерки на вступительном экзамене в Одесскую гимназию, чтобы преодолеть пятипроцентную норму для еврейских учеников. Он впечатляет своими познаниями экзаменаторов — особенно помощника попечителя Пятницкого (в чьей фамилии тоже есть это число) <...> Нарратор видит тело Шойла, и ему говорят положить на глаза мертвеца два пятака. История, которая начинается с двух пятерок, заканчивается двумя пятаками» [Batuman 2009: 169].

был центром жизни штетла, в литературе революционного периода стал символом хаоса и разорения.

Бабель начал делать свои конармейские заметки еще на польском фронте; для того чтобы скрыть свою национальность, он выбрал псевдоним Кирилл Васильевич Лютов. Если Гоголь веком ранее нарисовал для петербургских читателей картину плодородной и хлебосольной Украины, то Бабель, возвращаясь к этому коммерческому пейзажу, изобразил его разрушение. В рассказе «Учение о тачанке» Бабель показывает, как тачанка — пулемет на телеге — стирает привычный пейзаж: «Это слово сделалось основой треугольника, на котором зиждется наш обычай: рубить — тачанка — кровь» [Бабель 1991, 2: 41]. Рассказ заканчивается описанием оставленных позади безжизненных еврейских местечек — жертв недавней войны; у Бабеля это метафора, относящаяся к еврейскому миру в целом, который быстро уходит в небытие после революции. Бабелевский протагонист Лютов вступает в Галицию как освободитель, но он несет с собой беды и разрушения и сознает это. Да, он творит историю со своими соратниками-большевиками, но при этом ему приходится расставаться со своим (пусть и далеким) еврейским прошлым под стрекот пулемета.

В «Одессе» Бабель писал: «Помните ли вы плодородящее яркое солнце у Гоголя, человека, пришедшего из Украины?» [Бабель 1991, 1: 64]. Внимательно читая «Конармию», мы видим, что Бабель осознанно деконструирует гоголевский плодородный пейзаж. В первом конармейском рассказе «Переход через Збруч» описывается буквально обезглавливание украинского солнца: «Оранжевое солнце катится по небу, как отрубленная голова» [Бабель 1991, 2: 6]. Рассказ начинается с того, что Лютов и его отряд едут через разоренную войной Волынь в сторону Варшавы[9].

---

[9] Судя по приводимым в рассказе географическим названиям, этой рекой на самом деле была Случь. Однако Збруч был пограничной рекой, разделявшей Австрийскую и Российскую империи, и вполне вероятно, что, называя свой рассказ «Переход через Збруч», Бабель имел в виду, что советские части вошли на территорию Западной Галиции. Ярослав Грицак, описывая договор 1772 года между Австрией, Пруссией и Россией, так объяснил возникновение этой границы: «Австрийское командование получило приказ разбить лагерь у реки Подгорцы. Однако такой реки не существует — скорее всего, имелась в виду

Как мы помним, в «Сорочинской ярмарке» Гоголя герои отражаются в водах Псела; в пережившем радикальную трансформацию украинском пейзаже Бабеля бойцы не отражаются в реке, а заглатываются ею: «Кто-то тонет и звонко порочит богородицу». Насильственно вторгаясь в Украину, Лютов переходит важную черту и попадает в Дантов ад Польской кампании. За пасторальным пейзажем, с описания которого начинается этот рассказ, скрывается мир, сошедший с ума: круглое оранжевое солнце превращается в «отрубленную голову», а черные квадраты, напоминающие о кубофутуристических творениях Малевича, тонут в воде: «Река усеяна черными квадратами телег» [Бабель 1991, 2: 6]. Уже этим первым рассказом Бабель дает понять, что для описания истерзанного войной мира и нового взгляда на него глазами рассказчика необходимо использовать авангардистские художественные приемы. В этой картине с тонущими в реке фигурами явственно различимы знаки апокалипсиса, который наступает в результате объединенных усилий казаков и примкнувших к ним городских интеллигентов, таких как Лютов.

На фоне этого эстетизированного символического пейзажа особенно контрастно смотрятся сцены, свидетелем которых становится Лютов, когда он оказывается вне остального войска. В том же коротком рассказе описан эпизод, в котором Лютов останавливается на ночлег в еврейской квартире в Новоград-Волынске. Оказывается, что у рассказчика много общего не только со своими товарищами по армии, но и с этими ставшими жертвами войны евреями, и такая смена перспективы еще больше усиливает ощущение хаоса, вызванного Гражданской войной:

> — Уберите, — говорю я женщине. — Как вы грязно живете, хозяева...
> Два еврея снимаются с места. Они прыгают на войлочных подошвах и убирают обломки с полу, они прыгают в безмолвии, по-обезьяньи, как японцы в цирке... [Бабель 1991, 2: 6–7].

река Серет. Не найдя Подгорцу, австрийцы, устав после длительного перехода, заняли берег Збруча. Кто бы мог подумать, что в результате этой ошибки была создана одна из самых долговечных культурных границ в Восточной Европе, которая сохраняет свое значение до нашего времени» [Hrytsak 2005: 185].

Лютов входит в еврейский дом как чужак, в его словах мы слышим презрительные, даже шовинистские нотки. В разных рассказах конармейского цикла тональность его голоса меняется в зависимости от обстоятельств: иногда он играет роль сурового солдата, а иногда сочувствует встреченным им евреям и становится одним из них. В «Переходе через Збруч» есть сцена с убитым отцом беременной женщины, где Бабель гротескно изображает происходящую на его глазах смену поколений: «Она поднимает с полу худые свои ноги и круглый живот и снимает одеяло с заснувшего человека. Мертвый старик лежит там, закинувшись навзничь. Глотка его вырвана, лицо разрублено пополам, синяя кровь лежит в его бороде, как кусок свинца» [Бабель 1991, 2: 6–7]. Молодая женщина застыла в моменте времени между неопределенным будущим, в котором возникнет (или не возникнет) новый мир для ее нерожденного ребенка, и утраченным прошлым, воплощенным в фигуре ее убитого отца. Бабель неоднократно использовал беременность как метафору революции. Анализируя пьесу Бабеля «Мария» (1935), Фрейдин пишет о беременной жене рабочего: «Она боится, что ее бедра окажутся слишком узкими для здоровых родов, и это оставляет открытым вопрос о том, действительно ли новый мир появится на свет из чресл русского пролетариата» [Freidin 2009: 44]. У читателя есть все основания беспокоиться и о судьбе ставшей жертвой погрома еврейки из «Перехода через Збруч»: удастся ли ей выжить и благополучно родить ребенка? В этом рассказе мы не сразу понимаем, что старшее поколение мертво, и остаемся в неведении относительно рождения поколения нового. Лютов, как и хозяйка квартиры, зажат в тиски между прошлым и будущим и должен попеременно выступать то в роли еврея, то в качестве солдата, являясь посредником между старым, отмирающим миром и новым порядком вещей.

То, что Лютов оказывается таким посредником, отчасти обусловлено его принадлежностью к кругу космополитичных и просвещенных евреев, что в известной степени освобождает его от национальной ангажированности. Этот факт отличает его от представителей небольших и этнически обособленных общин, которых он встречает в Польше и на Украине. Такая свобода (и верность своей идеологии) роднит Лютова с польским бродячим художником паном Аполеком, картины которого можно найти и в еврейском шинке, и в костеле. Все, что нам сообщается об Аполеке: его пьянство, его дружба со слепым гармонистом Готфридом, его длинный шарф, «нескончаемый, как лента ярмарочного фокусника» — все это ассоциируется с эклектичной атмосферой ярмарки, с ее карнавальным весельем и смешением культур [Бабель 1991, 2: 19]. Сравнение шарфа с лентой фокусника отсылает нас к Гоголю — и ко всем подобным лентам, которые мы встречаем в его описаниях ярмарок, и к «радужных цветов косынке» Чичикова. Интересно, что у Бабеля, как и у Маркиша, который, описывая в «Куче» сцену бойни, упоминает ленты, эти самые ленты служат напоминанием о прежних временах и являются связующим элементом нынешнего опустошенного и разоренного войной пейзажа и праздничных ярмарок прошлого.

Пан Аполек — это идеальный автор-торговец бабелевской прозы. Он запечатлевает сцены из уходящей сельской и местечковой жизни на стенах костелов и на иконах, но делает это за деньги. Местные жители охотно платят ему за то, чтобы он обессмертил их в образах святых. Художники, писавшие фрески, вообще часто изображали тех, кого видели каждый день, включая не только прихожан той или иной церкви, но и евреев. Но если на фреске у входа в Троицкую церковь Киево-Печерской лавры, о которой шла речь в первой главе, Иисус изображен изгоняющим похожих на украинских евреев торговцев, то пан Аполек, расписывая костел сценами из Нового Завета, делает святыми как христианских бедняков, так и еврейских. Такой нарушающий все каноны гуманистический порыв вызывает восхищение у Лютова, видящего в этом жесте художника прообраз новой религии. Обязуясь следовать примеру Аполека, который вопреки всем традициям изобразил местных бедняков на фресках и иконах, нарратор дает читателю понять, что герои конармейских рассказов станут своего рода евангельскими персонажами.

> Прелестная и мудрая жизнь пана Аполека ударила мне в голову, как старое вино. В Новоград-Волынске, в наспех смятом городе, среди скрюченных развалин, судьба бросила мне под ноги

укрытое от мира евангелие. Окруженный простодушным сиянием нимбов, я дал тогда обет следовать примеру пана Аполека. И сладость мечтательной злобы, горькое презрение к псам и свиньям человечества, огонь молчаливого и упоительного мщения — я принес их в жертву новому обету [Бабель 1991, 2: 18].

«Новый обет», о котором пишет рассказчик в этом отрывке, звучит очень похоже на «Новый Завет». Аполек со своим неортодоксальным взглядом на католицизм по сути создает новую версию Священного Писания. И для Лютова, и для Аполека высшей формой истины является искусство. На руинах разрушенного войной мира Лютов получает из рук пана Аполека эстетическое евангелие, которое становится заменой прежней религии, хоть и не является Новым Заветом в полном смысле слова.

Согласно Григорию Фрейдину, новый бог, рождающийся во время войны, это «жизнь» в ницшеанском и постдарвинистском значении этого термина [Freidin 1994: 164]. Под влиянием нарушающего все художественные каноны Аполека Лютов, для того чтобы дать голос своим сирым и убогим современникам (и тем самым возвести их в ранг святых), готов отказаться даже от «сладости злобы». Аполек со своим необычным взглядом художника становится ролевой моделью для очутившегося на польском фронте космополита Лютова, равно чуждого и украинцам, и евреям. Чужак, художник-мечтатель и автор-торговец, мастер превращения дионисийского хаоса в аполлонический космос, Аполек — это плоть от плоти коммерческого пейзажа, человек, приносящий в деревни и сельские местечки псевдогородской дух коммерции и космополитизма. Коммерция дает художнику свободу: он может идти куда хочет и изображать мир таким, как он его видит. Аполек за плату готов поместить на икону любого желающего, обессмертив его и дав ему искупление. Лютов хотел бы, чтобы его творчество было таким же простым. Мечтая о создании единой поэтики, с помощью которой он мог бы передать свои ощущения от всего того разорения, что он наблюдает, Лютов решает следовать примеру польского художника.

Если Аполек изображает сцены из Нового Завета, на которых рядом страдают католики и иудеи, то Бабель предлагает читателю по-новому взглянуть на концепцию мученичества в целом с учетом текущего взаимоотношений между евреями и христианами. Отсюда возникает мысль о том, что это сложное для евреев время перемен возвещает о наступлении новой мессианской эры, которая положила конец духовному содержанию иудаизма и христианства, но сохранила формальную сторону прежних религий (еврейской, католической и православной), подвергшихся революционной трансформации. Как мы видели в пятой главе, в начале XX века искусство стало площадкой для богохульства и разговоров о необходимости новой религии — и даже нового бога.

Лютов начинает говорить о религии, времени и вере с паном Аполеком, но продолжается этот диалог уже в одном из следующих рассказов, где собеседником рассказчика становится еще один эксцентричный персонаж — Гедали, старый еврей, которого Лютов встречает на опустевшем базаре. Судя по заметке в дневнике Бабеля («Житомир. 3. 6. 20»), рассказ «Гедали» был написан под впечатлением от реальной встречи[10].

> Стекло к часам 1200 р. Рынок. Маленький еврей философ. Невообразимая лавка — Диккенс, метлы и золотые туфли. Его философия — все говорят, что они воюют за правду и все грабят. Если бы хоть какое-нибудь правительство было доброе. Замечательные слова, бороденка, разговариваем, чай и три пирожка с яблоками — 750 р. [Бабель 1991, 1: 362].

В этой короткой заметке важно отметить не только описание коммерческого пейзажа, но и коммерческую сторону самой сделки. Старик оказывается таким же автором-торговцем, как

---

[10] Норман Дэвис указывает на то, что в дневнике Бабеля, видимо, содержится ошибка, так как 3 июня 1920 года Житомир все еще был занят поляками. Дэвис, Эфраим Зихер и Кэрол Эвинс считают, что Бабель имел в виду июль. В первой публикации «Гедали» в 1924 году тоже была пометка «Житомир, июнь 1920 г.» [Davies 1972: 847; Sicher 1988; Бабель 1991, 1: 362; Бабель 1924].

и сам Бабель. Вместо того чтобы купить золотые туфли, которые чем-то напоминают царские черевички, полученные Вакулой у Екатерины II взамен казачьих свобод, Бабель платит 750 рублей за «замечательные слова».

В «Гедали», который является художественным текстом, пирожков с яблоками нет. Лютов находит на рынке лишь одного старика: «Все ушли с базара, Гедали остался» [Бабель 1991, 2: 29]. Лютов приходит на базар, надеясь найти хоть какое-то утешение в этих остатках материальной, эмоциональной и духовной культуры. Устав от войны и тоскуя по дому, он предается воспоминаниям о шабате — безопасном пространстве-времени из своего детства: «Когда-то в эти вечера мой дед поглаживал желтой бородой томы Ибн-Эзра. Старуха в кружевной наколке ворожила узловатыми пальцами над субботней свечой и сладко рыдала» [Бабель 1991, 2: 29].

Вдруг герой Бабеля, отстоящий от традиционного иудаизма уже на два поколения, обращается в мыслях к царице Субботе, которая может помочь ему на время забыть о войне и о новом мире в целом[11]. «Гедали, — говорю я, — сегодня пятница и уже настал вечер. Где можно достать еврейский коржик, еврейский стакан чаю и немножко этого отставного бога в стакане чаю?» [Бабель 1991, 2: 31]. Гедали, как и Бог, является анахронизмом: его провинциальная лавка и молитвенник относятся к миру даже более древнему, чем мир деда и бабки Лютова. Если пан Аполек с его новой религией, в основе которой лежит искусство, дарует Лютову Новый Завет, то Гедали символизирует собой Завет Ветхий. Более того, в рамках лютовской дихотомии Ветхий Завет / Новый Завет коммерческий пейзаж — это мир, который нужно освободить и переделать.

Гедали, оставшийся на базаре один, представляется Лютову последним осколком старого мира. Отношение Лютова к иудаизму исполнено прустовской ностальгии по теплому семейному вечеру; «отставной бог» — это ощущение вкуса и детское воспоминание, которое, как он надеется, возможно, еще существует в мире Гедали. Однако, когда Лютов спрашивает, где можно про-

---

[11] Царица Суббота (шабат-гамалка — *ивр.*) — это дух шабата.

вести канун субботы, Гедали отвечает, что такого места больше нет. «Есть рядом харчевня, и хорошие люди торговали в ней, но там уже не кушают, там плачут» [Бабель 1991, 2: 31]. Так Лютов узнает, что ему не удастся совместить старый и новый миры.

Звезда, возвещающая о наступлении субботы в «Гедали», вместе с замком, который старый еврей вешает на свою лавку, символизирует собой хрупкую преграду между материальным миром еврейской торговли и духовным миром еврейской молитвы. Гедали живет в еврейском прошлом и потому должен закрывать лавку в час молитвы. Лютов же, напротив, следует заветам революции и воспринимает религию так же, как и пан Аполек: сквозь призму искусства. Беседа Лютова с Гедали протекает плавно и неторопливо, словно само время застыло в разгар войны, и когда старик закрывает лавку из-за наступления субботы, они сравнивают многовековое ожидание евреями Мессии с предвкушением освободительной революции. Вспомним, что старый еврей носит то же имя, что и Гедалия, погибший мученической смертью вскоре после разрушения Первого иерусалимского храма в 586 году до н. э.[12] Более явную отсылку к уничтожению Храма Соломона мы видим в дневнике Бабеля за 25 июля 1920 года, которое совпало с днем 9 ава, когда евреи оплакивают разрушение обоих храмов. Бабель пишет о недостойном поступке своих товарищей-красноармейцев, которые перед отъездом из Демидовки заставили евреев нарушить траур: «Евреек разбудили в 4 часа утра и заставили варить русское мясо, и это 9 Аба» [Бабель 1991, 1: 388]. То, что Бабель помнит о разрушении Храма и сравнивает его с «мучительными двумя часами» до отъезда из Демидовки, вновь подводит читателя к идее, которая красной нитью проходит через весь конармейский дневник: уничтожение традиционного уклада жизни галицийских евреев сопоставимо с самыми страшными трагедиями в еврейской истории. Впрочем, по сравнению с дневниковыми записями рассказы цикла «Конармия» чуть более оптимистичны: там Бабель дает понять, что революция может принести евреям избавление от страданий.

---

[12] Об этом пишет Эфраим Зихер [Sicher 2009: 199].

Гедали является проводником двух идей: еврейской веры в неминуемый приход Мессии и марксизма, обещающего наступление коммунизма. И Гедали, и Лютов — мечтатели: Лютов верит в революцию, а Гедали ратует за несбыточный «IV интернационал», в котором не будет ни жертв, ни гонителей. Наивные фантазии Гедали, перекликающиеся с теорией перманентной революции Троцкого, основаны на временном цикле, характерном и для базара, и для еврейского календаря[13]. Гедали воспринимает еженедельное наступление субботы как переход от земного мира к сакральному: таким образом время постоянно рождается заново. Поскольку революция необратимо нарушила цикл времени, и коммерческий пейзаж, и еврейская жизнь в том виде, как они существовали в черте оседлости, близятся к завершению. Метафорой этого конца времени является базар — когда-то там бурлила жизнь (творческая, торговая, сексуальная), а теперь он закрыт, и не только в субботу, а навсегда[14].

Лютов ощущает родство с Гедали как еврей и как торговец — мы видим это по тому, как они вместе проводят субботу. Для них это словно последний шабат и конец базара. В этот миг духовной и материальной утраты рынок становится для Бабеля символом разрушения, обмана и смены ценностей. В дневнике за 3 июня 1920 года он напоминает себе «описать базар, корзины с фруктами вишень, внутренность харчевни» [Бабель 1991, 1: 363]. Создается впечатление, что писатель ощущает необходимость собрать эти исчезающие с базара реалии и сохранить их в литературе для будущих читателей-покупателей. Бабель, который окончил Одесское коммерческое училище Николая I и Киевский коммерческий институт, разбирался в торговле и в теории, и на практике [Freidin 2002: 1053].

---

[13] Ван Баак пишет о цикличном времени, рассуждая о казаках и евреях: «Цикличность свойственна не только кочевникам-казакам, но и оседлым, концентрическим культурам; она выражается в "Конармии" не только имплицитно, как в случае с крестьянами, но и в ритуальности, когда речь идет о евреях» [Baak 1983: 161].

[14] Шимон Маркиш считал, что в «Гедали» можно увидеть намек на скептицизм по поводу революции [Маркиш 1997: 45].

Разрушение храма

На раннем этапе своего творчества Бабель еще находился в поиске собственного поэтического языка. Он так и не завершил цикл о герое еврейского фольклора Гершеле, а «Старый Шлойме» сыроват и невыразителен. Как сам Бабель пишет в «Пане Аполеке», голос, который он постепенно обретает, восходит к религиозной традиции — как еврейской, так и христианской, и с его помощью автор создает секулярный, но вместе с тем мессианский нарратив. Нерелигиозных еврейских персонажей Бабеля — от Бени Крика из «Одесских рассказов» до Дымшица в «Марии» — перемалывает современный мир коммерции.

В еврейской Одессе Бабеля выродившиеся миры религии и коммерции уже слились воедино. В пьесе «Закат» (1927) во время богослужения в синагоге персонажи переключаются с молитвы на обсуждение цен на зерно:

> А р ь е-Л е й б (*безмятежно*). Лифней адонай ки во, ки во... Ой, стою, ой, стою перед господом... Как стоит овес?
> В т о р о й   е в р е й (*не прерывая молитвы*). Рупь четыре, рупь четыре...
> А р ь е-Л е й б. С ума сойти!
> В т о р о й   е в р е й (*раскачивается с ожесточением*). Будет рупь десять, будет рупь десять...
> А р ь е-Л е й б. С ума сойти! Лифней адонай ки во, ки во... [Бабель 1991, 1: 297].

В то же самое время сидящий в углу главный герой пьесы Беня обсуждает сделку с Сенькой. Пробегающая мимо крыса отвлекает молящихся, и кантор убивает ее из револьвера, по какой-то причине оказавшегося у него под рукой, после чего Сенька успокаивает возмущенных евреев: «Пусть будет тихо! Нашли себе толчок!» [Бабель 1991, 1: 299].

Пьеса Бабеля была поставлена в Одессе на русском и идише и имела огромный успех: такое смешение базарной и синагогальной культуры в принципе всегда отличало именно одесский еврейский юмор[15]. Возвращение Бабеля к евреям-бандитам из

---

[15] Подробнее о бабелевских пьесах см. у Фрейдина [Freidin 2009: 16–56].

«Одесских рассказов», первый из которых был написан еще в 1921 году, приводит к мысли, что в «Закате» (1927) он на примере старых героев хочет показать тот революционный перелом, к осознанию которого пришел, находясь в Конармии. Как и в «Гедали», закат, который должен символизировать переход между материальным и духовным мирами, обретает новый революционный смысл. В обоих произведениях солнце, заходящее за горизонт в конце недели, словно ускоряет ход времени: все дела должны быть завершены до наступления шабата. Однако для еврейских бандитов, как и для Лютова из «Конармии», этот барьер оказывается преодолим. Образ заходящего солнца является одновременно и ироничной отсылкой к спешке, сопутствующей закрытию лавки на базаре (хотя фактически лавка не закрывается никогда), и символом конца известной нам эпохи. По мнению Фрейдина, заход солнца свидетельствует также о смене бабелевских литературных ориентиров: от Гоголя псевдофольклорных украинских «Вечеров...» к Гоголю мрачных повестей, действие которых происходит в столице Российской империи: «Солнце впервые потускнело в сценарии фильма о Бене Крике и почти полностью погасло в "Закате". <...> Схожим образом переменились и бабелевские литературные ориентиры: ранний Гоголь уступил место Гоголю "Петербургских повестей"» [Freidin 2009: 20]. Как и Гоголь, Бабель покинул украинскую ярмарку ради культурной столицы России, которой в 1924 году был недавно получивший это имя Ленинград.

В «Гедали» Бабель изображает конец коммерческого пейзажа и религии, притом что сам Гедали, следуя традиции, проводит грань между этими мирами. В «Закате» мы наблюдаем комическое смешение базара и синагоги. Однако и благочестивый Гедали, и богохульник Беня становятся свидетелями разрушения религиозного и коммерческого миров. Более того, и пустой базар в «Гедали», и превратившаяся в толчок синагога в «Закате» отсылают, пусть и в меньшем масштабе, к истории разрушения Второго храма в 70 г. н. э. В бабелевской версии этой главной катастрофы в истории евреев общинный центр старого мира — мира *отцов* — обречен быть разрушенным, точно так же как и Мендель

Крик, чье имя напоминает о Менделе Мойхер-Сфориме, одесском «дедушке» еврейской литературы (а следовательно, и современной еврейской культуры), обречен своими сыновьями на медленную смерть.

Торговля как новая Иудея

В поэтике Бабеля торговля зачастую выступает в качестве ироничной синекдохи Иудеи — еврейского мира, образ которого сложился, с одной стороны, из христианской традиции видеть в евреях наследников менял, изгнанных Иисусом из храма, а с другой — из той роли, которую евреи реально играли в экономике Восточной Европы. Проводя параллель между торговлей и старым порядком вещей, который необходимо реформировать, Бабель, как и его современник Перец Маркиш, выступает на стороне романтиков-антикапиталистов. Однако это смешение миров религии и коммерции, которое мы видим в русскоязычных текстах Бабеля, оказывается включено в антисемитскую парадигму того времени, где «еврея-космополита» обвиняли в том, что он променял религию на торговлю[16].

Это стереотип был широко распространен в Восточной Европе. В российской печати постоянно появлялись антисемитские статьи, объявления и даже стихи, особенно это участилось после неудавшейся революции 1905 года. В большинстве таких публикаций нечистоплотная деятельность евреев-коммерсантов объявлялась главной причиной антисемитизма, и зачастую, как и в этом стихотворении 1907 года, проводилась прямая параллель между торговлей и иудаизмом:

---

[16] Жан-Кристоф Агню, говоря о ритуальной стороне коммерческой деятельности, сравнивал ее с религией: «Когда исчезают ритуальные, религиозные или правовые ограничения, именно деньги могут насытить жизнь острыми ощущениями, и это постоянное чувство риска, связанное с предвкушением прибыли или убытка, превращает социальные контакты в своего рода деловые операции» [Agnew 1986: 4].

> Скорей, смелей, Народ избранный,
> В карманы Гоев загляни!
> О, хищник, злобный и коварный,
> Лежит что плохо — то возьми.
> Кабак открой и кассу ссуды,
> И в Думе, в банках заседай,
> Закинь везде свои ты уды,
> Свой идеал не забывай![17]

Подобные опусы, вызывающие ненависть к евреям, эксплуатировали миф о том, что еврейские «идеалы» имеют меркантильную сущность. Бытовой антисемитизм стал следствием охватившей общество паранойи, согласно которой евреи контролировали денежные потоки на всех уровнях — от шинка до Думы.

О том, как легко любое массовое сборище могло перерасти в погром, прекрасно написано в «Белой гвардии» Булгакова:

> — Крестный ход будет. Вали, Митька.
> — Тише вы! Куда лезете? Попов подавите...
> — Туда им и дорога.
> — Православные!! Ребенка задавили...
> — Ничего не понимаю...
> — Як вы не понимаете, то вы б ишлы до дому, бо тут вам робыть нема чого...
> — Кошелек вырезали!!!
> — Позвольте, они же социалисты. Так ли я говорю? При чем же здесь попы?
> — Выбачайте.
> — Попам дай синенькую, так они дьяволу обедню отслужат.
> — Тут бы сейчас на базар, да по жидовским лавкам ударить. Самый раз... [Булгаков 1990–1992, 1: 382–383].

Эта сцена, происходящая возле Софийского собора в Киеве, передает языковое, бытовое, религиозное и культурное смятение, охватившее людей в годы Гражданской войны. Выйдя из церкви для участия в крестном ходе, толпа пытается понять, кто тут всем управляет, на каком языке надо говорить и какой флаг поднимать.

---

[17] Похвала избранному народу // Киевская дубинка. 1907. № 3. 23 авг.

Во время Гражданской войны, как и в неспокойные 1880-е, обращенное против евреев насилие часто оказывалось результатом вспышки гнева со стороны агрессивно настроенной толпы. Причиной этого массового недовольства, как правило, был дефицит продуктов и других товаров, ответственность за который возлагалась именно на евреев. Вот что писал Шкловский о своей жизни в Херсоне в 1920 году: «Питался абрикосами и молоком. А на базаре скандалы. Зачем евреи свиное сало покупают? Не надо им, по ихнему закону, покупать свиного сала. У русских и так не хватает. И вера у евреев такая. Зачем они нарушают свою веру?» [Шкловский 2002: 214]. Не развеивая миф о роли евреев в местной и мировой экономике, Бабель рисует более сложную картину экономики сельской, в которой евреи так же страдают от голода, как и все остальные.

Разрушение прежнего порядка вещей, которое Бабель изобразил в «Закате», прослеживается уже в «Конармии»; наиболее наглядно это показано в рассказе «Рабби», где Лютов видит непреодолимую пропасть, разделившую еврейских отцов и их сыновей[18]. Старый торговец Гедали приводит Лютова в дом рабби Моталэ, последнего цадика из Чернобыльской династии[19]. Рабби спрашивает Лютова, откуда он родом и чем занимается:

> — Откуда приехал еврей? — спросил он и приподнял веки.
> — Из Одессы, — ответил я.
> — Благочестивый город, — сказал рабби, — звезда нашего изгнания, невольный колодезь наших бедствий!.. Чем занимается еврей?
> — Я перекладываю в стихи похождения Герша из Острополя.

---

[18] Прототипом рабби Моталэ из рассказа Бабеля был реб Мотеле Тверский; о судьбе этого последнего представителя Чернобыльской династии см. у Кейт Браун [Brown 2004: 76–80].

[19] Учитывая апокалиптический характер взаимоотношений между Лютовым и Гедали, вполне логично, что рабби оказывается лидером крупного хасидского направления, потому что именно хасидизм считается тем течением, которое уделяет особое внимание апокалиптическим идеям (как показал Коллинз, это представление не вполне верно) [Hengel 1974; Collins 1986].

— Великий труд, — прошептал рабби и сомкнул веки. — Шакал стонет, когда он голоден, у каждого глупца хватает глупости для уныния, и только мудрец раздирает смехом завесу бытия... Чему учился еврей?
— Библии[20].
— Чего ищет еврей?
— Веселья [Бабель 1991, 2: 36].

Еврейский мудрец возникает в ключевой момент полуиронической-полуправдивой одиссеи Лютова, дает ему свое благословение и вместе с тем расписывается в собственном бессилии. Их описанный по-русски диалог с необычным построением фраз («Откуда приехал еврей?.. Чем зарабатывает еврей?») является калькой с идиша, где это типичная форма приветствия незнакомого человека: «*fun vanen kumt a yid?*». Лютов знает, как полагается отвечать на эти вопросы, и, судя по русскому синтаксису, отвечает на идише. То, что рабби говорит об Одессе как о городе еврейских бедствий, связано с той ролью, которую Одесса играла в еврейском мире в XIX и XX веках[21]. О славящейся своим антиклерикализмом, коммерциализмом и проституцией Одессе ходили поговорки вроде этой: «На семь верст вокруг Одессы полыхает адский огонь». В глазах чернобыльских хасидов Одесса была городом греха, но вместе с тем она олицетворяла достаток и стабильность, о которых давно забыли в разоренном войной и стоящем на краю неминуемой гибели Житомире.

За столом раввина Лютов ненадолго примеряет на себя образ еврея, который изучал Тору и занимается вроде бы бессмысленным делом: поэтизацией героя еврейского фольклора Гершеле[22]. На самом деле происходящее вокруг напрямую связано с этой

---

[20] Можно предположить, что это просто перевод слова «Тора», которое здесь означает изучение Библии и многочисленных комментариев к ней.

[21] Подробнее о роли Одессы в современной еврейской культуре см. у Ципперштейна [Zipperstein 1999: 63–86].

[22] Саша Сендерович в своем блистательном разборе цикла о Гершеле подвергает сомнению распространенное мнение о том, что для Бабеля это была просто дань увлечению фольклором, и анализирует фигуру Гершеле в контексте всего бабелевского творчества в целом [Senderovich 2008].

работой Лютова: он находит нарратив — причем имеющий комическую сторону! — в один из самых страшных моментов еврейской истории, когда вместе со своим народом гибнет древняя хасидская династия. За свои труды Лютов получает от рабби благословение: «Только мудрец раздирает смехом завесу бытия». Последователи рабби, такие же образованные, как и автор, но обреченные погибнуть вместе со старым миром, смеются над Лютовым и завидуют ему. Один из хасидов, насмешливый Мордхэ, приглашая Лютова занять место за столом, обращает его внимание на скудность трапезы: «Садитесь же за стол, молодой человек, и пейте вино, которого вам не дадут» [Бабель 1991, 2: 36]. Приглашение выпить несуществующего вина является вызовом для Лютова, которому предлагается возродить умирающий мир с помощью своей фантазии.

Бабель, как и пан Аполек, рисует для читателя образы ветхозаветных евреев, говоря о плечистых хасидах, «похожих на рыбаков и на апостолов». На контрасте с ними изображен «проклятый сын» рабби Илья, который «курил одну папиросу за другой среди молчания и молитвы», что было не просто характерным для нового поколения отступничеством, но и прямым осквернением шабата [Бабель 1991, 2: 36]. Однако и Мордхэ, хоть и не столь явно, тоже совершает святотатство, когда, провожая Лютова на улицу, завуалированно просит у него денег: «...если бы на свете не было никого, кроме злых богачей и нищих бродяг, как жили бы тогда святые люди?» [Бабель 1991, 2: 38]. Загадав эту загадку, Мордхэ принимает на себя роль автора-торговца, намекая на то, что Лютов, нерелигиозный еврей из нечестивого, но богатого города Одессы, кое-что приобрел у поредевшей паствы чернобыльского цадика — как минимум сам рассказ «Рабби». Образ Мордхэ, выпрашивающего деньги в дверях дома цадика — что строжайше запрещено правилами шабата, — говорит о том, что на закате украинского хасидизма пространство базара уже захватило даже самые священные для евреев места. Если для Бени Крика в Одессе сочетание молитвы и коммерции является привычным, то в доме хасидского лидера оно свидетельствует о гибели обоих этих миров.

Выросший в космополитичной Одессе Лютов почти не связан со своим национальным наследием, но в украинско-польских землях он встречает евреев, у которых не было такой свободы выбора. В конце конармейского цикла Лютов описывает, как, разбрасывая листовки Троцкого, он узнал Илью, непокорного сына рабби, «потерявшего штаны, переломанного надвое солдатской котомкой» [Бабель 1991, 2: 129]. Продолжая историю, начавшуюся за столом цадика, этот рассказ повествует о смерти Ильи, таскавшего на себе вроде бы совершенно несочетаемые вещи: мандаты агитатора, памятки еврейского поэта, портреты Ленина и Маймонида, книжку постановлений Шестого съезда партии (заложенную прядью женских волос), «Песнь Песней» и револьверные патроны. Молодой человек взвалил на себя эти предметы, принадлежащие старому и новому порядкам, и, когда «пришла его буква», принял сводный полк и ушел на фронт сражаться с кулаками. Илья, «последний принц», который умер «среди стихов, филактерий и портянок», не смог полностью отбросить прошлое и оказался слишком слаб, чтобы нести на себе одновременно груз прошлого и будущего [Бабель 1991, 1: 129]. Не имея ни плечистости хасидов, почитавших его отца, ни житейского опыта Лютова, сын рабби не смог выжить на пересечении истории и современности.

Илья оказался в буквальном смысле переломан надвое под весом двух соперничающих между собой товаров — остатков еврейского прошлого (филактерий) и символов революционного будущего (портрета Ленина). Литературовед Шимон Маркиш (старший сын Переца Маркиша) предположил, что и сам Бабель, как и его персонаж Илья, тоже нес на себе схожую ношу:

> Одиночество и отчаяние интеллигента в революции — частая литературная коллизия 20-х годов — умножены на одиночества еврея, да к тому же еще еврея особого сорта, расколотого пополам в своем отношении к еврейству, как интеллигент расколот в своем отношении к революции [Маркиш 1997: 19].

В Лютове и Илье воплощены два очень разных типа русского еврея начала советской эпохи. Как и рассказчик из «Истории моей голубятни», Лютов — это человек, умеющий выживать в любых обстоятельствах, трикстер, способный избежать смерти, которая настигает Илью. В сознании ассимилированного одесского еврея, будь то Лютов или Бабель, уживаются различные боги. Есть Бог еврейской традиции, есть христианская идея искупления через искусство, есть и революционный бог нового мира. В картине мира Бабеля спокойно сосуществуют конкурирующие друг с другом версии истории. Эта культурная и историческая гибкость становится еще более явной, когда рассказчик уходит от описания еврейской истории и начинает говорить от лица украинцев. Странствия Лютова по разоренному войной коммерческому пейзажу открывают перед читателем картины из трагичного прошлого Украины, которое тесно сплетается с настоящим.

Украинский голос Лютова

Во время восстания казаков под руководством Богдана Хмельницкого (1648–1654) боевые действия происходили по большей части на той же территории, что и во время Польской кампании, в которой участвовала армия Буденного. В «Конармии» память о Хмельничине показана глазами как евреев, так и казаков. На кладбище в Козине протагонист останавливается у могилы рабби Азриила, «убитого казаками Богдана Хмельницкого» [Бабель 1991, 2: 60]. А в Берестечке, где Хмельницкий потерпел одно из своих немногочисленных поражений, он становится свидетелем такой картины:

> Мы проехали казачьи курганы и вышку Богдана Хмельницкого. Из-за могильного камня выполз дед с бандурой и детским голосом спел про былую казачью славу. Мы прослушали песню молча, потом развернули штандарты и под звуки гремящего марша ворвались в Берестечко [Бабель 1991, 2: 69].

Национальный герой украинского народа и человек, чье имя у евреев ассоциируется со страшными бедами, — сочетая в своем тексте эти столь разные образы Хмельницкого, Бабель задается вопросом, сможет ли новая власть объединить людей с таким разным мировоззрением. Он писал в своем дневнике от 10 августа 1920 года: «Чем не времена Богдана Хмельницкого?» [Бабель 1991, 1: 408]. Однако в рассказах, которые предназначались для публикации, Бабель старался оценивать прошлое с разных позиций. Вот что мы читаем в «Берестечке»:

> Отростки, которым перевалило за три столетия, все еще зеленели на Волыни теплой гнилью старины. Евреи связывали здесь нитями наживы русского мужика с польским паном, чешского колониста с лодзинской фабрикой. Это были контрабандисты, лучшие на границе, и почти всегда воители за веру [Бабель 1991, 2: 70].

Такое гротескное сочетание жадности и религиозности как бы намекает на то, что Бабель отрекается от национальной памяти о Хмельничине и воспринимает казацкого гетмана как исторического деятеля, чьи поступки, даже связанные с массовыми убийствами евреев и поляков, были направлены на благо народа. Впрочем, критика, с которой Бабель в своих опубликованных рассказах обрушивается на экономическую деятельность евреев, в дневнике нередко уступает место сочувствию и скорби. Если в бабелевском изложении истории евреи иногда и выступают в роли угнетателей, они все равно изображаются жертвами того антагонизма, который имел место между различными группами, сосуществовавшими внутри черты оседлости. В «Учении о тачанке» мы находим более сочувственное описание экономических взаимоотношений между евреями, поляками и украинцами:

> Движения галицийского и волынского еврея несдержанны, порывисты, оскорбительны для вкуса, но сила их скорби полна сумрачного величия, и тайное презрение к пану безгранично. Глядя на них, я понял жгучую историю этой окраины, повествование о талмудистах, державших на откупу кабаки, о раввинах, занимавшихся ростовщичеством, о девушках, которых насиловали польские жолнеры и из-за которых стрелялись польские магнаты [Бабель 1991, 2: 43].

Акцентируя внимание на ужасах прошлого, которые выпали на долю различных этнических групп Украины, Бабель вновь возвращается к одной и той же мысли: экономические отношения украинской провинции были порождением старого мира, который теперь должен смениться новым порядком вещей.

Пытаясь совместить еврейский и украинский нарративы, Лютов варьирует свою национальную идентичность. Он не всегда признается в своем еврейском происхождении. Некоторые наблюдательные евреи догадываются, что он тоже еврей, но воспринимают его как чужака. Разные персонажи «Конармии» обращается к нему по-разному, зачастую включая его в свой языковой и культурный код. Пан Аполек обращается к Лютову «пан писарь», что, как заметила Элиф Батуман, обычно переводится на английский как «работник канцелярии» (Mr. Clerk), но скорее означает «писатель» — от польского *pisarz*. «Показывая нам *писателя* и называя его *писарем*, Бабель намекает на формальное сходство между литературным творчеством и канцелярской работой» [Batuman 2009: 157]. Впрочем, в украинском языке есть и еще одно значение слова «писарь», о котором Бабелю было прекрасно известно: в казачьем войске это была очень высокая должность, занимаемая хранителем войсковой печати. Войсковым писарем был сам Хмельницкий. Таким образом, пан Аполек обращается к Лютову не только как к писателю и работнику канцелярии, но и как к воину, который способен нести разорение польским городам на территории Украины. Пожалуй, только Бабель со своим чувством юмора и языковым чутьем мог так тонко одним словом объединить ассимилированного еврейского интеллигента, польского художника и украинского национального героя.

В различных рассказах конармейского цикла национальная идентичность Лютова меняется в зависимости от его собеседников. В более поздних редакциях этих текстов Бабель все реже ассоциирует себя с еврейскими персонажами и все чаще с украинскими. В издании «Конармии» 1932 года завершающим рассказом цикла является не «Сын рабби», а «Аргамак». «Аргамак» — это история о лошади, с которой рассказчик не может справиться, и о казаках, чьей дружбы ему не удается добиться. В конце концов Лютов избавляется от неуправляемого коня, переводится в дру-

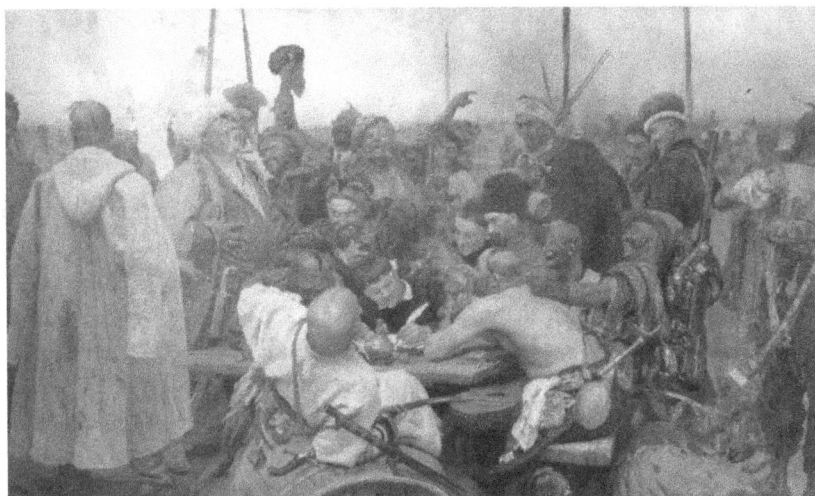

И. Е. Репин. Запорожцы пишут письмо турецкому султану. 1891 год. Холст, масло. 203 × 358 см. Публикуется с любезного разрешения Государственного Русского музея, Санкт-Петербург

гую часть и примиряется с судьбой: «Сон мой исполнился. Казаки перестали провожать глазами меня и мою лошадь» [Бабель 1991, 2: 135]. Фрейдин интерпретирует это как ассимиляцию: «Похоже, что автор меняет своего непокорного конармейского Пегаса на прирученную лошадь — и все ради того, что в социологии обозначается термином "пассинг"!» [Freidin 2009: 37]. Возможно, это дополнение к конармейскому циклу было попыткой Бабеля мифологизировать казаков в годы насильственной коллективизации 1929–1930 годов, когда на Украине царил страшный голод.

Великая Старица

В 1930 и 1931 годах Бабель совершил несколько поездок в Бориспольский район, где своими глазами увидел, как проходит насильственная коллективизация. При жизни писателя был опубликован только один рассказ, написанный по итогам этих поездок. «Гапа Гужва» была напечатана в «Новом мире» в 1931 году и датирована весной 1930 года. В начале рассказа имелось примечание: «Первая глава книги "Великая Криница"» [Бабель 1991, 2: 563]. Второй рассказ, «Колывушка», тоже датированный весной 1930 года, был найден в архиве Бабеля и опубликован посмертно [Бабель 1963]. Действие этого рассказа должно было происходить в местечке Великая Старица (у Бабеля — Великая Криница), крупном селе в 50 км к востоку от Киева, в 30 км к северу от Воронькова, где родился Шолом-Алейхем, и в 200 км к западу от Сорочинец — родины Гоголя. В письме от 11 февраля 1931 года Бабель писал сестре: «Хочу еще побывать в приснопамятной Великой Старице, оставившей во мне одно из самых резких воспоминаний за всю жизнь» [Бабель 1991, 1: 313]. Можно сказать, что, хотя и «Конармия» содержит многочисленные отсылки к Гоголю, в рассказах о коллективизации, действие которых происходит в самом сердце украинского литературного коммерческого пейзажа, Бабель по сути дописывает начатую Гоголем историю. Если Гоголь в 1829 году уехал в Петербург, чтобы показать столичному читателю, как выглядит украинская сельская ярмарка, то Бабель в 1929 году вернулся в те же самые места, чтобы стать свидетелем того, как Советский Союз уничтожает этот коммерческий пейзаж и устанавливает там новый порядок.

Словно для того, чтобы подчеркнуть свою преемственность от Гоголя, Бабель начинает «Гапу Гужву» со сцены, очень напоминающей карнавальную свадьбу в финале «Сорочинской ярмарки». Только в рассказе Бабеля происходит не одна свадьба, а шесть: «На масляной тридцатого года в Великой Кринице сыграли шесть свадеб» [Бабель 1991, 2: 187]. Уже в самых первых предложениях «Гапы...» Бабель показывает, как нарушаются все правила и обычаи. Как указывает Кэрол Эвинс, хотя масленичные ярмарки были обычным делом, венчаться в эти дни по православным обычаям было нельзя[23]. Описывая эти масленичные свадьбы, Бабель показывает нам доходящее буквально до варварства

---

[23] Эвинс пишет: «Трудно прийти к однозначному выводу, хотел ли знавший о запрете на свадьбы в период с начала Масленицы и до Пасхи Бабель сказать этой сценой, что попытка возродить старые традиции в момент великого перелома может привести к крушению этих традиций» [Avins 2005: 566]. Я считаю, что такое нарушение правил, происходящее в самом начале «Гапы...», является важнейшим ключом к пониманию всего этого рассказа.

буйство местных жителей («обычаи старины возродились»), проявлением чего является поведение одного из сватов, настаивающего на своем праве «пробовать невесту». Из шести простыней, поднятых на шестах после первой ночи, «только две были смочены брачной кровью» [Бабель 1991, 2: 187].

Гапа Гужва, заглавная героиня рассказа и сельская проститутка, царит на этих праздничных гуляниях. Она взбирается на крышу хаты, срывает одну из испачканных кровью простыней и размахивает ею перед толпой, держа в другой руке бутылку водки: «Гапа опрокинула бутылку себе в рот; свободной рукой она размахивала монякой. Внизу гремела и плясала толпа» [Бабель 1991, 2: 187]. Когда заканчивается спиртное, она вскакивает на свою кобылу и мчится за добавкой. Отплясывая со своим любовником, «чужим мужем» Гришей Савченко, она «разлеталась по-городскому» [Бабель 1991, 2: 188]. Когда на третий день свадеб воцарились полный хаос и разгул, Гапа одна остается плясать в пустом сарае:

> Она кружилась, простоволосая, с багром в руках. Дубина ее, обмазанная дегтем, обрушивалась на стены. Удары сотрясали строение и оставляли черные, липкие раны.
> — Мы смертельные, — шептала Гапа, ворочая багром [Бабель 1991, 2: 188].

Сексуальная раскованность Гапы, ее физическая мощь и здоровый аппетит (в какой-то момент она достает из-под юбки пакет с семечками) олицетворяют собой коммерческий пейзаж со всеми его товарами, суматохой и опасностями. Население Великой Криницы ведет себя так, словно наступает конец света, и проститутка Гапа становится автором-торговцем, который управляет этим процессом.

На этих гуляниях царит атмосфера буйного карнавала, которому присущи почти все те элементы неофициальной культуры, которые отмечает Бахтин в своей книге о Рабле: «Площадь была средоточием всего неофициального, она пользовалась как бы правами "экстерриториальности" в мире официального порядка и официальной идеологии, она всегда оставалась "за народом"»

[Бахтин 1990: 170]. Разгул, творящийся во время этих свадебных гуляний, является вызовом той самой официальной идеологии, рупором которой в «Гапе...» является не представитель Церкви, а Ивашко, уполномоченный РИКа (районного исполнительного комитета) по коллективизации[24]. Хотя Гапа предлагает Ивашко разделить с ней традиционный свадебный каравай, он отказывается принимать участие в праздновании: «Мне нетактично с вами каравай делить, — сказал он, — разве ж вы люди?.. Вы ж на собак гавкаете, я от вас восемь кил весу потерял...» [Бабель 1991, 2: 189]. Символично, что Ивашко, не сумевший убедить сельчан вступить в колхоз, жалуется на потерю веса, тем самым как бы предвосхищая голод, который в действительности вскоре наступит на Украине в результате этой самой коллективизации [Бабель 1991, 2: 188]. Более того, фраза «Вы ж на собак гавкаете» является далеко не единственным примером сопоставления людей с животными в этом тексте. Гапа презрительно сравнивает своих дочерей с верблюдами и удивляется: «откуда они ко мне?» [Бабель 1991, 2: 190]. Усы коротконогого Трофима «поднялись, как у моржа» [Бабель 1991, 2: 190]. Чужаки, явившиеся в село для того, чтобы провести коллективизацию, и Гапа, самый авторитетный житель Великой Криницы, воспринимают сельчан как животных, которых, возможно, необходимо приручить. Даже у Ивашко оказываются «зрачки больной кошки», что, возможно, и объясняет его неспособность управиться с местными жителями, которых он сравнивает с собаками [Бабель 1991, 2: 188].

Нарушение существующих правил и неповиновение насаждаемому властями порядку являются знаками апокалипсиса: на это же намекает и остановившаяся на ночлег в доме Гапы странница, которая предсказывает скорое появление в селе представителей двух противоборствующих сил. Первыми прибудут сорок греческих священников, посланных антиохийским патриархом, «чтоб

---

[24] Как пишет Кэрол Эвинс, «в обоих рассказах кульминационные столкновения героев с представителями власти происходят на фоне антирелигиозной кампании, и мы видим, как рудиментарные остатки религиозных ритуалов превращаются в импровизированные обряды переходного времени — религиозные по форме, но политические по содержанию» [Avins 2005: 561].

проклясть церкви, где держава сняла дзвоны... Грецкие попы прошли Холодный Яр, народ бачил их в Остроградском, к прощеному воскресенью будут они у вас в Великой Кринице...» [Бабель 1991, 2: 190]. Вторым гостем будет вороньковский судья, который «в одни сутки произвел в Воронькове колгосп» [Бабель 1991, 2: 190]. Когда судья из Воронькова действительно приезжает в Великую Криницу, странницу-прорицательницу арестовывают за то, что она «агитацию разводила про конец света» [Бабель 1991, 2: 191].

Однако вороньковский судья производит впечатление человека не жестокого, а здравомыслящего и компетентного. Вместо того чтобы произносить речи и созывать сбор, он немедленно «приказал составить список недоимщиков, бывших торговцев, списки их имущества, посевов и усадеб» [Бабель 1991, 2: 191]. Он до поздней ночи читает опубликованные в «Правде» инструкции райкому и сводки Наркомзема по коллективизации [Бабель 1991, 2: 192]. Евдоким, глава местного сельсовета, представляя Гапу судье, говорит: «В колгосп первая записалась... Потом добрые люди подговорили, она и выписалась» [Бабель 1991, 2: 191]. Гапа насмешливо обращается к судье, проверяя его выдержку: «...кажуть, что в колгоспе весь народ под одним одеялом спать будет... А я этому противница, гуртом спать, мы по двох любим, и горилку, батькови нашему черт, любим» [Бабель 1991, 2: 192]. Если в словах Гапы содержится сексуальный подтекст, то ответ судьи говорит о том, что он если и не принимает ее предложения, то видит в ней достойного соперника: «Судья поднял воспаленные глаза и кивнул ей» [Бабель 1991, 2: 192]. Однако, когда позже той ночью Гапа, завернувшись в шаль, приходит в его комнату, оказывается, что благородное поведение судьи изменило ее взгляд на мир:

— Судья, — сказала Гапа, — что с блядьми будет?..
Осмоловский поднял лицо, обтянутое рябоватым огнем.
— Выведутся.
— Житье будет блядям или нет?
— Будет, — сказал судья, — только другое, лучшее.
Баба невидящими глазами уставилась в угол. Она тронула монисто на груди.
— Спасыби на вашем слове [Бабель 1991, 2: 192].

Кэрол Эвинс убедительно показывает, что эта сцена отсылает к традиции просить прощения в Прощеное воскресенье [Avins 2005: 568]. Визит Гапы может также быть интерпретирован как попытка соблазнить судью и подтвердить свою репутацию, опустив судью до своего уровня, так же как она пыталась поступить с Ивашко. Однако именно судья привлекает Гапу на свою сторону и тем самым добивается своей цели: Гапа, самая сильная и непокорная из сельчан, оказывается прирученной. В этой сделке бывшая автор-торговка отказалась от своей коммерческой деятельности в обмен на обещание чего-то лучшего.

Еще более зловещая картина напророченного странницей апокалиптического будущего предстает в другом рассказе Бабеля о коллективизации — «Колывушке», где к заглавному герою приходят руководители только что образованного колхоза и сообщают ему, что он лишится своего дома. Чувство гордости за это окруженное заботой всей семьи жилище («цветы в ламповых стеклах, плоские шкафы, натертые лавки — все отражало мучительную чистоту») перерастает в слепую ярость [Бабель 1991, 2: 270].

Колывушка безжалостно уничтожает свою подлежащую реквизиции собственность. Под крики ужаса, издаваемые его женой и тещей, он убивает свою кобылу, прося у нее прощения («помиримся, дочка»), прежде чем нанести смертельный удар, и ломает веялку [Бабель 1991, 2: 270]. Окружившим его соседям Колывушка говорит: «Я человек... я есть человек, селянин... Неужто вы человека не бачили?» [Бабель 1991, 2: 271]. Колывушка, несколько раз повторяя слова о том, что он человек, пытается противостоять власти, превратившей жителей села в зверей.

Финал «Колывушки» откровенно апокалиптичен. Герой, положивший связку ключей на стол, за которым сидит правление колхоза, возвращается в село во главе толпы калек и нищих:

> Прибой накатывался и плескал в Великую Старицу. По разломившейся улице повалила толпа. Безногие катились впереди нее. Невидимая хоругвь реяла над толпой. Добежав до сельрады, люди сменили ноги и построились. Круг обнажился среди них,

круг вздыбленного снега, пустое место, как оставляют для попа
во время крестного хода. В кругу стоял Колывушка в рубахе
навыпуск под жилеткой, с белой головой [Бабель 1991, 2: 273].

Возможно, что калеки, следующие за Колывушкой, невидимы,
как реющее над ними знамя. Они появляются ниоткуда и так же
быстро исчезают. Колывушка, Моисей этих обездоленных душ,
скоро будет изгнан из села.

В «Гапе Гужве» и «Колывушке» имеется несколько общих
мотивов. У протагонистов обоих рассказов есть жеребые кобылы,
а беременность, как мы видели в «Переходе через Збруч» и «Марии», является одним из символов грядущей революции. То, как
герои обращаются со своими лошадьми, показывает их готовность принять коллективизацию: если Гапа еще до приезда судьи
из Воронькова седлает свою жеребую кобылу и скачет на ней за
вином для свадебных гуляний, то Колывушка свою лошадь убивает. Еще один удивительный повторяющийся мотив связан
с числом 216. В «Гапе...» говорится, что судья был прозван в районе «двести шестнадцать процентов». «Этой цифры он добился
на хлебозаготовках в буйном селе Воронькове» [Бабель 1991,
2: 192]. А когда руководители села приходят к Колывушке, мы
узнаем, что он заплатил налогов ровно на 216 рублей: «Бильш не
здужив?» — спрашивает уполномоченный РИКа Ивашко. «Видно, что не сдужил», — отвечает глава сельрады Евдоким [Бабель
1991, 2: 269]. Вороньковский судья, чье прибытие в село ожида-
ется с трепетом, выступает автором-торговцем коллективизации
и получает все, что ему причитается. В отличие от Гапы Гужвы,
которая первая покоряется советской власти, Колывушку (представителя обездоленных масс) вынуждают платить силой.

Десятилетие, прошедшее между 1920 и 1930 годами, превра-
тило украинский коммерческий пейзаж в зону революционного
апокалипсиса. В «Конармии», описывающей период, когда война
принесла разорение на эти земли, а новая власть нанесла сокру-
шительный удар по религии, Бабель анализирует наблюдаемую
им картину хаоса сквозь призму истории Украины — территории
казацкого восстания, польского католицизма, хасидских дина-

стий и коммерции, которая связывала вместе все проживавшие здесь народы. В этом апокалиптическом хаосе Бабель обращается к христианству как к привычной модели для изображения страданий евреев и украинцев, которым пришлось заплатить высокую цену революции. Эта формальная христианская модель (которая не имеет почти ничего общего с духовной стороной христианства) дает возможность возвестить о наступлении новой эры, и Бабель, мессия из Одессы и автор-торговец всех авторов-торговцев, по-хозяйски следит за тем, как старый рыночный быт уступает место новому, советскому порядку вещей. На революционном базаре за победителей расплачиваются жертвы, и герои Бабеля делятся на эти две категории: на тех, кто получил прибыль в результате войны и коллективизации, и тех, кто понес убытки. Колывушка, как и Гедали, оказался жертвой революционных процессов. Оба они, хоть и по-разному, стали частью истории вместе с коммерческим пейзажем. Даже в 1930-е годы было еще не до конца понятно, что именно придет на смену обычаям и коммерческим отношениям, свойственным черте оседлости. Однако в период, когда революция воспринималась как заря новой просвещенной эпохи, Исаак Бабель оплакивал утрату того, что когда-то считалось сакральным и обладающим ценностью.

Послесловие
С ярмарки

Поездка Бабеля на Украину, где он стал свидетелем сталинской коллективизации, случилась в 1929 году — почти через 100 лет после того, как Гоголь опубликовал свою «Сорочинскую ярмарку». Коллективизация окончательно уничтожила украинский коммерческий пейзаж в той форме, в какой он существовал до Октябрьской революции и, хоть и в несколько измененном виде, в период НЭПа. Хотя частная торговля в СССР сохранилась, централизация сельского хозяйства и установление фиксированных государством цен на продукты необратимо изменили украинские рынки и ярмарки. Однако если свободный рынок и прекратил свое существование в юго-западных регионах советского государства, то литературный коммерческий пейзаж — топос, созданный писателями, о которых говорилось в этой книге, — оставался в начале советской эпохи важнейшим пространством коллективной памяти украинских, русских и еврейских авторов.

В том же 1929 году в Харькове выходил недолго просуществовавший украинский советский журнал «Літературний ярмарок» («Литературная ярмарка»)[1]. В первом номере редакторы объясняют выбор названия журнала, в юмористическом тоне рассуждая о значении слова «ярмарка» для украинской культуры:

> Конечно, «ярмарок» (ежегодный торг) происходит из немецкого языка, вернее, из берлинского диалекта; конечно, «ярмарок» режет наше музыкальное ухо. Но неужели вы не замечаете, что

---

[1] «Літературний ярмарок» начал выходить в декабре 1928 года; всего вышло 12 номеров журнала [Літературний ярмарок 1928–1930].

с этим словом когда-то произошла, если можно так выразиться, гениальная метаморфоза? Разве не это случилось, когда это слово перенесено было к нам и к венцам? Неужели вы не замечаете, что «ярмарка» для нас — это огромное красное пятно (аж слепит!) на голубом фоне, это пестрая толпа веселых, добродушных людей, это, если хотите, «сорочинская» выдумка нашего трагического земляка — Николая Васильевича Гоголя? [Літературний ярмарок 1828–1830, 1: 5–6].

Затем авторы вступительной статьи отправляются на поиски «дома, где когда-то жил Квитка-Основьяненко» [Літературний ярмарок 1828–1830, 1: 6]. Для основателей «Литературной ярмарки» коммерческий пейзаж являлся синестетической метафорой украинской литературы, унаследованной от Гоголя и Квитки и интегрированной — звуком и цветом — в литературу их времени. Этот журнал явился поздним плодом литературного авангарда и прекратил свое существование в 1930 году, когда произошло резкое ужесточение цензуры[2]. Тем не менее писатели продолжали использовать образ базарной площади даже тогда, когда самой ее в прежнем виде уже не осталось.

Десять лет спустя, в 1939 году, еврейский советский писатель Дер Нистер (Пинхас Каганович, 1884–1950), в творчестве которого важное место занимал мистицизм, опубликовал первый том своего романа «Семья Машбер» («Di mishpokhe Mashber»)[3]. Действие романа происходит в родном городе писателя Бердичеве в конце XIX века [Levin 1990: 213]. Коммерческий пейзаж, возникающий в начале романа, выступает в роли центростремительной силы, притягивающей приезжих к базарной площади в центре местечка и отбрасывающей читателя в эпоху рыночной торговли и всех сопутствующих ей несправедливостей:

Человека, который впервые попадет в N, невольно, хочет он этого или нет, — словно магнитом потянет к рынку, к центру, туда, где все шумит, бурлит, где бьется сердце, пульс города...

---

[2] Об этом журнале и его авторах см. также подробнейшее исследование Галины Гринь [Hryn 2005].

[3] Слово «машбер» происходит из иврита и значит «кризис» [Der Nister 1939].

Местечковые торговцы... рассчитываются наличными или берут в кредит. Одни берут кредиты с намерением честно их вернуть, другие набирают долгов побольше, а потом объявляют себя банкротами [Der Nister 1939: 23–24; Дер Нистер 2010: 25].

В этом натуралистическом романе, повествующем о жизни и крахе еврейской купеческой семьи, Дер Нистер показывает коммерческий пейзаж как пространство, из которого исходят беды и несчастья. Однако для самого Дер Нистера источником бед и несчастий оказался советский литературный рынок. Он был арестован в 1949 году по делу Еврейского антифашистского комитета и скончался в лагере в 1950-м [Maggs 1996: 6].

Б. С. Ямпольский (1912–1972), русскоязычный советский прозаик, родившейся в Белой Церкви, вероятно, более всего известен своим романом «Арбат, режимная улица», впервые опубликованным в 1988 году[4]. Однако литературное признание Ямпольский получил еще в 1941 году благодаря своей повести «Ярмарка», написанной на русском языке[5]. Главный герой повести — сирота, чья тетка, не имея возможности заботиться о мальчике, пытается куда-то его пристроить. То, что все потенциальные работодатели отказываются брать мальчика к себе, наглядно показывает, как мало возможностей было у еврея в экономических условиях дореволюционного украинского штетла. Одна состоятельная женщина боится, что в ее доме зазвучит язык низшего сословия — идиш: «Вы можете по-еврейски ругаться, торговаться, Богу молиться, друг другу головы разбивать, но разве можно в таком доме говорить по-еврейски?» [Ямпольский 1995: 103–104]. Мясники, к которым приводят мальчика, доводят его до слез, смазывая ему лицо свиной кровью и удивляясь, отчего его еврейское лицо не стало свиным [Ямпольский 1995: 129–130].

---

[4] Биографическую справку о Ямпольском и блестящий перевод на английский нескольких отрывков из его романа «Ярмарка» можно прочесть в «Антологии еврейской русской литературы» под редакцией М. Шраера [Shrayer 2007, 1: 515–528].

[5] Впервые опубликован в журнале «Красная новь» № 3 в 1941 году, отдельной книгой вышел в 1942-м.

И после каждого отказа герой возвращается в пространство коммерческого пейзажа, где постоянно звучит один и тот же рефрен: «Купите, купите! — кричала ярмарка. — Купите! Ой, купите! В вашей душе есть еще Бог? Почему вы не хотите купить?» [Ямпольский 1995: 129–130].

Как и украинские издатели «Литературной ярмарки», Ямпольский не скрывает связи со своими предшественниками — в большинстве своем украинскими и еврейскими писателями, которые коллективными усилиями создали литературное пространство коммерческого пейзажа. Его повесть 1959 года «Мальчик с Голубиной улицы» явно отсылает к «Истории моей голубятни» Бабеля[6]. Одна из глав «Ярмарки» («Рассказ Урии») повествует о странствиях бедного еврея, который словно перенесся в повесть Ямпольского прямиком из шолом-алейхемовской Касриловки. Урия рассказывает о том, как встретился в Париже с Ротшильдом и спросил его, почему в мире так много бедных евреев, в то время как Ротшильд так баснословно богат, на что получил такой ответ: «Я подсчитал, — ответил Ротшильд, — сколько у меня денег и сколько евреев на всем свете, и поделил и посылаю вам вашу долю — один грош, и езжайте на здоровье!» [Ямпольский 1995: 166]. Похожие сцены описываются и у Шолом-Алейхема: Тевье-молочник мечтает о встрече с Ротшильдом, а касриловцы придумывают схемы, как выманить у Ротшильда все его деньги. В повести Ямпольского герои, навеянные творчеством Шолом-Алейхема, сталкиваются с персонажами Гоголя. Описание взаимоотношений между городским пьяницей Бульбой и евреями содержит множество отсылок к Гоголю: «Проходя мимо синагоги и видя в окнах большие белые лица евреев, шевеливших губами, Бульба поднимал полу шинели и показывал свиное ухо» [Ямпольский 1995: 123]. Здесь мы видим и то же имя, что и у гоголевского предводителя казаков (известного своей нелюбовью к евреям), и шинель, которая могла бы принадлежать Акакию Акакиевичу, и шутку со свиным ухом, отсылающую к возникшим в окнах

---

[6] В рассказе «Студенты» есть такая фраза: «По вечерам мы читали вслух Багрицкого и Бабеля» [Ямпольский 1995: 229].

свиным рылам, которые напугали в «Сорочинской ярмарке» шинкаря, когда тот «начал по жидовски молиться богу» [Гоголь 1937–1952, 1: 126].

«Ярмарка» завершается сценой, перекликающейся с финалом первого тома гоголевских «Мертвых душ», где, как мы помним, тройка уносит в будущее всю Россию: «Русь, куда ж несешься ты? дай ответ. Не дает ответа. Чудным звоном заливается колокольчик; гремит и становится ветром разорванный в куски воздух; летит мимо все, что ни есть на земли, и, косясь, посторониваются и дают ей дорогу другие народы и государства» [Гоголь 1937–1952, 6: 247]. У Ямпольского в повозке живодера прочь уносится не Россия, а ярмарка — микрокосм дореволюционной Украины, где прошло еврейское детство рассказчика: «И несется сумасшедшая коляска, полная затравленных глаз, — страшная собачья тюрьма, и только рев проносится по улице, да скрежет зубов о решетки, да клоки шерсти подхватывает ветер. Куда несешься ты, коляска?» [Ямпольский 1995: 173].

Коммерческий пейзаж Ямпольского соответствует всем советским литературным канонам того времени: автор четко придерживается социалистической идеологии, согласно которой дискриминация по национальному признаку считалась следствием капитализма. Мир коммерции, показанный глазами ребенка, представляется абсурдным, и поведение торговцев, боящихся нанимать на работу еврейского мальчика, изображено гротескным и нелепым. В. А. Приходько в предисловии к изданию «Ярмарки» 1995 года напоминает нам об историческом контексте, в котором появилась эта книга в 1941 году — после того, как в фильме «Цирк» (1936) Соломон Михоэлс спел на идише колыбельную черному ребенку, и до того, как эти кадры были изъяты из фильма после убийства Михоэлса в 1948 году [Ямпольский 1995: 6]. В десятилетия, последовавшие за выходом в свет «Ярмарки», советская цензура зачастую налагала запрет на художественное, литературное или кинематографическое изображение той или иной этнической группы, объявляя его националистическим и, следовательно, антисоветским. В 1950-е годы, когда Дер Нистер умер в лагерной больнице, а более известные еврейские писатели были расстреляны на Лубянке, Ямпольский публиковал рассказы о революции, запрятав украинско-еврейскую тематику глубоко в стол. В сталинскую эпоху изображение коммерческого пейзажа также находилось под частичным запретом. Бахтин, написавший свою диссертацию о Рабле и народной культуре в 1940 году, смог опубликовать эту работу только в 1965-м, и из этого издания пришлось изъять главу о Гоголе [Clark, Holquist 1984: 305]. И личная национальная память, и народная культура, и гетерогенность коммерческого пейзажа воспринимались как угроза официальной советской культуре.

После падения Советского Союза представители бывших национальных меньшинств стали ценить этническую самобытность и национальную солидарность выше культурной гибридности, что было вполне понятной реакцией на институционализированную гомогенность советской культуры[7]. Писатели из обретших независимость государств пытались возродить национальный исторический нарратив, находившийся под запретом на протяжении XX столетия. Украинские писатели и ученые в XXI веке противостояли предпринимавшимся со стороны России попыткам объявить украинскую историю частью истории российской. Еврейские культурные организации, массово появившиеся в бывших советских республиках, привлекли в свои ряды немало исследователей как из Восточной Европы, так и из других стран, которые стали активно изучать то, что зачастую определяется как «утраченная история». Все эти факторы и сей-

---

[7] Как показал Рональд Григор Суни, в советское время власти одновременно и ограничивали национальную свободу этнических меньшинств, и давали им определенные права, которые в конечном итоге привели к национальным «революциям снизу», положившим конец СССР. «Все 74 года советской власти Кремль проводил противоречивую по своей сути национальную политику: с одной стороны, этнические меньшинства не обладали никаким реальным суверенитетом (а при Сталине не претендовали даже на политическую автономию), но, с другой стороны, во многих республиках активно развивалась национальная культура и поощрялось образование на родном языке; кроме того, существовала некая форма политики равных возможностей, благодаря которой представители титульной нации могли продвигаться по карьерной лестнице» [Suny 1993: 155].

час продолжают играть огромную роль в коллективной переоценке восточноевропейского культурного наследия. В то же время сформировавшиеся в результате всего этого концепции литературной истории нередко оказываются слишком прямолинейными. Культурное «двоедушие», которое сделало Гоголя столь важным автором для всех его самопровозглашенных литературных наследников, писавших на разных языках и представлявших различные народы, интересует многих современных исследователей меньше, чем споры о том, был ли он русским или украинцем.

В своем исследовании литературы двух этнических групп — украинцев и евреев, — проживавших на огромной территории в юго-западной части Российской империи, я опиралась на литературный топос, общий для обоих этих народов. Коммерческий пейзаж на протяжении ста лет — с увеличения географии черты оседлости при Николае I и вплоть до сталинской коллективизации — представлял собой микрокосм украинской провинции. Ярмарка — пространство, временно наполненное живностью, зерном и прибывающими и уезжающими покупателями и продавцами, — находилась на периферии российской культуры. Однако литературный коммерческий пейзаж переместил эту периферию империи в ее центр: тексты, описывающие мир украинского базара, оказались востребованы в книжных магазинах Петербурга, а также Варшавы, Киева, Берлина и Нью-Йорка.

А. Д. Синявский (Абрам Терц), возможно, слегка преувеличивал, говоря, что «до Гоголя прозы не было» [Терц 1992, 2: 195]. Однако в «Сорочинской ярмарке» Гоголь превратил украинский базар в новый литературный топос. Его украинские и еврейские последователи видели в творчестве Гоголя пример того, как, обращаясь к привычному украинскому пейзажу и наполняя его современными образами и идеями, можно создавать литературные произведения, интересные любому читателю вне зависимости от его языка или национальности. Квитка использовал мотив ярмарки для того, чтобы изобразить отношения между художниками и их критиками. Шолом-Алейхем обратился к этому топосу в тот момент истории, когда в России обострился еврейский вопрос. Как и украинская литература XIX века, еврейская проза того же столетия была по большей части адресована тем самым посетителям базаров и ярмарок, о которых шла речь в этих книгах. К 1880-м годам — десятилетию, в ходе которого в царской России резко выросли антисемитские настроения, — рынки и ярмарки стали тем местом, где над евреями нависла угроза физической расправы. В начале XX века, по мере того как все сильнее становилось революционное брожение, эта угроза обретала все более явную форму. В масштабной поэме Переца Маркиша «Куча» показано, как базар, некогда символизировавший собой жизнь, стал метонимией смерти. Бабель, который, как и Маркиш, был приверженцем большевистского антикапитализма, создавал в своих текстах коммерческий пейзаж, для того чтобы оплакать его. Все эти писатели в той или иной степени ощущали исходящую от коммерческого пейзажа опасность: для Гоголя это была угроза душе, для Квитки — несправедливая великодержавная критика, для Шолом-Алейхема — шаткость системы, в которой существовал еврейский мир, для Маркиша — физическое насилие, а для Бабеля — отмирание прежних культурных и экономических реалий. Однако тот общий топос, к которому обращались все эти писатели, дает нам основание говорить о том, что все они принадлежат к единой полифонической литературной традиции, где наслаивались друг на друга различные языки и культуры.

Литературные генеалогии выстраиваются не только из общих элементов и признанной преемственности, но также и из пересечений, совпадений и конфликтов. Украинские и еврейские писатели, о которых шла речь в этой книге, не просто сформировали важный литературный топос: благодаря им мы можем говорить о существовании наднациональной литературной культуры. Несмотря на все идеологические различия между Гоголем, Квиткой-Основьяненко, Шолом-Алейхемом, Маркишем и Бабелем, в их творчестве так много тематических и географических пересечений и совпадений, что возникает вопрос: действительно ли единая литературная культура может существовать только в рамках одного языка и одного этноса? За сто лет, в ко-

торые уместились карьеры этих писателей, произошел подъем
и упадок коммерческого пейзажа как микрокосма многоэтничной
Украины, бывшей частью Российской империи. Конечно, Гоголь
был не первым писателем, писавшим об украинской ярмарке,
а Бабель не стал последним. Таким образом, коммерческий пейзаж дает нам возможность по-новому подойти к изучению литературной истории Восточной Европы: все писатели, о которых
шла речь в этой книге, сами являлись участниками одной и той
же грандиозной литературной ярмарки, они заимствовали друг
у друга идеи и образы и, говоря на разных языках, конкурирова-
ли друг с другом на огромном рынке российской и ранней советской литературы. Как писал Гоголь-Яновский (не зная, что его
сын Николай выставит эти слова на новом литературном рынке),
«хоть би в кишені було рублів і з тридцять, то і тогді б не закупив
усієї ярмарки» (що хоть бы в кишени було рублив и с тридцать,
то и тогди б не закупив усиеи ярмаркы) [Гоголь 1937–1952, 1: 115].

Библиография

Архивы

ГАРФ — Государственный архив Российской Федерации, Москва

ОЛМ — Одесский литературный музей, Одесса

ОРНБУ — Отдел рукописей Национальной библиотеки Украины им. В. В. Вернадского, Киев

ОРРНБ — Отдел рукописей Российской национальной библиотеки, Санкт-Петербург

РГИА — Российский государственный исторический архив, Санкт-Петербург

ЦГАМЛИ — Центральный государственный архив-музей литературы и искусства Украины, Киев

ЦГИАК — Центральный государственный исторический архив Украины, Киев

ЦГИАЛ — Центральный государственный исторический архив Украины, Львов

ЦДАГО — Центральный государственный архив общественных объединений Украины, Киев

ЦДКФФА — Центральный государственный кинофотофоноархив Украины, Киев

HIA — Hoover Institution Archives, Stanford, Calif.

YIVO — Institute for Jewish Research, New York

Источники

Аксаков 1858 — Аксаков И. С. Исследование о торговле на украинских ярмарках. СПб.: Тип. Императорской Академии Наук, 1858.

Аксельрод 2006 — Из архива П. Б. Аксельрода. Вып. 1. 1880–1892 годы. М.: Памятники исторической мысли, 2006.

Анненков 1960 — Анненков П. В. Литературные воспоминания. М.: Художественная литература, 1960.

Бабель 1924 — Бабель И. Э. Гедали // Красная новь. 1924. № 4. С. 13–15.

Бабель 1963 — Бабель И. Э. Колывушка // Воздушные пути: альманах. Нью-Йорк. 1963. № 3. С. 45–52.

Бабель 1991 — Бабель И. Э. Соч.: в 2 т. М.: Художественная литература, 1991.

Белинский 1842 — Белинский В. Г. Литературный разговор, подслушанный в книжной лавке // Отечественные записки. 1842. Т. 24. Отд. 8. С. 33–43.

Белинский 1860 — Белинский В. Г. Соч. М.: Изд. К. Солдатенкова и Н. Щепкина, 1860.

Белинский 1875 — Белинский В. Г. Сочинения В. Белинского. М.: Тип. В. Грачева, 1875.

Белинский 1948 — Белинский В. Г. Собр. соч.: в 3 т. / под ред. Ф. М. Головенченко. М.: ОГИЗ, ГИХЛ, 1948.

Белинский 1949 — Белинский В. Г. О Гоголе. Статьи, рецензии, письма. М.: Гослитиздат, 1949.

Белинский 1953 — Белинский В. Г. Полн. собр. соч.: в 13 т. М.: Изд-во АН СССР, 1953–1959.

Белый 1969 — Белый А. Мастерство Гоголя. Мюнхен: Wilhelm Fink Verlag, 1969.

Бергельсон 1957 — Бергельсон Д. Избранное. М.: Советский писатель, 1957.

Бестужев-Марлинский 1958 — Бестужев-Марлинский А. А. Соч.: в 2 т. М.: ГИХЛ, 1958.

Білецький 1961 — Матеріали до вивчення історії української літератури в п'яти томах / ред. О. И. Білецький. Київ: Радянська школа, 1961.

Блок 1965 — Блок А. А. Записные книжки. 1901–1920. М.: Художественная литература, 1965.

Боцяновский 1901 — Боцяновский В. Ф. Максим Горький. Критико-биографический этюд: с портретом и факсимиле М. Горького. СПб.: Тип. А. А. Суворина, 1901.

Брокгауз и Ефрон 1895 — Энциклопедический словарь Брокгауза и Ефрона: в 86 т. Т. 14. Лейпциг; СПб., 1895.

Брюсов 1987 — Брюсов В. Я. Соч.: в 2 т. М.: Художественная литература, 1987.

Булгаков 1990–1992 — Булгаков М. А. Собр. соч.: в 5 т. М.: Художественная литература, 1990–1992.

Венгерова 2003 — Венгерова П. Воспоминания бабушки. М.: Мосты культуры; Jerusalem: Gesharim, 2003.

Вертов 2008 — Вертов Дз. Из наследия. Т. 2: Статьи и выступления. М.: Эйзенштейн-центр, 2008.

Гоголь 1937–1952 — Гоголь Н. В. Полн. собр. соч.: в 14 т. М.: Изд-во АН СССР, 1937–1952.

Гоголь 2001 — Гоголь Н. В. Деньги и монеты раз[ных] государст[в] // Неизданный Гоголь / ред. И. А. Виноградов. М.: ИМЛИ РАН, 2001.

Гоголь-Яновський 1918 — Гоголь-Яновський В. П. Простак, або Хитрощі жінки, перехитрені москалем. New York: Українська книгарня ім. Т. Шевченка, 1918.

Горький 1968–1976 — Горький М. Полн. собр. соч.: Художественные произведения: в 25 т. М.: Наука, 1968–1976.

Грот, Плетнев 1896 — Переписка Я. К. Грота с П. А. Плетневым. Т. 1. СПб.: Тип. Министерства путей сообщения, 1896.

Данилевский 1856 — Данилевский Г. П. Основьяненко. СПб.: Тип. Королева и К., 1856.

Данилевский 1866 — Данилевский Г. П. Украинская старина: материалы для истории украинской литературы и народного образования. Харьков: Изд-во Заленского и Любарского, 1866.

Данте 1967 — Данте Алигьери. Божественная комедия / пер. М. Лозинского. М.: Наука, 1967.

Дер Нистер 2010 — Дер Нистер. Семья Машбер. М.: Текст, 2010.

Закревский 1868 — Закревский Н. В. Описание Киева: в 2 т. М.: Тип. В. Грачева, 1868.

Игнатьев 1913 — Игнатьев И. В. Эгофутуризм. СПб.: Послелетие, 1913.

Ильин 1817 — Ильин Н. И. Лиза, или Торжество благодарности. М.: Тип. Н. С. Всеволожского, 1817.

Капустянський 1929 — Капустянський І. О. Вишня в легенді // Літературний ярмарок. 1929. № 4. С. 189–196.

Карпов 1900 — Карпов В. П. Из воспоминаний старожила // Харьковская старина. 1900. С. 401.

Квитка 1840 — Квитка-Основьяненко Г. Ф. Ярмарка // Современник. 1840. Т. 20. С. 146–290.

Квітка 1924 — 20–40-ві роки в українській літературі. Шкільна бібліотека під редакцією Олександра Дорошкевича. Київ: Державне вид-во, 1924.

Квітка 1968 — Квітка-Основ'яненко Г. Ф. Твори у восьми томах. Київ: Дніпро, 1968–1970.

Квітка 1978–1981 — Квітка-Основ'яненко Г. Ф. Зібрання творів у семи томах. Київ: Наукова думка, 1978–1981.

Квітка 1982 — Квітка-Основ'яненко Г. Ф. Повісті та оповідання. Драматичні твори. Київ: Наукова думка, 1982.

Коробка 1902 — Коробка Н. И. Детство и юность Гоголя // Журнал министерства народного просвещения. 1902. № 2. С. 239–286.

Короленко 1953–1956 — Короленко В. Г. Собр. соч.: в 10 т. М.: Художественная литература, 1953–1956.

Котляревський, Артемовський-Гулак, Гребінка 1908 — Твори Івана Котляревського, Петра Артемовського-Гулака, Євгенія Гребінки. Львів: Вид-во т-ва «Просвіта», 1908.

Котляревський 1969 — Котляревський И. П. Твори в двох томах. Київ: Дніпро, 1969.

Котляревський 1989 — Котляревський И. П. Енеїда. Київ: Радянська школа, 1989.

Крылов 1997 — Крылов И. А. Избранное. М.: Терра, 1997.

Кулиш 1861 — Кулиш П. А. Гоголь, как автор повестей из украинской жизни // Основа. 1861. № 4, 5, 9, 11–12.

Кулиш 2003 — Кулиш П. А. Записки о жизни Николая Васильевича Гоголя, составленные из воспоминаний его друзей и знакомых и из его собственных писем: в 2 т. М.: ИМЛИ РАН, 2003.

Куліш 1969 — Куліш П. Вибрані твори. Київ: Дніпро, 1969.

Літературний ярмарок 1928–1930 — Літературний ярмарок: альманах-місячник. Харків: Державне вид-во України, 1928–1930.

Максимович 1962 — Максимович М. Українські пісні. Фотокопія з вид. 1827 р. Київ: Вид-во АН УРСР, 1962.

Мандельштам 1990 — Мандельштам О. Э. Соч.: в 2 т. М.: Художественная литература, 1990.

Мандельштам 1991 — Мандельштам О. Э. Собр. соч.: в 4 т. М.: Терра, 1991.

Маркевич 1831 — Маркевич Н. А. Украинские мелодии. М.: Тип. Августа Семена, 1831.

Маркиш 1989 — Маркиш Э. Столь долгое возвращение. Тель-Авив: Изд. автора, 1989.

Маркович 1798 — Маркович Я. М. Записки о Малороссии, ее жителях и произведениях. СПб.: При Губернском правлении, 1798.

Маяковский 1955–1961 — Маяковский В. В. Полн. собр. соч.: в 13 т. М.: Художественная литература, 1955–1961.

Маяковский 1981 — Маяковский В. В. Избр. соч.: в 2 т. М.: Художественная литература, 1981.

Мойхер-Сфорим 1989 — Менделе Мойхер-Сфорим. Путешествие Вениамина Третьего / пер. М. С. Беленького. М.: Художественная литература, 1989.

Нарежный 1836 — Нарежный В. Т. Романы и повести: сочинения. СПб.: Тип. А. Смирдина, 1836.

Науменко 1988 — Науменко В. П. Краткий очерк жизни и литературной деятельности Григория Федоровича Квитки (Основьяненко) // Чтения в историческом обществе Нестора-летописца / под ред. Н. П. Дашкевича и Л. И. Соболевского. Киев: Университетская тип., 1988.

Некрасов 1948–1953 — Некрасов Н. А. Полн. собр. соч. и писем: в 12 т. М.: Художественная литература, 1948–1953.

Некрашевич 1929 — Некрашевич I. Твори Iвана Некрашевича, українського письменника XVIII віку: Розвідка й тексти. Київ: Вид-во Всеукраїнської Академії наук, 1929.

Осипов 1791–1794 — Осипов Н. П. Виргилиева Энеида, вывороченная на изнанку. СПб.: Иждивением И. К. Шнора, 1791–1794.

Плиний 1994 — Плиний Старший. Естествознание: Об искусстве / пер. Г. А. Тароняна (Серия «Античная классика»). М.: Ладомир, 1994.

По 1995 — По Э. А. Собр. соч.: в 2 т. Т. 1. СПб.: Санкт-Петербург оркестр, 1995.

Победоносцев 1993 — Победоносцев К. П. Великая ложь нашего времени. М.: Русская книга, 1993.

Пушкин 1977–1979 — Пушкин А. С. Полн. собр. соч.: в 10 т. 4-е изд. Л.: Наука (Ленинградское отд.), 1977–1979.

Пыпин, Спасович 1865 — Пыпин А. Н., Спасович В. Д. Обзор истории славянских литератур. СПб.: Тип. О. И. Бакста, 1865.

Рабле 1981 — Рабле Ф. Гаргантюа и Пантагрюэль / пер. Н. Любимова. М.: Правда, 1981.

Ригельман 1847 — Ригельман А. И. Летописное повествование о Малой России и ее народе и казаках вообще. М.: Общество истории и древностей российских, 1847.

Семенов 1871 — Семенов Д. Д. Отечествоведение: Южный край. СПб.: Тип. И. И. Глазунова, 1871.

Семенов 1903 — Семенов В. П. Россия: Малороссия. СПб.: Изд. А. Ф. Девриена, 1903.

Сомов 1991 — Сомов О. М. Купалов вечер. Избранные произведения. Киев: Дніпро, 1991.

Стеблин-Каменский 1883 — Стеблин-Каменский С. П. Воспоминания об И. П. Котляревском (из записок старожила). Полтава: Тип. И. А. Дохмана, 1883.

Стогов 1879 — Стогов Э. И. Очерки, рассказы и воспоминания, главы VI–VIII: П. Н. Семенов и А. П. Бунина // Русская старина. 1879. Т. 24. С. 49–56.

Толстой 1978–1985 — Толстой Л. Н. Собр. соч.: в 22 т. М.: Художественная литература, 1978–1985.

Тургенев 1934 — Тургенев И. С. Литературные и житейские воспоминания. Л.: Изд-во писателей, 1934.

Тургенев 1961–1962 — Тургенев И. С. Собр. соч.: в 10 т. М.: Художественная литература, 1961–1962.

Шафонский 1851 — Шафонский А. Ф. Черниговского наместничества топографическое описание с кратким географическим и историческим описанием Малой России. Киев: Университетская тип., 1851.

Шекспир 1957–1960 — Шекспир У. Полн. собр. соч.: в 8 т. М.: Искусство, 1957–1960.

Шкловский 1924 — Шкловский В. Б. Исаак Бабель // ЛЕФ. 1924. № 2. С. 152–155.

Шкловский 1929 — Шкловский В. Б. О теории прозы. М.: Федерация, 1929.

Шкловский 1966 — Шкловский В. Б. Жили-были. М.: Советский писатель, 1966.

Шкловский 1990 — Шкловский В. Б. Гамбургский счет: статьи, воспоминания, эссе (1914–1933). М.: Советский писатель, 1990.

Шкловский 2002 — Шкловский В. Б. Ничего еще не кончилось. М.: Пропаганда, 2002.

Шолом-Алейхем 1959 — Шолом-Алейхем. Собр. соч.: в 6 т. М.: ГИХЛ, 1959.

Эренбург 2005 — Эренбург И. Г. Люди. Годы. Жизнь. М.: Текст, 2005.

Abramovitsh 1911 — Abramovitsh S. Y. Ale verk fun Mendele Moykher Sforim. 17 vols. Krakow: Ferlag Mendele, 1911 (на идише).

Abramovitsh 1946 — Abramovitsh S. Y. Geklibene verk. New York: YKUF, 1946 (на идише).

Abramovitsh 1957 — Abramovitsh S. Y. Oysgeveylte shriftn / Ed. by M. Rispler. Bucharest: Melukhe-farlag far Literatur un Kunst, 1957 (на идише).

Abramovitsh 1984 — Abramovitsh S. Y. Dos kleyne mentshele / Ed. by S. Luria. Haifa: Haifa University Press, 1984 (на идише).

Abramovitsh 2002a — Abramovitsh S. Y. The Little Man, or The Life Story of Yitsik-Avrom, the Power Broker (1864–66) // No Star Too Beautiful: Yiddish

Stories from 1382 to the Present / Ed. and transl. by J. Neugroschel. New York: Norton, 2002.

Abramovitsh 2002b — Abramovitsh S. Y. The Travels of Benjamin the Third // The Shtetl: A Creative Anthology of Jewish Life in Eastern Europe / Transl. by J. Neugroschel. Woodstock, N. Y.; London: Overlook; Turnaround, 2002. P. 179–264.

Abramovitsh 2003 — Abramovitsh S. Y. The Wishing-Ring / Transl. by M. Wex. Syracuse, N. Y.: Syracuse University Press, 2003.

Aksenfeld 1971 — Aksenfeld Y. Dos shtern-tikhl un der ershter yidisher rekrut / Ed. by S. Rozhanski. Buenos Aires: Ateneo Literario En El IWO, 1971 (на идише).

Ansky 1909 — Ansky S. Di tseylem frage // Dos naye lebn. 1909. № 1 (October) (на идише).

Ansky 1992 — Ansky S. Appeal to Collect Materials About the World War // The Literature of Destruction / Transl. by David G. Roskies. New York: Jewish Publication Society, 1992. P. 109–110.

Ansky 2002 — Ansky S. The Enemy at His Pleasure: A Journey Through the Jewish Pale of Settlement During World War I / Transl. by J. Neugroschel. 1st ed. New York: Metropolitan Books / Henry Holt, 2002.

Aristotle 1984 — Aristotle. The Complete Works of Aristotle / Ed. by J. Barnes. Princeton, N. J.: Princeton University Press, 1984.

Asch 1909 — Asch S. In a karnival nakht // Dos naye lebn. 1909. Vol. 1. № 7 (June). P. 8–16 (на идише).

Bergelson 1919 — Bergelson D. Dikhtung un Gezelshaftlekhkayt // Bikher-velt. 1919. Vol. 4–5. P. 5–16 (на идише).

Bergelson 1929 — Bergelson D. Dzhiro-Dzhiro, dertseylung // Frayhayt. 1929. October 20 and 27 (на идише).

Bergelson 1961 — Bergelson D. Ale verk. Buenos Aires: Farlag Ikuf, 1961 (на идише).

Bialik 1990 — Bialik H. N. *Shirim* 659–694 / Ed. by D. Miron. Tel-Aviv: Makhon Kats le-heker ha-sifrut ha-Ivrit Universitat Tel-Aviv; Devir, 1990.

Brondt 1889 — Brondt B. Tsaytn baytn zikh // Yidishe folks-bibliotek. 1889. Vol. 2 (на идише).

Der Nister 1939 — Der Nister. Di mishpokhe mashber: Roman. Moscow: Emes, 1939 (на идише).

Grinberg 1922 — Grinberg U. T. Proklamirung // Albatros. 1922. № 1. P. 3–4 (на идише).

Jakobson 1979 — Jakobson R. Selected Writings. Vol. 5. The Hague: Mouton, 1979.

Jonson 1925 — Ben Jonson: Collected Works in Eleven Volumes / Ed. by C. H. Herford and P. Simpson. Oxford: Oxford University Press, 1925.

Lissitzky 1922 — Lissitzky El. Die Überwindung der Kunst // Ringen. 1922. № 10.

Lissitzky 2002 — Lissitzky El. Overcoming Art // Between Worlds: A Sourcebook of Central European Avant-Gardes, 1910–1930 / Ed. by T. O. Benson and Éva Forgács. Cambridge, Mass.: MIT Press, 2002. P. 184.

Markish 1921 — Markish P. Farbaygeyendik: Eseyen. Vilna: Bikherlager bay der Tsentraler Yidisher shul-organizatsye, 1921 (на идише).

Markish 1922 — Markish P. Di kupe. Kiev: Kultur-Liege, 1922 (на идише).

Markish 1926 — Markish's letter to Litvakov, and Litvakov's response // Der Emes. 1926. December 23. P. 3.

Mayse bukh 1602 — Eyn shoyn mayse bukh. Basel: Konrad Valdkirkh, 1602 (на идише).

Peretz 1920 — Peretz I. L. Di Verk: Literatur un leben / Ed. by D. Pinsky. New York: Jewish Book Agency, 1920 (на идише).

Peretz 1971 — Peretz I. L. Bay nakht afn altn mark (a troym fun a fi bernakht) // Peretses yiesh-vizye: Interpretatsye fun Y. L. Peretses Bay nakht afn altn mark un kritishe oysgabe fun der drame / Ed. by C. Shmeruk. New York: YIVO, 1971. P. 217–359 (на идише).

Peretz 2002 — Peretz I. L. At Night on the Old Marketplace // The I. L. Peretz Reader / Ed. by R. R. Wisse. New Haven, Conn.: Yale University Press, 2002. P. 361–432.

Rabinovitsh 1939 — Rabinovitsh V. Mayn Bruder Sholem Aleykhem: Zikhroynes. Kiev: Melukhe farlag far di Natsyonale minderhaytn in USSR, 1939 (на идише).

Rabinovitsh, Berkowitz 1958 — Rabinovitsh S., Berkowitz Y. D. Dos Sholem-Aleichem-bukh. New York: YKUF, 1958 (на идише).

Shapiro 1909 — Shapiro L. Der tseylem // Dos naye lebn. 1909. Vol. 1, № 6 (May). P. 15–30 (на идише).

Shelley 1881 — Shelley P. B. The Complete Poetical Works of Percy Bysshe Shelley / Ed. by W. M. Rossetti. 3 vols. London: John Slark, 1881.

Shmeruk 1964 — A shpigl oyf a shteyn: Antologye: Poezye un proze fun tsvelf farshnitene Yidishe shraybers in Ratn-Farband / Ed. by Ch. Shmeruk; selected by B. Hrushovski, Ch. Shmeruk, and A. Sutzkever; biographies by M. Pyekazh. Tel-Aviv: Farlag di Goldene Keyt; Farlag Y. L. Perets, 1964 (на идише).

Sholem Aleichem 1887 — Rabinovitsh S. [Sholem Aleichem, pseud.]. Letter to Ravnitsky, № 5 (December 30, 1887).

Sholem Aleichem 1917–1923 — Rabinovitsh S. [Sholem Aleichem, pseud.]. Ale verk. 28 vols. New York: Folksfond, 1917–1923 (на идише).

Sholem Aleichem 1959 — Rabinovitsh S. [Sholem Aleichem, pseud.]. Oysgeveylte verk. New York: Tog-Morgen Zshurnal, 1959 (на идише).

Sholem Aleichem 1972 — Rabinovitsh S. [Sholem Aleichem, pseud.]. Menachem-Mendl. Buenos Aires: Ateneo Literario En El IWO, 1972 (на идише).

Sholem Aleichem 2001 — Rabinovitsh S. [Sholem Aleichem, pseud.]. The Further Adventures of Menachem-Mendl / Transl. by A. Shevrin. Syracuse, N. Y.: Syracuse University Press, 2001.

Singer 2007 — Singer I. B. The Family Moskat. New York: Macmillan, 2007.

Stankiewicz 2002 — Stankiewicz E. My War: Memoir of a Young Jewish Poet. 1st ed. Syracuse, N. Y.: Syracuse University Press, 2002.

Waife-Goldberg 1968 — Waife-Goldberg M. My Father, Sholom Aleichem. New York: Simon and Schuster, 1968.

Whitman 2001 — Whitman W. Song of Myself. Mineola: Courier Dover, 2001.

Zhitlovsky 1909 — Zhitlovsky C. Sholem Ashs «In a karnival nakht» un L. Shapiros «Der tseylem» // Dos naye lebn. 1909. Vol. 1, № 7 (June). P. 36–45 (на идише).

Библиография

Асоян 1986 — Асоян А. А. Данте и русская литература 1820–1850-х годов: Пособие по спецкурсу. Свердловск: Свердловский пед. институт, 1986.

Бахтин 1975 — Бахтин М. М. Рабле и Гоголь // Вопросы литературы и эстетики: исследования разных лет. М.: Художественная литература, 1975.

Бахтин 1986 — Бахтин М. М. Литературно-критические статьи. М.: Художественная литература, 1986.

Бахтин 1990 — Бахтин М. М. Творчество Франсуа Рабле и народная культура средневековья и Ренессанса. М.: Художественная литература, 1990.

Бахтин 1996 — Бахтин М. М. К вопросам об исторической традиции и народных источниках гоголевского смеха // Собр. соч. / ред. С. Г. Бочаров, Н. И. Николаев, Л. С. Попова. Т. 5. М.: Русские словари, 1996.

Бергсон 1999 — Бергсон А. Творческая эволюция. Материя и память. Минск: Харвест, 1999.

Вайскопф 1995 — Вайскопф М. Птица-тройка и колесница души: Платон и Гоголь // Гоголь: Материалы и исследования. М.: РАН, Институт мировой литературы: «Наследие», 1995.

Веймарн 1971–1984 — История искусства народов СССР: в 9 т. / гл. ред. Б. В. Веймарн. М.: Изобразительное искусство, 1971–1984.

Вербицька 1957 — Вербицька Є. Г. Григорій Федорович Квітка-Основ'яненко: нарис життя і творчості. Харків: Харківське обласне вид-во, 1957.

Вересаев 1933а — Вересаев В. В. Гоголь в жизни. М.: Академия, 1933.

Вересаев 1933б — Вересаев В. В. К биографии Гоголя // Звенья. 1933. № 2. С. 286–294.

Виноградов 1976 — Виноградов В. В. Поэтика русской литературы. М.: Наука, 1976.

Возняк 1946 — Возняк М. С. Григорій Квітка-Основ'яненко: життя і творчість. Київ: Держ. вид-во худ. літератури, 1946.

Гиппиус 1994 — Гиппиус В. В. Гоголь. СПб.: Logos, 1994.

Гольденвейзер 1995 — Гольденвейзер А. Б. Дневник: Первая тетрадь. М.: Тортуга, 1995.

Давидова 2002 — Давидова М. Г. Вертепный театр в русской традиционной культуре // Традиционная культура. 2002. № 1. С. 20–37.

Делёз, Гваттари 2015 — Делёз Ж., Гваттари Ф. Кафка: за малую литературу. М.: Институт общегуманитарных исследований, 2015.

Денисов 2000 — Денисов В. Д. Изображение козачества в раннем творчестве Гоголя и его «Взгляд на составление Малороссии» // Гоголеведческие студии. Вып. 5. Нежин, 2000. С. 37–57.

Ефремов 1972 — Єфремов С. Коротка історія українського письменства. State College, Penn.: Slavia Library, 1972.

Жолковский, Ямпольский 1994 — Жолковский А. К., Ямпольский М. Б. Бабель/Babel. М.: Carte Blanche, 1994.

Зеров 1929 — Зеров М. Літературна постать Квітки // Глобус. 1929. № 3. С. 37–38.

Зеров 1977 — Зеров М. Лекції з історії української літератури. Торонто: КІУС, 1977.

Зеров 2003 — Зеров М. Українське письменство. Київ: Видавництво Соломії Павличко «Основи», 2003.

Иванов 1987 — Иванов В. И. Собр. соч. Т. 4. Брюссель, 1987.

Ільницький 2003 — Ільницький О. Український футуризм (1914–1930). Львів: Літопис, 2003.

Калугин 2000 — Калугин В. К. Рынки Петербурга. СПб.: КультИнформ, 2000.

Канетти 1997 — Канетти Э. Масса и власть. М.: Ad Marginem, 1997.

Кожинов 1977 — Кожинов В. В. К социологии русской литературы XVIII–XIX веков: проблема литературных направлений // Литература и социология: сб. ст. / сост. В. Я. Канторович, Ю. Б. Кузьменко. М.: Наука, 1977. С. 137–178.

Кондратюк, Кролевец, Колпакова 2005 — Монументальний живопис Троїцької надбрамної церкви Києво-Печерської лаври / ред. А. Кондратюк, С. Кролевец, В. Колпакова. Киев: КВІЦ, 2005.

Лотман 1992 — Лотман Ю. М. Избр. статьи: в 3 т. Т. 1: Статьи по семиотике и типологии культуры. Таллинн: Александра, 1992.

Лотман 1999 — Лотман Ю. М. Внутри мыслящих миров. Человек — текст — семиосфера — история. М.: Языки славянской культуры, 1999.

Лотман 2002 — Лотман Ю. М. История и типология русской культуры. СПб.: Искусство-СПБ, 2002.

Лотман 2004 — Лотман Ю. М. Семиосфера. Культура и взрыв. Внутри мыслящих миров. Статьи. Исследования. СПб.: Искусство-СПБ, 2004.

Лукин, Соколова, Хаймович 1997 — Лукин В., Соколова А., Хаймович Б. 100 еврейских местечек Украины: исторический путеводитель. СПб.: Эзро, 1997.

Мандельштам 1992 — Мандельштам И. Е. О характере гоголевского стиля. Хельсинки: Hufvudstadsbladet, 1992.

Манн 1984 — Манн Ю. В. В поисках живой души: «Мёртвые души»: Писатель — критика — читатель. М.: Книга, 1987.

Манн 2004 — Манн Ю. В. Гоголь. Труды и дни, 1809–1845. М.: Аспект Пресс, 2004.

Манн 2005 — Манн Ю. В. Постигая Гоголя. М.: Аспект Пресс, 2005.

Маркиш 1997 — Маркиш Ш. Бабель и другие. 2-е репринтное изд. М.: Персональная творческая мастерская «Михаил Щиголь», 1997.

Марков 1967 — Манифесты и программы русских футуристов / под ред. В. Маркова. Мюнхен: Fink, 1967.

Меламед, Куповецкий 2006 — Документы по истории и культуре евреев в архивах Киева: Путеводитель / науч. ред.-сост. Е. И. Меламед, М. С. Куповецкий. Київ: Дух і Літера, 2006.

Мережковский 2010 — Мережковский Д. С. Гоголь и черт. М.: Книжный Клуб Книговек, 2010.

Миллер 2000 — Миллер А. И. «Украинский вопрос» в политике властей и русском общественном мнении (вторая половина XIX века). СПб.: Алетейя, 2000.

Миллер, Остапчук 2006 — Миллер А. И., Остапчук О. А. Латиница и кириллица в украинском национальном дискурсе и языковой политике империй // Славяноведение. 2006. № 5. С. 25–48.

Молчанов 1896 — Молчанов А. Е. Ежегодник императорских театров, 1894–1895. 5-е изд. СПб.: Дирекция императорских театров, 1896.

Набоков 1996 — Набоков В. В. Лекции по русской литературе. М.: Независимая газета, 1996.

Набоков 1997 — Набоков В. В. Собр. соч. американского периода: в 5 т. СПб.: Symposium, 1997.

Перетц 1895 — Перетц В. Н. Кукольный театр на Руси. СПб.: Тип. императорских санкт-петербургских театров, 1895.

Полевой 1997 — Полевой Н. А. История русского народа. М.: Вече, 1997.

Прозоровский 1865 — Прозоровский Д. И. Монета и вес в России до конца XVIII столетия: исследование Д. И. Прозоровского. СПб.: Изд. Императорского археологического об-ва, 1865.

Радин 1999 — Радин П. Трикстер. Исследование мифов североамериканских индейцев с комментариями К. Г. Юнга и К. К. Кереньи. СПб.: Евразия, 1999.

Сенько 2002 — Сенько I. Гоголівський Шпонька у контексті історії України // Гоголезнавчі студії. 2002. Вип. 9. С. 13–20.

Слезкин Ю. СССР как коммунальная квартира, или Каким образом социалистическое государство поощряло этническую обособленность // Американская Русистика. Вехи историографии последних лет. Советский период: Антология / под ред. М. Дэвида-Фокса. Самара: Самарский университет, 2001. С. 329–374.

Скуратівський 1996 — Скуратовський В. Гоголь у становленні новоукраїнської літератури // Гоголезнавчі студії. 1996. Вип. 1. С. 10–12.

Срезневский 1843 — Срезневский И. И. Письмо к издателю «Москвитянина» // Москвитянин. 1843. № 4. С. 503.

Стечкин 1904 — Стечкин Н. Я. Максим Горький, его творчество и его значение в истории русской словесности и в жизни русского общества. СПб.: Тип. В. В. Комарова, 1904.

Сулима-Блохин 1969 — Сулима-Блохин О. П. Квітка і Куліш: основоположники української новелі. Мюнхен: Вид-во Укр. Техн. Госп. Ін-ту, 1969.

Сумцов 1893 — Сумцов Н. Ф. Современная Малорусская этнография. Т. 42. Киев: Тип. Г. Т. Корчак-Новицкого, 1893.

Терц 1992 — Терц А. Собр. соч.: в 2 т. М.: Старт, 1992.

Уманцев 1970 — Уманцев Ф. С. Троїцька надбрамна церква Києво-Печерської лаври. Київ: Мистецтво, 1970.

Федотов 1981 — Федотов Г. Россия и свобода. Нью-Йорк: Chalidze Publications, 1981.

Фуко 2006 — Фуко М. Интеллектуалы и власть: Избранные политические статьи, выступления и интервью. Ч. 3. М.: Праксис, 2006.

Чалий 1962 — Чалий Д. В. Г. Ф. Квітка-Основ'яненко. Київ: Держ. вид-во худ. літ., 1962.

Чижевський 1956 — Чижевський Д. І. Історія української літератури. Нью-Йорк: Українська вільна академія наук у США, 1956.

Чуковский 1914 — Чуковский К. И. Уолт Уитмэн: поэзия грядущей демократии. М.: Изд. т-во И. Д. Сытина, 1914.

Шамрай 1928 — Шамрай А. П. Шляхи Квітчиної творчості // Г. Квітка-Основ'яненко. Вибрані твори. Х.: Книгоспілка, 1928. Т. 1.

Шеин 1902 — Шеин П. В. Материалы для изучения быта и языка русского населения северо-западного края. СПб.: Тип. Императорской Академии Наук, 1902.

Ямпольский 1995 — Ямпольский Б. С. Ярмарка: [Сборник]. М.: Вагриус, 1995.

Abramson 1999 — Abramson H. A Prayer for the Government: Ukrainians and Jews in Revolutionary Times, 1917–1920. Cambridge, Mass.: Harvard University Press for the Harvard Ukrainian Research Institute and Center for Jewish Studies, 1999.

Agnew 1986 — Agnew J.-C. Worlds Apart: The Market and the Theater in Anglo-American Thought, 1550–1750. Cambridge, Eng.: Cambridge University Press, 1986.

Alter 1988 — Alter R. The Invention of Hebrew Prose: Modern Fiction and the Language of Realism. Seattle: University of Washington Press, 1988.

Aronson 1990 — Aronson I. M. Troubled Waters: The Origins of the 1881 Anti-Jewish Pogroms in Russia. Pittsburgh: University of Pittsburgh Press, 1990.

Avins 2005 — Avins C. Isaak Babel's Tales of Collectivization: Rites of Transition in the New Soviet Village // Slavic Review. 2005. Vol. 64, № 3 (Autumn). P. 560–579.

Baak 1983 — Baak J. J. van. The Place of Space in Narration: A Semiotic Approach to the Problem of Literary Space, with an Analysis of the Role of Space in I. E. Babel's Konarmija. Amsterdam: Rodopi, 1983.

Baehr 1991 — Baehr S. L. The Paradise Myth in Eighteenth-Century Russia: Utopian Patterns in Early Secular Russian Literature and Culture. Stanford, Calif.: Stanford University Press, 1991.

Babinsky 1974 — Babinsky H. The Mazeppa Legend in European Romanticism. New York and London: Columbia University Press, 1974.

Bagby 1995 — Bagby L. Alexander Bestuzhev-Marlinsky and Russian Byronism. University Park: Pennsylvania State University Press, 1995.

Baron 1976 — Baron S. W. The Russian Jew Under Tsars and Soviets. New York: Macmillan, 1976.

Bartal 2006 — Bartal I. The Jews of Eastern Europe, 1772–1881 / Transl. by C. Naor. Philadelphia: University of Pennsylvania Press, 2006.

Batuman 2007 — Batuman E. The Windmill and the Giant: Double-Entry Bookkeeping in the Novel. Ph. D. thesis. Stanford University, Stanford, Calif., 2007.

Batuman 2009 — Batuman E. Pan Pisar': Clerkship in Babel's First-Person Narration // The Enigma of Isaac Babel: Biography, History, Context / Ed. by G. Freidin. Stanford, Calif.: Stanford University Press, 2009. P. 157–174.

Beilin 1959 — Beilin A. Shalom-Alekhem. Merkhavyah: Ha-Kibuts ha-Artsi ha-Shomer ha-Tsa'ir, 1959 (на идише).

Benjamin 1999 — Benjamin W. The Arcades Project / Ed. by R. Tiedemann. Cambridge, Mass.: Harvard University Press, 1999.

Berkowitz 1958 — Dos Sholem-Aleykhem bukh: Oytobiyografi she fartseykhenungen fun Sholem-Aleykhem / Ed. by Y. Berkowitz. 2nd ed. New York: YKUF, 1958 (на идише).

Beumers 2005 — Beumers B. Pop Culture Russia! Media, Arts, and Lifestyle. Santa Barbara, Calif.: ABC-CLIO, 2005.

Blackwell 1968 — Blackwell W. L. The Beginnings of Russian Industrialization, 1800–1860. Vol. 1. Princeton, N. J.: Princeton University Press, 1968.

Bojanowska 2007 — Bojanowska E. Nikolai Gogol, Between Ukrainian and Russian Nationalism. Cambridge, Mass.: Harvard University Press, 2007.

Borgnet 1999 — Borgnet G. Jeu de Carnaval et Antisémitisme // In Carnival and the Carnivalesque: The Fool, the Reformer, the Wildman, and Others in Early Modern Theatre / Ed. by K. Eisenbichler and W. Hüsken. Amsterdam: Rodopi, 1999. P. 129–146.

Brooks 2003 — Brooks J. When Russia Learned to Read. Evanston, Ill.: Northwestern University Press, 2003.

Brown 2002 — Brown J. R. Shakespeare and the Theatrical Event. New York: Palgrave Macmillan, 2002.

Brown 2004 — Brown K. A Biography of No Place: From Ethnic Borderland to Soviet Heartland. Cambridge, Mass.: Harvard University Press, 2004.

Buck-Morss 1991 — Buck-Morss S. The Dialectics of Seeing: Walter Benjamin and the Arcades Project. Cambridge, Mass.: MIT Press, 1991.

Bunge 1981 — Bunge N. The Years 1881–1894 in Russia: A Memorandum Found in the Papers of N. Kh. Bunge: A Translation and Commentary / Transl. by G. E. Snow. Philadelphia: American Philosophical Society, 1981.

Caplan 1999 — Caplan M. Science Fiction in the Age of Jewish Enlightenment: Joseph Perl's Revealer of Secrets: The First Yiddish Novel // Prooftexts: A Journal of Jewish Literary History. 1999. Vol. 19, № 1 (January). P. 93–100.

Clark 1995 — Clark K. Petersburg, Crucible of Cultural Revolution. Cambridge, Mass.: Harvard University Press, 1995.

Clark, Holquist 1984 — Clark K., Holquist M. Mikhail Bakhtin. Cambridge, Mass.: Harvard University Press, 1984.

Clayton 1993 — Clayton J. D. Pierrot in Petrograd. Quebec City: McGill-Queen's University Press, 1993.

Coleman 1936 — Coleman A. Brief Survey of Ukrainian Literature. New York: Ukrainian University Society, 1936.

Collins 1986 — Collins J. J. Apocalyptic Literature // Early Judaism and Its Modern Interpreters / Ed. by Robert A. Kraft and George W. E. Nickelsburg. Atlanta, Ga.: Scholars, 1986. P. 345–361.

Conquest 1986 — Conquest R. The Harvest of Sorrow: Soviet Collectivization and the Terror-Famine. New York: Oxford University Press, 1986.

Crisp 1976 — Crisp O. Studies in the Russian Economy Before 1914. London: Macmillan, 1976.

Crisp 1989 — Crisp O. Peasant Land Tenure and Civil Rights Implications before 1906 // Civil Rights in Imperial Russia / Ed. by O. Crisp and L. H. Edmondson. Gloucestershire, Eng.: Clarendon, 1989.

Davies 1972 — Davies N. Izaak Babel's «Konarmiya» Stories and the Polish-Soviet War // Modern Language Review. 1972. Vol. 67, № 4. P. 845–857.

de Man 1983 — Man P. de. Blindness and Insight / Transl. by W. Godzich. Oxford: Routledge, 1983.

Dubnov-Erlich 1991 — Dubnov-Erlich S. The Life and Work of S. M. Dubnov / Ed. by J. Vowles; transl. by J. Shandler. Bloomington: Indiana University Press, 1991.

Dubnow 1975 — Dubnow S. History of the Jews in Russia and Poland from the Earliest Times Until the Present Day. 3 vols. Vol. 2. New York: KTAV, 1975.

Eile 2000 — Eile S. Literature and Nationalism in Partitioned Poland, 1795–1918. Houndmills: St. Martin's Press, in association with School of Slavonic and East European Studies, University of London, 2000.

Eisenstein 1980 — Eisenstein E. L. The Printing Press as an Agent of Change. Cambridge, Eng.: Cambridge University Press, 1980.

Erb 1999 — Erb J. R. Fictions, Realities and the Fifteenth-Century Nuremberg Fastnachtspiel // Carnival and the Carnivalesque: The Fool, the Reformer, the Wildman, and Others in Early Modern Theatre / Ed. by K. Eisenbichler and W. Hüsken. Amsterdam: Rodopi, 1999. P. 89–116.

Erlich 1969 — Erlich V. Gogol. New Haven, Conn.: Yale University Press, 1969.

Estraikh 2005 — Estraikh G. In Harness: Yiddish Writers' Romance with Communism. 1st ed. Syracuse, N. Y.: Syracuse University Press, 2005.

Estraikh, Finkin, Sherman, Shneer 2011 — A Captive of the Dawn: The Life and Work of Peretz Markish / Ed. By J. Sherman, G. Estraikh, J. Finkin and D. Shneer. Cambridge: Legenda, 2011.

Ezrahi 2000 — Ezrahi DeKoven S. Booking Passage: Exile and Homecoming in the Modern Jewish Imagination. Berkeley: University of California Press, 2000.

Fanger 1979 — Fanger D. The Creation of Nikolai Gogol. Berkeley: University of California Press, 1979.

Fialkova, Yelenevskaya 2007 — Fialkova L. L., Yelenevskaya M. N. Ex-Soviets in Israel: From Personal Narratives to a Group Portrait. Detroit: Wayne State University Press, 2007.

Fitzpatrick 1990 — Fitzpatrick A. L. The Great Russian Fair: Nizhnii Novgorod, 1840–90. New York: Macmillan, 1990.

Frankel 1981 — Frankel J. Prophecy and Politics: Socialism, Nationalism, and the Russian Jews, 1862–1917. Cambridge, Eng.: Cambridge University Press, 1981.

Frayn 1993 — Frayn J. Markets and Fairs in Roman Italy: Their Social and Economic Importance from the Second Century BC to the Third Century AD. Oxford, New York: Clarendon, Oxford University Press, 1993.

Freidin 1990 — Freidin G. Isaak Babel // European Writers: The Twentieth Century. Vol. 11: 1885–1915 / Ed. by G. Stade. New York: Charles Scribner's Sons, 1990.

Freidin 1994 — Freidin G. Nietzschean Motifs in the Reception of Isaac Babel (1923–32) // Nietzsche and Soviet Culture / Ed. by B. Glatzer Rosenthal, Cambridge, Eng.: Cambridge University Press, 1994. P. 149–173.

Freidin 2002 — Freidin G. Isaac Emanuelovich Babel, a Chronology // The Complete Works of Isaac Babel / Ed. by N. Babel, transl. by P. Constantine. 1st ed. New York: Norton, 2002. P. 1052–1058.

Freidin 2009 — The Enigma of Isaac Babel: Biography, History, Context / Ed. by G. Freidin. Stanford, Calif.: Stanford University Press, 2009.

Frieden 1995 — Frieden K. Classic Yiddish Fiction: Abramovitsh, Sholem Aleichem, and Peretz. SUNY Press, 1995.

Frieden 1997 — Frieden K. A Century in the Life of Sholem Aleichem's Tevye. Syracuse, N. Y.: Syracuse University Press, 1997.

Genette 1997 — Genette G. Palimpsests: Literature in the Second Degree / Transl. by C. Newman and C. Doubinsky. Lincoln: University of Nebraska Press, 1997.

Gilman 1991 — Gilman S. L. Inscribing the Other. Lincoln: University of Nebraska Press, 1991.

Gitelman 1988 — Gitelman Z. A Century of Ambivalence: The Jews of Russia and the Soviet Union, 1881 to the Present. 1st ed. New York: Schocken Books, 1988.

Gittleman 1974 — Gittleman S. Sholom Aleichem: A Non-Critical Introduction. The Hague: Mouton, 1974.

Glaser 2007 — Glaser A. Sunday Morning in Balta // East European Jewish Affairs. 2007. Vol. 37, № 3 (December). P. 299–317.

Glaser 2011 — Glaser A. A Shout from Somewhere: Peretz Markish's Early Work // A Captive of the Dawn: The Life and Work of Peretz Markish / Ed. by J. Sherman, G. Estraikh, J. Finkin and D. Shneer. Cambridge: Legenda, 2011. P. 50–65.

Gorky, Fanger 2008 — Gorky M., Fanger D. Gorky's Tolstoy and Other Reminiscences: Key Writings by and About Maxim Gorky. New Haven, Conn.: Yale University Press, 2008.

Görög-Karady 1992 — Görög-Karady V. Ethnic Stereotypes and Folklore: The Jew in Hungarian Oral Literature // Folklore Processed / Ed. by R. Kvideland. Helsinki: Suomalaisen Kirjallisuuden Seura, 1992. P. 114–126.

Grabowicz 1982 — Grabowicz G. The Poet as Mythmaker: A Study of Symbolic Meaning in Taras Shevchenko. Cambridge, Mass.: Harvard University Press, 1982.

Grabowicz 1990 — Grabowicz G. The Jewish Theme in Nineteenth-and Early Twentieth-Century Ukrainian Literature // Ukrainia-Jewish Relations in Historical Perspective / Ed. by H. Aster and P. J. Potichnyj. 2nd ed. Edmonton: Canadian Institute of Ukrainian Studies, University of Alberta, 1990. P. 327–342.

Grabowicz 2003 — Grabowicz G. Between Subversion and Self-Assertion: The Role of Kotliarevshchyna in Russian-Ukrainian Literary Relations // Culture, Nation, and Identity: The Ukrainian-Russian Encounter (1600–1945) / Ed. by A. Kappeler, Z. E. Kohut, F. E. Sysyn, and M. von Hagen. Edmonton: Canadian Institute of Ukrainian Studies Press, 2003. P. 215–228.

Greenleaf 1994 — Greenleaf M. Pushkin and Romantic Fashion: Fragment, Elegy, Orient, Irony. Stanford, Calif.: Stanford University Press, 1994.

Gregg 2004 — Gregg R. The Writer and His Quiff: How Young Gogol' Sought to Shape His Public Image // Russian Review. 2004. Vol. 63, № 1 (January).

Griffiths, Rabinowitz 1994 — Griffiths F. T., Rabinowitz S. J. The Death of Gogolian Polyphony: Selected Comments on Selected Passages from Correspondence with Friends // Essays on Gogol: Logos and the Russian Word / Ed. by S. Fusso and P. Meyer. Evanston, Ill.: Northwestern University Press, 1994. P. 158–171.

Haberer 1992 — Haberer E. Cosmopolitanism, Antisemitism and Populism: A Reappraisal of the Russian and Jewish Response to the Pogroms of 1881–1882 // Pogroms: Anti-Jewish Violence in Modern Russian History / Ed. by J. Klier and S. Lambroza. Cambridge, Eng.: Cambridge University Press, 1992. P. 98–134.

Hamm 1993 — Hamm M. F. Kiev: A Portrait. Princeton, N. J.: Princeton University Press, 1993.

Hansen-Löve 1994 — Hansen-Löve K. The Evolution of Space in Russian Literature: A Spatial Reading of 19th and 20th Century Narrative Literature. Amsterdam: Rodopi, 1994.

Harshav 1990 — Harshav B. The Meaning of Yiddish. Berkeley: University of California Press, 1990.

Hengel 1974 — Hengel M. Judaism and Hellenism: Studies in Their Encounter in Palestine During the Early Hellenistic Period. 1st ed. Philadelphia: Fortress, 1974.

Hetényi 2008 — Hetényi Z. In a Maelstrom: The History of Russia-Jewish Prose (1860–1940). Budapest: Central European University Press, 2008.

Hoffman 2007 — Hoffman M. B. From Rebel to Rabbi: Reclaiming Jesus and the Making of Modern Jewish Culture. Stanford, Calif.: Stanford University Press, 2007.

Horowitz 2009 — Horowitz B. Jewish Philanthropy and Enlightenment in Late-Tsarist Russia. Seattle: University of Washington Press, 2009.

Hryn 2005 — Hryn H. Literaturnyi Iarmarok: Ukranian Modernism's Defining Moment. Ph. D. thesis. University of Toronto, Toronto, 2005.

Hrytsak 2005 — Hrytsak Y. Historical Memory and Regional Identity Among Galicia's Ukrainians // Galicia: A Multicultural Land / Ed. by C. M. Hann and P. R. Magocsi. Toronto: University of Toronto Press, 2005. P. 185–209.

Izopolski 1843 — Izopolski E. Dramat wertepowy o smierci. Warsaw: Ateneum, 1843.

Karlinsky 1976 — Karlinsky S. The Sexual Labyrinth of Nikolai Gogol. Chicago: University of Chicago Press, 1976.

Karpuk 1997 — Karpuk P. Gogol's Research on Ukrainian Customs for the Dikan'ka Tales // Russian Review. 1997. Vol. 56 (April). P. 209–232.

Katz 1973 — Katz J. Out of the Ghetto: The Social Background of Jewish Emancipation, 1770–1870. Cambridge, Mass.: Harvard University Press, 1973.

Katz 2008 — Katz E. M. Neither With Them, nor Without Them. Syracuse, N. Y.: Syracuse University Press, 2008.

Klausner 1925 — Klausner J. Yotsrim u-vonim. Tel-Aviv: Devir, 1925.

Klepfisz 2003 — Klepfisz H. Inexhaustible Wellspring: Reaping the Rewards of Shtetl Life. Jerusalem: Devora, 2003.

Klier 2000 — Klier J. What Exactly Was a Shtetl? // The Shtetl Image and Reality: Papers of the Second Mendel Friedman International Conference on Yiddish / Ed. by G. Estraikh and M. Krutikov. Oxford: Legenda, 2000.

Klier, Lambroza 1992 — Pogroms: Anti-Jewish Violence in Modern Russian History / Ed. by J. Klier, S. Lambroza. Cambridge, Eng.: Cambridge University Press, 1992.

Kopper 2002 — Kopper J. The «Thing-in-Itself» in Gogol's Aesthetics: A Reading of the Dikanka Stories // Essays on Gogol / Ed. by S. Fusso and P. Meyer. Evanston, Ill.: Northwestern University Press, 2002. P. 40–62.

Kornblatt 1992 — Kornblatt J. D. The Cossack Hero in Russian Literature: A Study in Cultural Mythology. Madison: University of Wisconsin Press, 1992.

Koropeckyj 2002 — Koropeckyj R. Desire and Procreation in the Ukranian Tales of Hryhorii Kvitka-Osnov'ianenko // Canadian Slavonic Papers. 2002.

Koropeckyj, Romanchuk 2003 — Koropeckyj R., Romanchuk R. Ukraine in Blackface: Performance and Representation in Gogol's «Dikan'ka Tales», Book 1 // Slavic Review. 2003. Vol. 62, № 3 (Autumn). P. 525–547.

Kotik 2002 — Kotik Y. Journey to a Nineteenth-Century Shtetl: The Memoirs of Yekhezkel Kotik / Transl. by D. Assaf. Detroit: Wayne State University Press in cooperation with the Diaspora Research Institute, Tel Aviv University, 2002.

Kott, Esslin 1984 — Kott J., Esslin M. The Theater of Essence and Other Essays. Evanston, Ill.: Northwestern University Press, 1984.

Kronfeld 1996 — Kronfeld C. On the Margins of Modernism: Decentering Literary Dynamics. Berkeley: University of California Press, 1996.

Krutikov 2000 — Krutikov M. Berdichev in Russian-Jewish Literary Imagination: From Israel Aksenfeld to Friedrich Gorenshteyn // The Shtetl Image and Reality: Papers of the Second Mendel Friedman International Conference on Yiddish. Oxford: Legenda, 2000. P. 91–114.

Krutikov 2001 — Krutikov M. Yiddish Fiction and the Crisis of Modernity, 1905–1914. Stanford, Calif.: Stanford University Press, 2001.

Krutikov 2011 — Krutikov M. From Kabbalah to Class Struggle: Expressionism, Marxism, and Yiddish Literature in the Life and Work of Meir Wiener. Stanford, Calif.: Stanford University Press, 2011.

Lapidus 2003 — Lapidus R. Between Snow and Desert Heat: Russian Influences on Hebrew Literature, 1870–1970. Detroit: Hebrew Union College Press, 2003.

Lavrin 1973 — Lavrin J. Gogol. New York: Haskell House, 1973.

Lazare 1903 — Lazare B. Antisemitism: Its History and Causes. New York: The International Library Publishing Co., 1903.

Le Donne 2004 — Le Donne J. The Grand Strategy of the Russian Empire: 1650–1831. Oxford: Oxford University Press, 2004.

LeBlanc 1986 — LeBlanc R. The Russianization of Gil Blas: A Study in Literary Appropriation. Columbus, Ohio: Slavica, 1986.

LeBlanc 1998 — LeBlanc R. A la recherche du genre perdu: Fielding, Gogol, and Bakhtin's Genre Memory // Russian Subjects: Empire, Nation, and the Culture of the Golden Age / Ed. by M. Greenleaf and S. Moeller-Sally. Evanston, Ill.: Northwestern University Press, 1998. P. 101–122.

Lederhendler 2009 — Lederhendler E. Jewish Immigrants and American Capitalism, 1880–1920: From Caste to Class. Cambridge, Eng.: Cambridge University Press, 2009.

Leggatt 2002 — Leggatt A. The Cambridge Companion to Shakespearean Comedy. Cambridge, Eng.: Cambridge University Press, 2002.

Leighton 1987 — Russian Romantic Criticism / Ed. and transl. by L. G. Leighton. New York: Greenwood, 1987.

Lerer 2007 — Lerer S. «A Scaffold in the Market Place»: Bad Hamlet, Good Romans, and the Shakespearean Idiom // Anglia-Zeitschrift für englische Philologie. 2007. Bd. 122, № 3 (Dezember 11). S. 373–387.

Levin 1990 — Levin N. The Jews in the Soviet Union Since 1917: Paradox of Survival. New York: NYU Press, 1990.

Litvak 2006 — Litvak O. Conscription and the Search for Modern Russian Jewry. Bloomington: Indiana University Press, 2006.

Litvakov 1918 — Litvakov M. Kritik un bibliografye: Eygns // Bikher-velt. 1918. Vol. 1, № 1 (January) (на идише).

Lounsbery 2007 — Lounsbery A. Thin Culture, High Art: Gogol, Hawthorne, and Authorship in Nineteenth-Century Russia and America. Cambridge, Mass.: Harvard University Press, 2007.

Luckyj 1971 — Luckyj G. Between Gogol' and Ševčenko in the Literary Ukraine, 1798–1847. Munich: W. Fink, 1971.

Luckyj 1983 — Luckyj G. Panteleimon Kulish: A Sketch of His Life and Times. East European Monographs. New York: Columbia University Press, 1983.

Luckyj 1996 — Luckyj G. Towards an Intellectual History of Ukraine. Toronto: University of Toronto Press, 1996.

Luckyj 1998 — Luckyj G. The Anguish of Mykola Hohol, a.k.a. Nikolai Gogol. Toronto: Canadian Scholars' Press, 1998.

Maggs 1996 — Maggs P. B. The Mandelstam and «Der Nister» Files: An Introduction to Stalin-Era Prison and Labor Camp Records. New York: M. E. Sharpe, 1996.

Magosci 2002 — Magosci P. R. The Roots of Ukrainian Nationalism: Galicia as Ukraine's Piedmont. Toronto: University of Toronto Press, 2002.

Maguire 1994 — Maguire R. A. Exploring Gogol. Stanford, Calif.: Stanford University Press, 1994.

Malik 1990 — Malik M. Vertep and the Sacred / Profane Dichotomy in Gogol's Dikan'ka Stories // Slavic and East European Journal. 1990. Vol. 34, № 3 (Autumn). P. 332–347.

Marinetti 1909a — Marinetti F. T. Fondazione e manifesto del futurismo // Poesia. 1990. Vol. 5, № 1 (March).

Marinetti 1909b — Marinetti F. T. Manifeste initial du futurisme // Le Figaro. 1909. February 20.

Marinetti 2006 — Marinetti F. T. Critical Writings / Transl. by G. Berghaus. 1st ed. New York: Farrar Straus and Giroux, 2006.

Marker 1985 — Marker G. Publishing, Printing, and the Origins of Intellectual Life in Russia, 1700–1800. Princeton, N. J.: Princeton University Press, 1985.

Markov 1968 — Markov V. Russian Futurism: A History. Berkeley: University of California Press, 1968.

Mayzil 1942 — Mayzil N. Perets Markish: Der Dikhter un prozaiker (25 yor shafn). New York: YKUF, 1942 (на идише).

Meisel 1965 — Meisel N. Kegnzaytike hashpoes in velt-shafn. Warsaw: YKUF, 1965 (на идише).

Mersereau 1979 — Mersereau J. Jr. Orest Somov // Russian Romantic Prose / Ed. by Carl R. Proffer. Ann Arbor, Mich.: Translation, 1979.

Miron 1995 — Miron D. A Traveler Disguised: The Rise of Modern Yiddish Fiction in the Nineteenth Century. Syracuse, N. Y.: Syracuse University Press, 1995.

Miron 2000 — Miron D. The Image of the Shtetl and Other Studies of Modern Jewish Literary Imagination. Syracuse, N. Y.: Syracuse University Press, 2000.

Mitchell 2006 — Mitchell B. Language Politics and Language Survival: Yiddish Among the Haredim in Post-War Britain. Paris: Peeters, 2006.

Moeller-Sally 2001 — Moeller-Sally S. Gogol's Afterlife: The Evolution of a Classic in Imperial and Soviet Russia. Evanston, Ill.: Northwestern University Press, 2001.

Mondry 2009 — Mondry H. Exemplary Bodies: Constructing the Jew in Russian Culture, Since the 1880s. Brighton, Mass.: Academic Studies, 2009.

Morson, Emerson 1990 — Morson G. S., Emerson C. Mikhail Bakhtin: Creation of a Prosaics. Stanford, Calif.: Stanford University Press, 1990.

Moss 2008a — Moss K. B. 1905 as a Jewish Cultural Revolution? Revolutionary and Evolutionary Dynamics in the East European Jewish Cultural Sphere, 1900–1914 // The Revolution of 1905 and Russia's Jews / Ed. Stefani Hoffman and Ezra Mendelsohn. Philadelphia: University of Pennsylvania Press, 2008. P. 195–196.

Moss 2008b — Moss K. B. Not the Dybbuk but Don Quixote: Translation, Deparochialization, and Nationalism in Jewish Culture, 1917–1919 // Culture Front: Representing Jews in Eastern Europe / Ed. by Benjamin Nathans and Gabriella Safran. Philadelphia: University of Pennsylvania Press, 2008. P. 196–240.

Moss 2009 — Moss K. B. Jewish Renaissance in the Russian Revolution. Cambridge, Mass.: Harvard University Press, 2009.

Murav 2003 — Murav H. Gogol, Abramovitsh, and the Question of National Literature // Essays in Poetics. 2003. Vol. 128 (Autumn). P. 88–100.

Neugroschel 2002 — Neugroschel J. No Star Too Beautiful: Yiddish Stories from 1382 to the Present. 1st ed. New York: Norton, 2002.

Niger 1952 — Niger S. Y. L. Perets. Buenos Aires: Alveltlekhn yidishn kultur-kongres, 1952 (на идише).

Nowersztern 1992 — Nowersztern A. Between Dust and Dance: Peretz's Drama and the Rise of Yiddish Modernism // Prooftexts. 1992. Vol. 12, № 1 (January). P. 71–90.

Nowersztern 2003 — Nowersztern A. Kesem ha dimdumim: Apokalipsah umeshihiyut besifrut Yidish. Jerusalem: Hotsaat sefarim a. sh. Y. L. Magnes ha-Universitah ha-Ivrit, 2003 (на иврите).

Oklot 2009 — Oklot M. Phantasms of Matter in Gogol (and Gombrowicz). Champaign, Ill.: Dalkey Archive Press, 2009.

Orbach, Klier 1984 — Orbach A., Klier J. Perspectives on the 1881–1882 Pogroms in Russia // Carl Beck Papers in Russian and East European Studies. Paper № 308. Pittsburgh: Russian and East European Studies Program, University of Pittsburgh, 1984.

Orban 1997 — Orban C. E. The Culture of Fragments: Words and Images in Futurism and Surrealism. Amsterdam: Rodopi, 1997.

Parker 1996 — Parker P. A. Shakespeare from the Margins. Chicago: University of Chicago Press, 1996.

Patterson 1998 — Patterson D. The Hebrew Novel in Czarist Russia: A Portrait of Jewish Life in the Nineteenth Century. Lanham, Md.: Rowman and Littlefield, 1998.

Peace 2009 — Peace R. The Enigma of Gogol: An Examination of the Writings of N. V. Gogol and Their Place in the Russian Literary Tradition. Cambridge, Eng.: Cambridge University Press, 2009.

Persky 1913 — Persky S. M. Contemporary Russian Novelists. Boston: J. W. Luce, 1913.

Petrovsky-Shtern 2008 — Petrovsky-Shtern Y. Jews in the Russian Army, 1827–1917. Cambridge, Eng.: Cambridge University Press, 2008.

Petrovsky-Shtern 2009 — Petrovsky-Shtern Y. The Anti-Imperial Choice: The Making of the Ukrainian Jew. New Haven, Conn.: Yale University Press, 2009.

Ravitch 1975 — Ravitch M. Dos mayse-bukh fun mayn lebn. Tel Aviv: Farlag Y. L. Perets, 1975 (на идише).

Riggs 1989 — Riggs D. Ben Jonson: A Life. Cambridge, Mass.: Harvard University Press, 1989.

Rogger 1986 — Rogger H. Jewish Policies and Right-Wing Politics in Imperial Russia. Berkeley: University of California Press, 1986.

Rosenshield 2008 — Rosenshield G. The Ridiculous Jew: The Exploitation and Transformation of a Stereotype in Gogol, Turgenev, and Dostoevsky. Stanford, Calif.: Stanford University Press, 2008.

Roskies 1984 — Roskies D. Against the Apocalypse: Responses to Catastrophe in Modern Jewish Culture. Cambridge, Mass.: Belknap Harvard, 1984.

Roskies 1995 — Roskies D. A Bridge of Longing: The Lost Art of Yiddish Storytelling. Cambridge, Mass.: Harvard University Press, 1995.

Roskies 1999 — Roskies D. The Jewish Search for a Usable Past. Bloomington: Indiana University Press, 1999.

Rosman 1990 — Rosman M. J. The Lords' Jews. Cambridge, Mass.: Harvard University Press for the Center for Jewish Studies, Harvard University, and the Harvard Ukrainian Research Institute, 1990.

Rubenstein, Naumov 2001 — Stalin's Secret Pogrom: The Postwar Inquisition of the Jewish Anti-Fascist Committee / Ed. by J. Rubenstein and V. P. Naumov; transl. by L. E. Wolfson. New Haven, Conn.: Yale University Press in association with the United States Holocaust Memorial Museum, 2001.

Safran 2002 — Safran G. Isaak Babel's El'ia Isaakovich as a New Jewish Type // Slavic Review. 2002. Vol. 61, № 2 (Summer). P. 253–272.

Safran 2010 — Safran G. Wandering Soul: The Dybbuk's Creator, S. An-sky. Cambridge, Mass., Harvard University Press, 2010.

Said 2003 — Said E. W. Orientalism. New York: Penguin, 2003.

Saunders 1985 — Saunders D. The Ukrainian Impact on Russian Culture, 1750–1850. The Canadian Library in Ukrainian Studies, 1985.

Schlegel 1962 — Schlegel F. von. Kritische Ausgabe. Band 18: Philosophische Lehrjahre (1796–1806) / Hrsgb. von E. Behler. Paderborn: F. Schoningh, 1962.

Schulstein 1971 — Schulstein M. Geshtaltn far mayne oygn: Eseyen, portretn, dermonungen. Paris: Bukh-komisye baym fareyniktn sotsyaln fond in Pariz, 1971 (на идише).

Segel 1995 — Segel H. B. Pinocchio's Progeny: Puppets, Marionettes, Automatons and Robots in Modernist and Avant-Garde Drama. Baltimore: Johns Hopkins University Press, 1995.

Seidman 1997 — Seidman N. A Marriage Made in Heaven: The Sexual Politics of Hebrew and Yiddish. Berkeley: University of California Press, 1997.

Senderovich 2008 — Senderovich S. The Hershele Maze: Isaac Babel and His Ghost Reader // Arguing the Modern Jewish Canon: Essays in Literature and Culture in Honor of Ruth Wisse. Cambridge, Mass.: Harvard University Press, 2008. P. 25–94.

Shabliovskyi 2001 — Shabliovskyi I. S. Ukrainian Literature Through the Ages / Transl. by A. Bilenko and A. Marko. Honolulu: University Press of the Pacific, 2001.

Shapiro 1985 — Shapiro G. The Hussar: A Few Observations on Gogol's Characters and Their Vertep Prototype // Harvard Ukrainian Studies. 1985. Vol. 9. P. 133–138.

Shapiro 1993 — Shapiro G. Nikolai Gogol and the Baroque Cultural Heritage. University Park: Pennsylvania State University Press, 1993.

Shkandrij 2001 — Shkandrij M. Russia and Ukraine: Literature and the Discourse of Empire from Napoleonic to Postcolonial Times. Montreal: McGill-Queen's University Press, 2001.

Shmeruk 1970 — Shmeruk Ch. Yiddish Literature in the USSR // The Jews in Soviet Russia Since 1917 / Ed. by L. Kochan. London: Oxford University Press, 1970. P. 232–268.

Shore 2006 — Shore M. Caviar and Ashes: A Warsaw Generation's Life and Death in Marxism, 1918–1968. New Haven, Conn.: Yale University Press, 2006.

Shrayer 2007 — An Anthology of Jewish-Russian Literature: Two Centuries of Dual Identity in Prose and Poetry. Vol. 1 / Ed. by M. Shrayer. New York: M. E. Sharpe, 2007.

Shteyngart 2002 — Shteyngart G. Shylock on the Neva // New Yorker. 2002. September 2.

Sicher 1988 — Sicher E. The Jewish Cossack: Isaac Babel in the First Red Cavalry // Studies in Contemporary Jewry. 1988. Vol. 4. P. 113–134.

Sicher 1995 — Sicher E. Jews in Russian Literature After the October Revolution: Writers and Artists Between Hope and Apostasy. Cambridge, Eng.: Cambridge University Press, 1995.

Sicher 2009 — Sicher E. Text, Intertext, Context: Babel, Bialik, and Others // The Enigma of Isaac Babel: Biography, History, Context / Ed. by G. Freidin. Stanford, Calif.: Stanford University Press, 2009. P. 193–212.

Sillar, Meyler, Holt 1961 — Sillar F. C., Meyler R. M., Holt O. The Symbolic Pig: An Anthology of Pigs in Literature and Art. Edinburgh: Oliver and Boyd, 1961.

Slobin 2002 — Slobin G. Heroic Poetry and Revolutionary Prophecy: Russian Symbolists Translate the Hebrew Poets // Judaism. 2002. Vol. 51, № 4. P. 408–418.

Snyder 2003 — Snyder T. The Reconstruction of Nations: Poland, Ukraine, Lithuania, Belarus, 1569–1999. New Haven, Conn.: Yale University Press, 2003.

Spivak 1988 — Spivak G. C. Can the Subaltern Speak? // Marxism and the Interpretation of Culture / Ed. by C. Nelson and L. Grossberg. Urbana and Chicago: University of Illinois Press, 1988. P. 271–314.

Stallybrass, White 1986 — Stallybrass P., White A. The Politics and Poetics of Transgression. Ithaca, N. Y.: Cornell University Press, 1986.

Stanislawski 1983 — Stanislawski M. Tsar Nicholas I and the Jews: The Transformation of Jewish Society in Russia, 1825–1855. 1st ed. Philadelphia: Jewish Publication Society of America, 1983.

Stilman, Stilman 1990 — Stilman G., Stilman L. Gogol. Tenafly, N. J.: Hermitage, 1990.

Stites 2005 — Stites R. Serfdom, Society, and the Arts in Imperial Russia: The Pleasure and the Power. New Haven, Conn.: Yale University Press, 2005.

Subtelny 1994 — Subtelny O. Russocentrism, Regionalism, and the Political Culture of Ukraine. College Park: University of Maryland Press, 1994.

Suny 1993 — Suny R. G. The Revenge of the Past: Nationalism, Revolution, and the Collapse of the Soviet Union. Stanford, Calif.: Stanford University Press, 1993.

Teml 1979 — Teml L. Vasilij T. Nareznyjs satirische Romane: ein Beitrag zur russischen Satire vor Gogol'. Munich: Tuduv-Verlagsgesellschaft, 1979.

Todd 1986 — Todd W. M. Fiction and Society in the Age of Pushkin. Cambridge, Mass.: Harvard University Press, 1986.

Turner 1982 — Turner V. W. From Ritual to Theatre: The Human Seriousness of Play. New York: Performing Arts Journal, 1982.

Tzara 1918 — Tzara T. Manifest Dada // Dada. 1918. № 3.

Tzara 2002 — Tzara T. Dada Manifesto // Between Worlds: A Sourcebook of Central European Avant-Gardes, 1910–1930 / Ed. by T. O. Benson and É. Forgács; transl. by R. Manheim. Los Angeles: Los Angeles County Museum of Art, 2002.

Vernadsky 1973 — Vernadsky G. Kievan Russia. New Haven, Conn.: Yale University Press, 1973.

Vlasto 1986 — Vlasto A. P. A Linguistic History of Russia to the End of the Eighteenth Century. Oxford: Clarendon, Oxford University Press, 1986.

Wachtel 1998 — Petrushka / Ed. by A. Wachtel. Evanston, Ill.: Northwestern University Press, 1998.

Wes 1992 — Wes M. A. Classics in Russia 1700–1855: Between Two Bronze Horsemen. Leiden: Brill, 1992.

Wiener 1935 — Wiener M. Etyudn vegn Mendelen: In di zekhtsiker un zibetsiker yorn. Moscow: Emes, 1935 (на идише).

Wisse 2000 — Wisse R. The Modern Jewish Canon. New York: Simon and Schuster, 2000.

Wolitz 1987 — Wolitz S. A Yiddish Modernist Dirge: Di Kupe of Perets Markish // Yiddish: A Quarterly Journal Devoted to Yiddish and Yiddish Literature / Ed. by Joseph C. Landis. 1987. Vol. 6, № 4. P. 56–72.

Wolitz 1991 — Wolitz S. Between Folk and Freedom: The Failure of the Yiddish Modernist Movement in Poland // Yiddish. 1991. Vol. 8, № 1. P. 26–51.

Worrall 1982 — Worrall N. Nikolai Gogol and Ivan Turgenev. London: Macmillan, 1982.

Yekelchyk 2004 — Yekelchyk S. Stalin's Empire of Memory: Russian-Ukrainian Relations in the Soviet Union. Toronto: University of Toronto Press, 2004.

Zholkovsky 1994 — Zholkovsky A. How a Russian Maupassant Was Made in Odessa and Yasnaya Polyana: Isaak Babel' and the Tolstoy Legacy // Slavic Review. 1994. Vol. 53, № 3 (Autumn). P. 671–693.

Zinberg 1978a — Zinberg I. A History of Jewish Literature: The Haskalah Movement in Russia / Transl. by B. Martin. New York: KTAV, 1978.

Zinberg 1978b — Zinberg I. A History of Jewish Literature: Hasidism and Enlightenment (1780–1820) / Transl. by B. Martin. New York: KTAV, 1978.

Zipperstein 1993 — Zipperstein S. J. The Shtetl Revisited // Shtetl Life / Ed. by F. B. Helzel. Berkeley, Calif.: Judah L. Magnes Museum, 1993.

Zipperstein 1999 — Zipperstein S. J. Imagining Russian Jewry: Memory, History, Identity. Seattle: University of Washington Press, 1999.

Предметно-именной указатель

Абрамович, Шолем-Янкев, см.
также Менделе Мойхер-
Сфорим 8, 16, 39, 51, 148,
153–155, 157, 159, 160, 166–172,
174, 178, 180, 196, 246, 270, 300
Заветное кольцо 159, 166–168,
170, 171, 180
Маленький человечек 153
*Путешествие Вениамина
Третьего* 155, 156, 300
Авангард, см. также Футуризм
17, 199, 201–203, 208, 213, 216,
217, 222–224, 246, 260, 288, 298,
306
Айзман, Давид Яковлевич 184
Айзман Р. О., жена
Айзмана Д. Я. 184
Аксаков, Иван Сергеевич 33, 34,
296
Аксенфельд, Израиль 8, 16, 151,
152, 170
Кокошник 16, 151, 170
Александр II 23, 25, 26, 149, 161
Александр III 164
Альбатрос (журнал) 215–217
Ан-ский, Семен Акимович 214,
215
Антикапитализм, см. также
капитализм 58, 193, 291, 294
Антисемитизм 25, 32, 43, 149,
166, 192, 215, 251, 270, 271

Апеллес 15, 113
Ариосто, Лудовико 67
Аристотель 194
Аристофан 67
Ассимиляционизм 230
Ахматова, Анна Андреевна 141
Аш, Шолом 214
В карнавальную ночь 214
Бабель, Исаак Эммануилович,
см. также Кирилл Васильевич
Лютов 17, 18, 21, 36, 39,
245–270, 272–286, 294, 295, 297,
301, 306, 307
Аргамак 278
Берестечко 276, 277
*Великая криница (незавершен-
ный роман)* 279, 280
Гапа Гужва 279, 280, 285
Гедали 264, 265–267, 269, 297
История моей голубятни 252,
255, 256, 275, 290
Закат 268, 269, 272
Колывушка 279, 284, 285
Конармия 18, 246, 259, 266, 269,
272, 276, 278, 280, 285
Мария 261, 268, 285
Мой первый гонорар 248
Одесса 251, 252, 259
Одесские рассказы 268, 269
Пан Аполек 268
Переход через Збруч 259, 261, 285

Рабби 272, 274
Старый Шлойме 250, 268
Сын Рабби 278
Учение о тачанке 259, 277
Ходя 249
Шабос-Нахаму 250
Байрон, Джордж Гордон 40
Мазепа 40
Балтский погром 162
Бальзак, Оноре 118
Барталь, Исраэль 22
Бахтин, Михаил Михайлович 49,
52–54, 61, 86, 109, 110, 212, 242,
281, 282, 292, 305
Бейлин, Ашер 172, 189
Бейлис, Мендель 180
Белинский, Виссарион Григорье-
вич 36, 42, 43, 54, 69, 85, 100,
124, 297
Белый, Андрей 71, 85, 107, 297
Бенуа, Александр Николаевич 75
Беньямин, Вальтер 102
Бергельсон, Давид 47, 196, 197,
201, 202, 209, 224, 250, 297
Вокруг вокзала 196
Джиро-Джиро 250
Поэзия и общество 201
Бергсон, Анри 53, 109, 110, 111,
112, 122, 130, 133, 136, 138, 194,
195, 305
Бестужев-Марлинский, Алек-
сандр Александрович 90, 91,
297
Библия 157, 159, 185, 222, 226,
238, 273
Евангелие от Марка 78
Евангелие от Матфея 78
Евангелие от Луки 78
Плач Иеремии 235, 245

Боккаччо, Джованни 110
Большевики, большевистская
революция, см. также
Октябрьская революция 11,
14, 17, 26, 27, 44, 52, 196, 197,
201, 230, 231, 238, 245, 249, 258,
259, 287, 294
Боцяновский, Владимир Феофи-
лович 190, 297
Брюсов, Валерий Яковлевич 71,
108, 297
Буденный, Семен Михайлович
258, 276
Булгаков, Михаил Афанасьевич
66, 271, 298
Белая гвардия 271
Бурлеск/Травестия 16, 64, 86, 114,
120, 123, 125, 126, 143
Бялик, Хаим-Нахман 221, 224, 225
Сказание о погроме 224, 225
Вайскопф, Михаил Яковлевич
103, 305
Варшавский погром 162
Венгерова, Полина 163, 298
Воспоминания бабушки 163,
298
Вениамин Второй (Иосиф
Израиль) 157
Вениамин Тудельский 157
Вербицкая, Е. Г. 127
Вергилий 64, 120–122
Вертеп 57, 63, 65, 69–80, 92, 95, 107,
111, 112, 141, 142, 190, 191, 306
Вертов, Дзига 218, 298
Верхарн, Эмиль 207
Винер, Меер 166, 167
Виноградов, Виктор Владимиро-
вич 41, 306
Вишня, Остап 256, 298

Возняк, Михаил Степанович 132, 306

Возрождение 48, 49, 51, 57, 67, 70, 71, 212

Волынь 11, 30, 200, 246, 258, 259, 277

Вольтер, Франсуа де 40

Воропай, Олекса 70

Восход (русскоязычный еврейский журнал) 39

Выспяньский Станислав 226

Габсбургская империя 13

Галиция 13, 17, 24, 199, 215, 258, 259

Гаскала, см. также еврейское просвещение 16, 17, 24, 38, 46, 148, 150–152, 174, 191

Гваттари, Феликс 145, 306

Гегель, Георг Вильгельм Фридрих 95

Гердер, Иоганн Готфрид 36, 114,

Гилея (группа) 205

Гиппиус, Василий Васильевич 39–41, 65, 67, 74, 75, 76, 85, 91, 306

Гнедич, Николай Иванович 86

Гоголь, Николай Васильевич 14, 15, 17, 18, 21, 26, 36, 38–41, 51, 52, 54–69, 71, 73–92, 94–98, 100–112, 114, 119, 124, 135, 142, 147, 148, 154, 156, 168, 172, 173, 190, 191, 194, 229, 236, 244, 245, 256, 259, 269, 280, 287, 291, 293, 295, 298, 299, 305–308

Арабески 99, 104

Вечера на хуторе близ Диканьки 40, 56, 83, 108

Ганц Кюхельгартен 60, 67, 91

Записки сумасшедшего 71, 89

Майская ночь, или Утопленница 72

Мертвые души 15, 47, 56, 66, 73, 74, 97, 100, 101, 103, 104, 112, 156, 189, 192–194, 291

Миргород (цикл) 67, 81, 98

Невский проспект 75, 89, 99

Ночь накануне Ивана Купала 72

Ночь перед Рождеством 76, 78, 87, 88, 134

Петербургские повести 15, 56, 193, 269

Повесть о том, как поссорились Иван Иванович с Иваном Никифоровичем 68, 79, 89

Портрет 75, 98–100, 134

Пропавшая грамота 72, 78

Просвещение 97

Ревизор 67, 74, 80, 102, 152

Сорочинская ярмарка 8, 15, 21, 26, 55. 56, 59, 60, 62–66, 68, 69, 72, 75, 76, 79, 80, 84, 86–88, 90, 92, 94, 99, 100, 102, 103, 106–108, 110, 111, 119, 133, 137, 140, 169, 182, 186, 189–191, 193, 229, 236, 242, 245, 260, 280, 287, 291, 293

Страшная месть 56, 75, 77, 107, 108

Тарас Бульба 15, 56, 57, 88, 94–96, 165, 193

Театральный разъезд 118

Шинель 71, 73, 75, 118, 290

Гоголь-Яновский, Василий Афанасьевич 64–66, 295

Простак 65, 66

Голдшлог, Харцке 221

Гольденвейзер, Александр Борисович 238, 306

Голубь (христианский символ) 254, 255

Гончаров, Иван Александрович 68

Гораций, переводы 116

Горький, Максим, см также Пешков, Алексей Максимович 8, 149, 187, 188–191, 195, 223, 224, 250–252, 254, 255, 258, 297, 298, 308
Погром 251, 252, 254
Ярмарка в Голтве 8, 187, 188, 190, 191

Гофман, Эрнст Теодор Амадей 66

Гофштейн, Давид 201, 202, 223

Гражданская война на Украине 17, 26, 199, 231, 239, 245, 260, 271, 272

Грамотность 41, 64, 73, 125, 128, 134, 153, 154

Грибоедов, Александр Сергеевич 117

Гринберг, Ури Цви 215, 216, 217, 225
Королевство креста 217
Ури Цви перед крестом 215

Грицак, Ярослав Иосифович 259

Грот, Яков Карлович 144, 145, 298

Давидова, Мария Георгиевна 63, 306

Дадаизм 203

Данилевский, Григорий Петрович 116, 298

Данте, Алигьери 106, 107, 111, 298
Божественная комедия 111

Двоедушие 38, 39, 47, 58, 82, 293

Делёз, Жиль 145, 306

Дер Нистер (Пинхас Каганович) 288, 289, 291, 298
Семья Машбер 288, 298

Джонсон, Бен 48, 49, 69
Варфоломеевская ярмарка 48, 69

Диккенс, Чарльз 169, 264

Динезон, Янкев 215

Добролюбов, Николай Александрович 68

Достоевский, Федор Михайлович 8, 66, 78, 187, 205
Бесы 78

Древнееврейский язык, см. также иврит 8, 29, 38, 39, 44–46, 150, 151, 153, 154, 174, 183–185, 211, 215, 221, 225, 226, 240, 288

Дубнов, Симон 39, 162

Дубнова-Эрлих, София 39

Дягилев, Сергей Павлович 74, 75, 80

Еврейский фольклор 46, 47, 51, 214, 250, 268, 273

Еврейское просвещение, см также Гаскала 16, 17, 24, 38, 46, 148, 150–152, 174, 191

Европейское Возрождение, см. Возрождение 48, 49, 51, 57, 67, 70, 71, 212

Евсекция 232

Екатерина II 14, 21–23, 94, 105, 117, 134, 265

Екельчик, Сергей Александрович (Yekelchyk Serhy) 114, 115, 323

Ефремов, Сергей Александрович 120, 306

Женетт, Жерар 120

Житловский, Хаим Осипович 214

Жолковский, Александр Константинович 247–249, 306

Жуковский, Василий Андреевич 66, 97

Закревский, Николай Васильевич 34, 298

Запорожская Сечь 23, 41, 135
Зеров, Николай Константинович 66, 119, 120, 123, 131, 306
Зингер, Исаак Башевис 229
Знание (издательство) 190, 251
Иванов, Вячеслав Иванович 80, 306
Иврит 8, 29, 38, 39, 44–46, 150, 151, 153, 154, 174, 183–185, 211, 215, 221, 225, 226, 240, 288
Игнатьев, Иван Васильевич 217, 298
Идиш 4, 6, 9, 12, 16, 24, 28, 29, 37–39, 44–47, 96, 147–155, 157, 168, 169, 174, 179, 182–185, 195–197, 203, 214, 215, 226, 246, 250, 268, 273, 289, 291, 302–305
Идишская литература 46, 145, 150, 155, 196
Идишский экспрессионизм 16, 201, 203, 207, 214–217, 219, 235, 246
Изгнание из храма, см. также Менялы 19, 20, 21, 44, 93, 135, 255, 270
Ильин, Николай Иванович 142, 298
Лиза, или Торжество благодарности 142, 298
Импрессионизм 196, 202
Индустриализация 23, 26
Йом-Кипур 159, 165, 228, 231, 241
Казаки 23, 38, 40, 65, 82, 94–97, 134, 135, 260, 267, 276, 278, 279, 290, 301
Канетти, Элиас 89, 229, 306
Кант, Иммануил 15, 53, 59, 108
Капитализм 58, 193, 291, 294
Карлински, Саймон (Karlinsky Simon) 61, 78, 315

Карпов В. П. 118, 298
Каутский, Карл 35
Квитка-Основьяненко, Григорий Федорович 14–16, 39, 43, 51, 67, 113–120, 123, 125–127, 129, 131, 135–139, 141–146, 148, 155, 244, 288, 293, 298, 299
Герой очаковских времен 156
Козырь-девка 118
Маруся 119, 125–127, 129, 131
Перекати-поле 119, 136, 137
Приезжий из столицы, или Суматоха в уездном городе 67
Прошение к пану издателю 119, 123, 129, 134
Солдатский портрет 16, 113, 115, 118, 119, 127–130, 134, 135, 137, 138, 141–144
Ярмарка 16, 119, 137, 144, 289, 291
Квитко, Лейб (Лев) 201, 202, 223
Киев 6, 9, 11, 20, 21, 23, 28, 29, 32, 34, 38, 70, 98, 135, 150, 161, 172, 173, 178, 179, 189, 203, 222, 224, 238, 246, 256, 267, 271, 280, 293
Кирилло-Мефодиевское братство 12
Киселевская реформа 73
Кишиневский погром 166, 189, 225
Книгопечатание 51, 117, 125
Кол мевасер (журнал на идише) 154
Короленко, Владимир Галактионович 24, 149, 165, 166, 190, 299
Дом номер 13 166
Сорочинская трагедия 166
Судный день 165, 166
Коропецкий, Роман 58, 84, 126
Костомаров, Николай Иванович 82

Котельницкий, Александр Михайлович 120

Котик, Ехезкель 32

Котляревский, Иван Петрович 64–66, 86, 93, 114, 116, 117, 120–122, 124–126, 128, 130, 132, 155, 191, 299
*Энеида»*64, 93, 114, 120–122, 124, 126, 128, 191, 299
Наталка-Полтавка 122

Красная армия 258

Красная газета (газета) 252

Кровавый навет см. Бейлис

Круговая порука 159

Крутиков, Михаил Александрович (Krutikov Mikhail) 24, 167–169, 227, 315, 316

Крылов, Иван Андреевич 138, 299

Кулжинский, Иван Григорьевич 83
Малороссийская деревня 83

Кулиш, Пантелеймон Александрович 65, 83, 84, 299
Черная рада 84

Культур-Лига (группа еврейских модернистов) 200, 218

Куряжский монастырь 116

Коллективизация 4, 14, 18, 21, 27, 246, 279, 280, 282–287, 293

Комедия дель арте 70, 71

Коммунизм 258, 267

Куповецкий, Марк Семенович 30, 307

Лазар, Бернар 43

Ленин, Владимир Ильич 200, 222, 275

Ленинград, см также Санкт-Петербург 6, 32, 34, 37, 89, 252, 269, 279, 296

Ленты ярмарочные 31, 61, 83, 87, 88, 111, 241, 242, 262

Летопись (журнал) 250

Линецкий, Ицхок Иоэль 171

Лисицкий, Эль 214, 218, 237

Литвак, Ольга (Litvak) 25, 151, 159, 160

Литваков, Моше (Моисей Ильич) 200, 208

Литературная ярмарка (*Літературний ярмарок*, журнал) 287, 288, 298, 299

Лоева, Ольга 173

Лотман, Юрий Михайлович 66, 78, 79, 87, 89, 90, 307

Луцкий, Юрий (Luckyj, George) 36, 38, 42, 58, 114, 124, 317

Лютов, Кирилл Васильевич, см. также Бабель 17, 18, 21, 36, 39, 245–270, 272–286, 294, 295, 297, 301, 306, 307

Майзель, Нахман 189, 190, 209

Маймонид 275

Майсе-бух (антология еврейского фольклора) 46

«Майские правила» 14, 162–164, 167, 171

Максимович, Михаил Александрович 39, 299

Максудов, П., князь 89

Малевич, Казимир Северинович 237, 260

Малороссия 22, 81, 83, 116, 124, 300, 301, 306

Мандельштам, Иосиф Емельянович 38, 58, 307

Мандельштам, Осип Эмильевич 35, 111, 214, 299

Манифесты 204, 205, 207,
216–218, 307

Манн, Юрий Владимирович 67,
90, 97, 307

Масленица 280

Маринетти, ФилиппоТоммазо
204, 207, 211, 217, 220
*Технический манифест
футуристической литерату-
ры* 204, 207, 217

Маркевич, Николай Андреевич
41, 98, 299

Маркиш, Перец 6, 7, 13, 17, 39,
198–212, 214, 216–225, 230–246,
254, 262, 270, 275, 294
Без цели (Pust-in-pas) 233
Земля горя (Veyland) 217
Куча (Dikupe) 17, 198–201, 224,
225, 231, 232, 235, 237, 238,
242–245, 254, 262, 294
Пороги (Shvlen) 203
*Проходя мимо
(Farbaygeyendik)* 219

Маркиш, Шимон 126, 250, 267,
275, 307

Маркиш, Эстер 7, 221, 222, 300

Марков, Владимир Федорович
(Markov) 202, 205, 212, 217,
221, 307, 318

Маркович, Яков Михайлович 83,
88, 300
Записки о Малороссии 83, 300

Маркс, Карл (марксизм) 42, 118,
222, 267

Маскилы, см. также еврейское
просвещение 16, 24, 150–153,
155, 166, 167, 170, 171, 174, 175,
181, 230

Мачеха (архетип) 182

Маяковский, Владимир Влади-
мирович 199, 212–214, 219–
224, 237, 300
*Владимир Маяковский.
Трагедия* 237
Облако в штанах 221

Меламед, Ефим Иосифович 30,
307

Менделе Мойхер-Сфорим,
Менделе-Книгоноша. См.
Абрамович, Шолем-Янкев 8,
16, 39, 51, 148, 153–155, 157,
159, 160, 166–172, 174, 178, 180,
196, 246, 270, 300

Менялы 20, 21, 44, 93, 135, 255, 270

Мережковский, Дмитрий
Сергеевич 76, 77, 98, 307

Микеланджело Буонаротти 51

Михоэлс, Соломон 291

Миллер, Алексей Ильич 132, 133,
307

Мирон, Дан (Miron Dan) 39, 46,
152, 167, 170, 171, 177, 192, 193,
303, 318

Модернизм 75, 200, 219, 227, 244,
246

Мольер, Жан-Батист 85

Москали 76, 130, 133–136, 142,
298

Московские ведомости (газета)
138, 139

Набоков, Владимир Владимирович 57, 58, 79, 307, 308

Наполеон Бонапарт 90, 91, 117,
151,

Нарежный, Василий Трофимович 67, 68, 300
*Два Ивана, или Страсть
к тяжбам* 67

Народная воля (революционная организация) 26, 161

Натурализм 41, 246

Натуральная школа 68

Науменко, Владимир Павлович 117, 300

Наумов, Владимир Павлович 200, 201

Национализм 26, 166, 216

Некрасов, Николай Алексеевич 54, 300

Кому на Руси жить хорошо 54

Некрашевич, Иван Георгиевич 137, 138, 300

Ярмарка 137

Нигер, Шмуэл 39, 184, 229

Нижинский, Вацлав 75

Николай I 22–25, 33, 73, 267, 293

Ницше, Фридрих 231

Новая жизнь (газета) 250

Новая жизнь (нью-йоркский журнал на идише) 214

Новая экономическая политика (НЭП) 287

Новый мир (журнал) 279

Нора, Пьер 172

День казненных поэтов 201

Октябрьская революция, см также Большевики 11, 14, 17, 26, 27, 44, 52, 196, 197, 201, 230, 231, 238, 245, 249, 258, 259, 287, 294

Осипов, Николай Петрович 120, 300

Остапчук, Оксана Александровна 132, 307

Отмена крепостного права 23, 25, 161

Османская империя 23

Панч и Джуди 72, 95

Первая мировая война 17, 26, 44, 212, 214, 225, 245, 246

Перетц, Владимир Николаевич 70, 75, 308

Перец, Ицхок-Лейбуш 39, 153, 183, 184, 215, 224–230, 232

Ночь на старом рынке: Сон в ночь лихорадки 224, 226

Перл, Иосеф 150, 151

Раскрывающий тайны 150

Персия 23

Перский, Серж (Сергей Маркович) 188

Пешков, Алексей Максимович, см. Горький, Максим 8, 149, 187, 188–191, 195, 223, 224, 250–252, 254, 255, 258, 297, 298, 308

Петлюра, Симон 258

Петрарка 67

Петровский-Штерн, Йоханан 25, 31–33, 160

Петрушка (балет) 74, 75

Петрушка (персонаж вертепного театра) 72–74, 156

Пилсудский, Юзеф 258

Платон 305

Федр 103

Плетнев, Петр Александрович 43, 119, 127, 144–145

Плиний Старший 113, 128, 300

Естественная история 113

По, Эдгар Алан 108

Червь-победитель 108

Победоносцев, Константин Петрович 164, 300

Погодин, Михаил Петрович 58, 67

Погромы 17, 26, 53, 94, 149, 150, 161, 162, 164–167, 169–171, 189, 192, 199–201, 212, 214, 215, 224–226, 228, 230–233, 236, 241, 242, 244, 250–257, 261, 271

Позитивисты 191
Полевой, Николай Алексеевич
41, 308
Польская кампания 26, 246, 260,
276
Польша 14, 17, 22, 33, 43, 44, 47,
114, 153, 199, 222, 226, 258, 261
Попов, Андрей Андреевич 36, 37
Потемкин, Григорий Алексан-
дрович 105
Приходько, Владимир 291
Пугачева восстание 94
Пушкин, Александр Сергеевич
40, 50, 51, 66, 67, 80, 81, 84–86,
105, 205, 256, 300
Борис Годунов 50
Полтава 40
Пыпин, Александр
Николаевич 117
Рабинович, Вольф 189
Рабинович, Нохум 173
Рабинович, Осип 151
Рабинович, Шолом. См.
Шолом-Алейхем 16, 39, 147,
172, 176
Рабле, Франсуа 52, 53, 78, 110,
194, 195, 212, 281, 292, 300, 305
Равич, Мелех (Ravitch Melech)
222, 320
Радин, Пол 95, 308
Реализм 48, 64, 128, 136, 202
Революция 1905 года 26, 39, 226,
270
Рейзен, Залман 222
Рембрандт 20
Романтизм 48, 50, 66, 78, 90
Романчук, Юлиан Семенович 123
Русский вестник (журнал) 118,
129

Рылеев, Кондратий Федорович 40
Войнаровский 40
Сагайдачный, Петр 70
Санкт-Петербург, см. также
Ленинград 6, 32, 34, 37, 89, 252,
269, 279, 296
Салтыков-Щедрин, Михаил
Евграфович 159, 169
История одного города 159
Свиньи 63, 77–80, 92, 93, 128, 193,
242, 263
Северная пчела (журнал) 139
Скаррон, Поль 120
Вергилий наизнанку 120
Синявский, Андрей Донатович,
см. также Терц, Абрам 104,
293, 308
Сионизм 179, 217, 225
Скотт, Вальтер 66, 78
Айвенго 78
Семенко, Михайль 220
Семенов, Петр Николаевич 141,
142, 301
*Удача от неудачи, или Приклю-
чение в жидовской корчме* 141
Семенов-Тян-Шанский, Вениа-
мин Петрович 129, 148, 301
Сенковский, Осип Иванович 145
Сенная площадь (Санкт-Петер-
бург) 34
Сенько, И. 83, 84, 308
Сервантес, Мигель де 66, 67, 155,
156
Дон Кихот 155–157
Символизм 207
Сказ 120, 154
Скуратовский, Вадим Леонтье-
вич 66, 114
Слезкин, Юрий Львович 26, 308

Смирнова, Александра Осиповна 59

Смит, Адам 174

Современник (журнал) 144, 298

Соловьев, Владимир Сергеевич 165

Сомов, Орест Михайлович 40, 41, 67, 301

   Киевские ведьмы 41

   Недобрый глаз 41

   О романтической поэзии 40

   Сказки о кладах 41

Социалистический реализм 223

Союз еврейских писателей 221

Спасович, Владимир Данилович 117, 300

Спивак, Гаятри, см. также Чакраворти, Гаятри 42

Сталин, Иосиф Виссарионович 26, 200, 292

Стеблин-Каменский, Степан Павлович 123, 301

Стечкин, Николай Яковлевич 191, 308

Стогов, Эразм Иванович 141, 301

Столыпинская аграрная реформа 26

Стравинский, Игорь Федорович 74, 75

Субтельный, Орест (Subtelny Orest) 23, 322

Сулима-Блохин, Александра 125, 129, 136, 137, 308

Сумцов, Николай Федорович 115, 308

Талмуд 216

Танский, Василий 63

Татаро-монголы 28

Терц, Абрам, см. также Синяв-ский, Андрей Донатович 104, 293, 308

Тик, Людвиг 67

Толстой, Лев Николаевич 187, 196, 205, 301

Тора 241, 242, 243, 255, 273

Трехъязычие 39, 44, 45

Трикстер 72, 95, 137, 276, 308

Троицкая церковь (Киево-Печер-ской лавры) 19, 20, 135, 262

Троцкий, Лев Давыдович 276, 275

Тургенев, Иван Сергеевич 82, 83, 156, 171, 187, 301

Турки 12, 42, 182

Тцара, Тристан 208

Тютчев, Федор Иванович 35

Уваров, Сергей Семенович 24

Уитмен, Уолт 207

   Песнь о себе 207

Украинская литература 6, 7, 9, 12, 15, 38, 42, 43, 45, 51, 64, 93, 114, 115, 118, 119, 121, 124, 241, 288, 294, 298

Украинский Вестник (журнал) 40, 116

Украинский язык 4, 13, 16, 24, 28, 37, 38, 41, 42, 44, 45, 57, 66, 85, 92, 93, 101, 113, 114, 117, 119, 121, 123, 131, 133, 136, 138, 150, 157, 246, 278

Фастнахтшпиль 52

Федотов, Георгий Петрович 40, 308

Фефер, Ицик 201

Фигаро (газета) 205

Филдинг, Генри 67, 85, 156

Фокин, Михаил Михайлович 75

Фольц, Ганс 52

Фонвизин, Денис Иванович 117

Фра Анджелико 51

Франко, Иван Яковлевич 115, 117, 118

Фрейдин, Григорий (Freidin Gregory) 5, 243, 252, 257, 261, 263, 267–269, 279, 310, 312, 313, 321

Футуризм 17, 202, 203, 217, 222–224, 298, 306

Халястра (группа еврейских модернистов) 200, 216, 217

Харшав, Бенджамин (Harshav Benjamin) 44, 216, 314

Харьковская губерния 116

Хасиды 142, 152, 167, 229, 273–275

Херасков, Михаил Матвеевич 86

Хлебников, Велимир 221

Хмельницкий, Богдан 94, 151, 276, 277, 278

Храма разрушение 235, 266, 268, 269

Цедербаум, Александр Осипович 45, 153, 154

Цензура 44, 125, 288, 291

Цирк (кинофильм) 291

Цыгане 12, 62, 63, 73, 75, 76, 80, 92, 94, 142, 186, 188, 190, 191

Чакраворти, Гаятри, см. также Спивак, Гаятри 42

Чалый, Дмитрий Васильевич 118, 140

Чернобыльская династия 272

Черт 52, 53, 60–64, 74–79, 88, 91–93, 95, 100, 134, 135, 165, 166, 169, 186, 188, 191, 193, 242, 260, 283, 307

Черта оседлости 4, 8, 10–14, 18, 21, 22, 25, 26, 36, 38, 44, 47, 56, 154–156, 159, 162, 167, 169, 171, 179, 196, 226, 267, 277, 286, 293

Чижевский, Дмитрий Иванович 117, 137

Чуковский, Корней Иванович 207, 309

Шаблиовский, Евгений Степанович 64

Шагал, Марк 214–216

Шамрай, Агапий Филиппович 118, 309

Шапиро, Гавриэль (Shapiro, Gavriel) 63, 75, 77, 92, 321

Шапиро, Ламед (Shapiro Lamed) 214, 304, 305

Шевченко, Тарас Григорьевич 47, 58, 82, 114, 115, 118

К Гоголю 47

Шекспир, Уильям 49, 50, 66, 67, 70, 117, 301

Виндзорские насмешницы 50

Гамлет 50

Генрих IV 50

Генрих VI 50

Шелли, Перси Биши 78

Царь Эдип, или Тиран 78

Шиллер, Фридрих фон 117, 137

Шкандрий, Мирослав (Shkandrij Myroslav) 38, 42, 117–119, 321

Шкловский, Виктор Борисович 213, 220, 247, 272, 301

Шлегель, Фридрих фон 70

Шолом-Алейхем (Sholem Aleichem) 4, 9, 13, 16, 17, 39, 45, 47, 147–150, 155, 167, 171–196, 244, 246, 250, 251, 280, 290, 293, 294, 304, 313

Великий переполох среди маленьких людей 192

Заколдованный портной 185, 188, 189, 191

Менахем-Мендл 176, 177

Новая Касриловка 179

Ножик 174

Семьдесят пять тысяч 180

С ярмарки 147, 182, 192, 195, 196
Тевье-молочник 250
Штетл 17, 30–32, 35, 152, 153, 157, 159, 167, 170, 173, 174, 177, 179–182, 184, 192, 195, 199, 215, 224, 225, 231, 232, 234, 235, 237, 259, 289
Штиф, Нохум (Shtif) 39
Шульштейн, Моше 208, 221
Щербина, Николай Федорович 151
Эзоп 129
Мом и боги 129
Эйгнс (сборник)
Эйнштейн, Альберт 218, 219
Экспрессионизм 16, 201, 203, 207, 214–217, 219, 235, 246
Эль Греко 20
Эренбург, Илья Григорьевич 222, 302
Люди. Годы. Жизнь 302
Эрлих, Виктор (Erlich) 71, 89, 106, 312
Эстрайх, Геннадий (Estraikh Gennady) 5, 7, 47, 207, 222, 312, 313, 315
Юнг идиш (еврейская литературно-художественная группа) 203
Якобсон, Роман Осипович 219
Ямпольский, Борис Самойлович 289–292, 309
Арбат, режимная улица 289
Мальчик с Голубиной улицы 290
Ярмарка 289, 291
Студенты 290
Ямпольский, Михаил Бениаминович 247, 248, 306

Agnew, Jean-Cristophe 48, 70, 270, 309
Alter, Robert 45, 309
Aronson, Irwin Michael 162, 309
Avins, Carol J. 280, 282, 284, 309
Baak, J.J. van 267, 309
Baehr, Stephen Lessing 86, 309
Bagby, Lewis 91, 310
Batuman, Elif 176, 258, 278, 310
Blackwell, William L. 33, 310
Bojanowska, Edita 58, 82, 103, 135, 310
Brondt, B. 166, 303
Brooks, Jeffrey 42, 73, 310
Brown, John Russell 70, 272, 310
Buck-Morss, Susan 102, 311
Caplan, Marc 151, 311
Clark, Katerina 213, 292, 311
Coleman, Arthur 38, 311
Davies, Norman 264, 311
de Man, Paul 70, 311
Eile, Stansilaw 226, 311
Eisenstein, Elizabeth L. 51, 312
Emerson, Caryl 53, 318
Esslin, Martin 65, 71, 316
Ezrahi, Sidra DeKoven 157, 312
Fanger, Donald 107, 187, 312, 313
Fialkova, L. L. 63, 312
Frayn, Joan M. 28, 312
Frieden, Ken 157, 172, 174, 183, 184, 313
Gilman, Sander L. 158, 313
Gitelman, Zvi 162, 313
Gittleman, Sol 173, 313
Görög-Karady, Veronika 63, 313
Grabowicz, George 93, 114, 120, 313, 314
Greenleaf, Monica 50, 314, 316

Gregg, Richard 60, 81, 172, 314
Hamm, Michael F. 70, 314
Hansen-Löve, Katharina 53, 233, 314
Haynt (газета) 215
Hoffman, Mathew B. 216, 222, 235, 314
Horowitz, Brian 149, 314
Karpuk, Paul 65, 84, 88, 98, 315
Katz, Elena M. 44, 315
Katz, Jacob 43, 315
Khalaystre (журнал) 216
Klepfisz, Harold 173, 315
Klier, John 30, 162, 163, 199, 314, 315, 319
Kopper, John 59, 108, 315
Kornblatt, Judith Deutsch 38, 315
Kott, Jan 65, 71, 316
Kronfeld, Chana 207, 316
Lavrin, Janko 82, 316
LeBlanc, Ronald 68, 69, 156, 316
LeDonne, John 23, 316
Lerer, Seth 49, 50, 317
Lounsbery, Anne 74, 317
Magosci, Paul Robert 114, 317
Maguire, Robert A. 56, 81, 97, 108, 317
Malik, Madhu 72, 75, 76, 77, 317
Marker, Gary 51, 66, 117, 125, 318
Mersereau, John Jr. 41, 318
Moeller-Sally, Stephen 57, 60, 193, 316, 318
Mondry, Henrietta 164, 318
Morson, Gary Saul 53, 318
Moss, Kenneth B. 25, 39, 44, 203, 208, 226, 227, 318, 319
Nowersztern, Abraham 226, 235, 319
Oklot, Michal 51, 319

Orbach, Aleksander 162, 319
Orban, Clara Elizabeth 218, 319
Parker, Patricia A. 49, 40, 319
Peace, Richard 67, 319
Riggs, David 49, 320
Romanchuk, Robert 58, 84, 315
Rosenshield, Gary 93, 320
Roskies, David 172, 174, 176, 185, 212, 233, 234, 302, 320
Rubenstein, Joshua 200, 201, 320
Safran, Gabriella 214, 251, 318, 320
Said, Edward 95, 320
Segel, Harold 75, 320
Seidman, Naomi 184, 321
Senderovich, Sasha 273, 321
Shmeruk, Chone 198, 202, 203, 205, 206, 208, 210, 211, 217, 223, 231, 304, 321
Shore, Marci 222, 321
Shteyngart, Gary 99, 321
Sicher, Efraim 35, 264, 266, 321
Slobin, Greta 221, 322
Stallybrass, Peter 49, 322
Stanislawski, Michael 30, 33, 34, 322
Stankiewicz, Edward 223, 304
Stites, Richard 116, 117, 322
Suny, Ronald Grigor 292, 322
Teml, Liane 68
Todd, William Mills III 51, 322
Turner, Victor 72, 322
Wachtel, Andrew 75, 323
Waife-Goldberg, Marie 178, 304
Wisse, Ruth 154, 155, 172, 304, 321, 323
Wolitz, Seth 203, 235, 236, 323
Yelenevskaya, Maria N. 63, 312
Zipperstein, Steven 30, 155, 273, 323

Содержание

Слова благодарности 5

Предисловие к русскому изданию 8

Предисловие: коммерческий пейзаж 11

Глава 1. От Просвещения до революции. Сто лет
культурной трансформации 20

Глава 2. Коммерческий пейзаж Н. В. Гоголя (1829–1852) 55

Глава 3. Балкон Апеллеса: Квитка-Основьяненко
и критики (1833–1843) 113

Глава 4. Рынок как место рождения современной
еврейской литературы (1842–1916) 147

Глава 5. Распятый рынок: Гражданская война
Переца Маркиша (1917–1921) 198

Глава 6. Исаак Бабель и конец базара (1914–1929) 245

Послесловие. С ярмарки 287

Библиография 296

Предметно-именной указатель 322

Научное издание

Амелия М. Глейзер
ЛИТЕРАТУРНАЯ ЧЕРТА ОСЕДЛОСТИ
От Гоголя до Бабеля

Директор издательства *И. В. Немировский*
Заведующий редакцией *К. Тверьянович*

Ответственный редактор *И. Знаешева*
Дизайн *И. Граве*
Редактор *Р. Рудницкий*
Корректоры *Л. Виноградова, А. Нотик*
Верстка *Е. Падалки*

Подписано в печать 26.01.2021.
Формат издания 60 × 90 $^1/_{16}$. Усл. печ. л. 21.
Тираж 500 экз.

Academic Studies Press
1577 Beacon Street, Brookline, MA 02446 USA
https://www.academicstudiespress.com

ООО «Библиороссика».
190005, Санкт-Петербург, 7-я Красноармейская ул., д. 25а

Эксклюзивные дистрибьюторы:
ООО «Караван»
ООО «КНИЖНЫЙ КЛУБ 36.6»
http://www.club366.ru
Тел./факс: 8(495)9264544
email: club366@club366.ru

12+

Знак информационной продукции согласно
Федеральному закону от 29.12.2010 № 436-ФЗ